三百年 大明水師

著 白晨光

台海出版社

图书在版编目（CIP）数据

大明水师三百年 / 白晨光著 . -- 北京：台海出版
社 , 2017.12（2025.5 重印）
　ISBN 978-7-5168-1629-5

Ⅰ . ①大… Ⅱ . ①白… Ⅲ . ①海军－军事史－中国－
明代 Ⅳ . ① E294.8

中国版本图书馆 CIP 数据核字 (2017) 第 269652 号

大明水师三百年

著　　者：白晨光

责任编辑：武　波　　　　　　　　策划制作：指文文化
封面设计：杨静思　　　　　　　　责任印制：蔡　旭

出版发行：台海出版社
地　　址：北京市东城区景山东街 20 号　　邮政编码：100009
电　　话：010 - 64041652（发行，邮购）
传　　真：010 - 84045799（总编室）
网　　址：www.taimeng.org.cn/thcbs/default.htm
E - mail：thcbs@126.com

经　　销：全国各地新华书店
印　　刷：重庆长虹印务有限公司
本书如有破损、缺页、装订错误，请与本社联系调换

开　　本：787mm × 1092mm　　　　　1/16
字　　数：261 千　　　　　　　　　印　　张：15
版　　次：2018 年 1 月第 1 版　　　印　　次：2025 年 5 月第 2 次印刷
书　　号：ISBN 978-7-5168-1629-5

定　　价：79.80 元

目录

CONTENTS

前言

《诗》曰："江汉浮浮，武夫滔滔。"水之有战，始自宣王中兴时，周宣王征剿淮夷，自此之后，在中国的水面上，便争斗不断：吴国与楚国争于长江，曹操与孙权战于赤壁，唐败百济与倭联军于白江口，元灭宋于崖山……水面上的战斗历朝历代从未停止。时至元末，朱元璋在鄱阳湖大败陈友谅，一统中原，建都于南京。

南京位于长江中下游地区，地理位置重要，"东连海岱，西控荆巴，南襟闽粤，背枕青徐，为天下之心腹，王业之镐京也"，更是朱元璋北伐中原的大本营，所以对明朝来说，南京的安全极为重要。为了巩固京师的安全，朱元璋建立水师，广布卫所于沿海险要之处，建立起了一个前代所没有的严密的海防体系。

朱棣继位后，建造庞大的舰队，派2万余人的水师七下西洋，灭陈祖义于旧港，生擒锡兰国王亚列苦奈儿，败苏干剌于苏门答腊，打通了海外贸易的通路，大力发展朝贡贸易，扩大了明朝的国际影响力。

到了明代中期，明朝的势力逐渐衰落，战船也越造越小，但是海战却多了起来。倭寇、葡萄牙侵略者、荷兰侵略者接踵而至。为了对付敌人，嘉靖皇帝大胆启用胡宗宪、谭纶、戚继光、俞大猷等人，重建了海防体系，大力建造福船、广船、海沧船等新制战舰，并在战船上装备发熕铳等西式火炮，大大增加了水师的战力。先后剿灭了在沿海抢劫的大队倭寇以及汪直、徐海、吴平等勾结倭寇的海上巨盗。

隆庆初年，明廷在福建建造"四丈面阔"（宽12.4米）的封舟24艘，并联合福建水师、广东水师、广西水师三省水师会剿曾一本。这其中属福建水师最为强大，除拥有新造的24艘封舟外，还拥有大福船80艘、龙艚快船50艘，明廷先后发给福建水师的火药就达 5 万余斤。而负责制造船只并协调各个水师事务的人便是福建巡抚徐泽民。如此规模的水师，为开海提供了必要条件，徐泽民因此在隆庆初年上疏请求开海，得到皇帝的首肯，自此明朝开放了海禁，准许私人从月港出发至海外贸易。

曾一本覆灭后，海上重新恢复了平静。但是好景不长，随着荷兰人的东来，平静再一次被打破。荷兰人携夹板船及红夷大炮进攻东南沿海，并将火炮等军器卖给海盗，资助海盗对明廷开战。崇祯元年（1628 年），新任福建巡抚熊文灿招抚了海盗郑芝龙，并任命其主管海防游击，为"五虎游击将军"。此后，郑芝龙率领明军水师大败荷兰人于料罗湾，并剿灭荷兰人的合伙人海盗刘香。

崇祯十七年（顺治元年，1644 年）明亡之后，郑成功奉永历为正朔，以厦门、金门为基地，建立起明郑政权。与清廷和荷兰人抗争达数十年，击败了阿格商、达素等清朝将领。虽然在南京城下败给了清廷，但郑成功并未因此一蹶不振，反而成功地击败荷兰殖民者，收复台湾。

永历十六年（康熙元年，1662 年）郑成功因病逝世，其子郑经取得政权，设计擒杀郑泰，逼走郑泰的弟弟郑鸣骏，导致郑鸣骏率领上万人投降清廷，令明郑政权军力损失大半。其基地厦门、金门的大炮均被郑鸣骏搬走，在清荷联军的进攻下毫无还手之力。郑经只能放弃金门和厦门，退守台湾。20 年后，清廷派施琅率水师进攻台湾，施琅在澎湖大败郑军，郑经的儿子郑克塽投降，明郑政权彻底灭亡。

第一章

立国之战

——鄱阳湖水战

元末的情势

元朝末年，统治者昏庸无道，朝政废弛，饿殍遍野，各地农民起义风起云涌。元至正十一年（1351年），韩山童和刘福通领导的红巾军农民起义爆发。红巾军势力发展迅猛，控制了中原及北方的许多地区。而在江南地区，红巾军系统中的徐寿辉起兵蕲、黄（今湖北蕲水、黄冈一带），攻占武昌，继而又取得了江西、湖南的大部分地区与浙江、四川等地。元至正二十年（1360年），部将陈友谅杀死徐寿辉，自称皇帝，控制了长江中游地区。两年后，徐寿辉的另一部将明玉珍在四川称帝，控制了四川。此外，还有不属红巾系统的方国珍和张士诚起义军。方国珍起义于庆元（今浙江宁波），控制了浙东地区。张士诚起兵于江北，其势力范围在今江苏泰州、兴化和高邮一带。

除了上述势力外，在江南还有一股势力强大的起义军，那就是郭子兴率领的红巾军。朱元璋也属于这支起义军的一员，在加入红巾军后，朱元璋因骁勇善战、机智果敢，受到了郭子兴的赏识，郭子兴死后，朱元璋便继承其衣钵成为这支红巾军的领袖。在掌握起义军的大权之后，朱元璋广罗人才，积极整顿军备，并采取刘基等人的建议准备进取集庆，进而平定江南，最后以江南为基地，向北攻灭元朝，夺取全国政权。但是江南地区河道棋布、湖泊众多，复杂的水网阻挡了起义军的进攻，若想平定江南，就必须征服江河湖泊。因此，朱元璋急需一支拥有大量船只与水手组成的水师，而这恰恰是农民军所欠缺的。

一、朱元璋的水师

朱元璋最早的水师，并不是起源于农民军中，而是起源于一股水贼。至正十五年（1355年）五月，朱元璋为解决粮草问题，准备向南进一步拓展自己的势力范围，但渡江所用舟楫并无着落。正在这时，巢湖水寨的首领赵普胜、俞通海因与庐州左君弼有矛盾，恐为其所袭，遂率领一支"拥众万余，船万艘"[1]的水贼前来投奔，

---

[1] 参见《续资治通鉴》卷二百一十二。

并愿意为朱元璋水军的先导。赵普胜、俞通海的归顺，不仅为朱元璋带来了用于渡江的船只，更重要的是还带来了惯于水战的大量水手，这些水手成了后来朱元璋建立水师的基础。

五月末，朱元璋军大败元军水师于浯溪口。在此之后，朱元璋军渡过长江，攻取采石（今安徽当涂西北）。沿江的城池全部望风而降。在攻取采石之前，发生了一个小插曲，诸将以和阳物资匮乏为由，建议朱元璋先夺取采石附近的辎重，并撤军返回和阳。见将领们战意薄弱，皆欲撤兵，朱元璋对将领们说："如此，则再举必难，江东非我有，大事去矣。"随即令人斩断缆绳，任船只顺流而下。诸将大惊，询问为何，朱元璋说："成大事不规小利，此去太平（今安徽当涂）甚近，舍此不取，将奚为？"听朱元璋如是说，加上后路已被截断，诸将随即表示服从朱

▲ 朱元璋

▲ 元军水师的战船

元璋的命令，愿意随其自官渡而下直取太平。

至正十六年（1356年）二月，朱元璋率军进攻驻屯在采石的蛮子海牙部。当时蛮子海牙正率水师于江上，兵锋甚锐，朱元璋派常遇春率轻舸直冲元军阵型中间，将其分为两部，以另两军为左右两翼夹击元军战船，又在左右翼的战船上架设许多抛石机，发射飞石击碎元军的战船，俘获万余人，蛮子海牙率余部逃往集庆。此一举彻底打破了元军在长江水路的防御，朱元璋的水师可以在长江畅行无阻。

三月，朱元璋乘胜亲率水陆大军进攻集庆。在城破之后，元军水寨元帅康茂才率部投降，朱元璋水军力量得到进一步发展。朱元璋改集庆为应天府。此后，以应天府为根据地，朱元璋开始向江南发展，逐步占领了应天周边的一些地区，又攻取了浙江的一些州县。经过四五年的努力，巩固了占领区，此后便开始统一江南的作战。这时，江南的形势发生了重大变化，徐寿辉领导的天完军内部发生分裂，军队的领导权为陈友谅所夺，向东侵占安庆、池州、南昌等地，势力大增，并与朱元璋接境，成为朱元璋的主要威胁。

至正二十年（1360年）闰五月一日，陈友谅率舟师十万攻占太平，朱元璋守将花荣战死，采石被夺。陈友谅进驻采石后，杀死农民军领袖徐寿辉，即皇帝位，国号"汉"，改年号为"大义"。这时，陈友谅兵力雄厚，舟师数倍于朱军，并拥船千艘，其中有"混江龙""塞断江""撞倒山""江海鳌"等巨舰百余艘，战舸数百艘。[1] 陈友谅大军压境，朱元璋令与陈友谅有旧交的部将康茂才修书陈友谅，假称为陈友谅充当内应，诱其深入，再令李善长在新河口跨水筑虎口城，用兵驻守，同时命冯国胜、常遇春率帐前五翼军三万人伏于石灰山侧，徐达驻大胜港，张德胜、朱虎率水师出龙江关，自己则亲率大军于卢龙山，四面设伏，只等陈友谅的战船驶入包围圈。

十二月，陈友谅率舟师东下，朱元璋趁其立足未稳，指挥各路伏兵围攻，陈友谅军中大乱，士兵纷纷乘战船逃跑，此时正逢退潮，巨舰多数搁浅，朱军大获全胜，俘敌两万人，降陈军将领张志雄、梁铉、喻国兴、刘世衍等人，缴获巨舰百余艘。陈友谅乘战船逃走。朱元璋率军乘胜追击，夺回安庆、太平，接着又攻占了江西的许多州县，实力大为增强。

---

① 参见《太祖实录》。

二、朱陈双方的战船及武器

自周宣王征剿淮夷以来，中国经历了无数次的水战，每次水战皆是以战船作为载体所进行的，双方的士兵在战船上作战，因为缺乏远程摧毁敌方战船的手段，战斗方式以接舷战为主，战船的坚固程度与体型大小直接影响到交战双方的胜负。如果双方战船的差距较大，那占有优势的一方则会用船只以泰山压顶之势碾碎敌方战船。中国有句俗语，"斗船力，而不斗人力"，也指出了在水战中船只的重要性。随着时间的推移，到了元末，虽然战斗双方的战船都装备了射石炮，但这种原始的火炮依然很难在远距离上给对方战船造成致命的损伤，战斗方式依然是以接舷战为主。因此双方的战船虽各不相同，但都竭尽全力地让自己的战船在体型与坚固程度上取得上风。

陈友谅忠实地贯彻以大胜小的思想，其舰队主力战船均为自己制造的"巨舰"。"巨舰"还有一个名字，即"楼船"。楼船是我国传统的内河战船，因船上建有"重楼"而得名。楼船的船体高大，是一种大型的划桨船。船的周围列女墙、战格，用以保护橹手及士兵，在船之上建有高大的多层建筑，并开弩穴、矛窗，使在楼内的士兵可以借此攻击敌人。楼船除了其强大的作战能力外，还有一个非常重要的作用——凭借其高大的船体震慑敌军。《史记》载："治楼船高十余丈，旗帜加其上，甚状。"楼船虽可壮大军威，但因其上层建筑高，受风面积大，会极大地增加船只的风阻，常常带来负面影响。宋代的官方兵书《武经总要》对其有比较公允的评价："若遇暴风，则人力不能制，不甚便于用，然施之水军不可以不设，足以成形势也。"

楼船上通常还设有抛石机，《武经总要》载："楼船者，船上建楼三重，列女墙战格……置砲车、檑石、铁汁，状如小垒。"将抛石机装在楼船的楼上，使得原本笨重只能近距离作战的楼船具备了远距离的攻击能力。元明之际，人力抛石机和配重抛石机都有使用，但不知船上所用是何种。不过在山东蓬莱水城的清淤过程中，伴随着几艘古代沉船出土了4枚石弹，其中3枚体型较小，直径为10厘米左右，重1.5千克左右，还有1枚体型较大，直径达19.5厘米，重10.2千克，这种大型的石弹显然是抛石机所用。如果将此石弹的重量换算成宋斤，此弹重15斤左右，弹重在宋代的单梢砲用弹与双梢砲用弹之间，按《武经总要》中对这两种抛石机射程的记载，使用此种石弹的抛石机射程应该在50~80步，即75~120米。

楼船上的楼共分为四层，最底下一层列矛窗，里面的士兵可以通过矛窗刺杀船

▲ 图中左侧高者为楼船

外的敌人。上面两层开弩窗，楼里的士兵可以用弓弩攻击敌人。最上面一层周围列女墙，可在上面列投石机、礌石、滚木等。楼船的作战能力强大，但也有其缺点：体型过大，重心高，不抗风浪，不便机动，适用的战场条件十分苛刻。

与阔绰的陈友谅相比，朱元璋舰队中的主力船只则多为缴获的元军"海舟"和农民起义军自制的小型舰艇"快船"。

这里的"海舟"并不是真正意义上专用于航海的船只，而是一种大型的江海两用的桨帆船。这种战船起源于宋代，据《宋会要辑稿》记载，水军统制官冯湛曾打造多桨战船，其船"湖船底（平底）、战船盖、海船头尾，通长八丈三尺，阔二丈，并淮尺计八百料，用桨四十二支，江海、淮河无往不可。载甲军二百人，往来极轻便"。这种新型船只集中了多种船只的优点，"湖船"的"底"可以涉浅，"战船"的"盖"有利于士兵的作战，"海船"的"头尾"则可以破浪，十分适合在内河及近海作战。这种船也正是元朝水师的主力战船，船上的武备十分完备。有时，这种船上还会配备抛石机，如元军征日时，船上的抛石机就令日本人印象深刻，《八幡愚童训》中有相关记载："若有迫近者，大船就会放炮，日本船舰难以招架，且时常会被击中。"

1984 年，在山东省蓬莱县（1991 年撤县为市）登州港的清淤工程中先后发现了 3 艘古代木制沉船，考古工作者对其中一艘进行了清理发掘，并确定为元代到明初的战船。这艘战船残长 28.6 米，残宽 5.6 米，是我国迄今发现的最长的元代古沉船，为元末明初的战船形态与结构提供了翔实的资料。整船尖头阔艉，船身修长，船底为平底，应该是一艘平底海船。3 段龙骨全长 26.6 米，用松木制成，采用榫卯连接，并用铁箍和铲钉加固。船内设置了 13 道隔舱板，将全船分成 14 个水密隔舱，靠近龙骨位置的隔舱板下部都留有水眼。每道隔舱壁与外板连接处都设有肋骨，可以增加船舱的强度。外壳板用杉木制成，分别使用榫卯结构和铁钉加固，艌料塞缝。不同于泉州发现的宋代海船，这艘元代海船并没有采用多层船板的结构，而是采用了单层板，这与明初的出水战船类似。

从古图与出土的元末明初海船实物可以看出，这时的海船制造十分精良，船体除了设有龙骨和隔舱，还设有肋骨，船只横向纵向都十分牢固。船的两侧设桨数支，

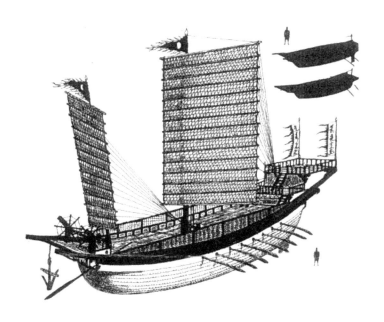

▲ 元代海舟复原图

▲ 征伐日本的元代海舟

可以用划桨来推动船只航行。桨孔的上侧还设有木女墙，可以遮挡敌人的箭矢。士兵站在船只最上层的甲板上用弓箭、长枪、盾牌等兵器与敌人作战。

朱元璋的水师中拥有大量的元军海船，这是因为其在江南长年与元军水师作战，曾多次缴获元军战船，就连元朝的水寨元帅康茂才也降于朱元璋，元代海船的制造方法朱元璋应早已掌握。而且朱元璋早期水师的训练也是由元朝水师的降卒来负责的，《续资治通鉴》卷二百一二中就记载："遣人诱曼济哈雅军来互市，遂执之，得十九人，皆善操舟者，令其教诸军习水战，命廖永安、张得胜、俞通海等将之，攻曼济哈雅峪溪口。"

虽然海舟的性能良好，但因为是在内河作战，仍需要小型的快船相配合。快船是一种小型战船，以其航行速度快而得名。按《南船纪》所绘，快船竖有两根桅杆，船尾设有尾楼，船上建棚，但因在《南船纪》成书的年代快船已经不作为战船使用，所以图中的快船棚上并没有设置元明之际战船上比较常见的弩窗和女墙。元明之际的快船，船舷两侧还设有橹，这使得快船帆橹并用，航行速度较快，善于执行哨探和突袭任务。

在朱元璋和陈友谅的交战中，双方的战船上不仅使用抛石机，还配备火炮。当时战船上所用火炮为碗口铳，元明之际的碗口铳沿袭了元代铜炮的形制，其铳壁比元代显著加厚，可以填装更多的火药，增加了火炮的射程，但依然是用石弹。明代

▲ 《南船纪》中的快船图

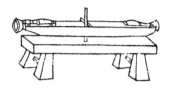

▲ 《兵录》中的碗口铳

邱濬《大学衍义补》卷一百二十二记载："今炮之制，用铜或铁为具，如筒状，中实以药，而以石子塞其口，旁通一线，用火发之。"元明之际，水军战船多用此炮，其用法为放时水兵先将石弹嵌入铳口，照准敌船水线位置打去，可以将敌船的船板或舷板打碎。据明末的《兵录》记载，此炮还有一种炮架，以木凳为座，上面装一块可以活动的木板，木板两头各嵌入一门碗口铳，发射完一头，再转过来发射另一头，可以提高火炮的射速。

　　中国人民革命军事博物馆藏有一门碗口铳，为青铜制，重15.75千克，全长36.5厘米，口径11厘米，铳腔呈直筒形，向后逐渐变细，铳身外壁铸有三道铳箍，铳身刻有"水军左卫，进字四十二号，大碗口筒，重二十六斤，洪武五年十二月吉日，宝源局造"的铭文。从铭文中可知，这门铳是由宝源局制造，装备给水军左卫使用的。而宝源局是朱元璋在鄱阳湖水战开战前两年设立的，《明太祖实录》载，辛丑（1361年）二月己亥，朱元璋"置宝源局，铸大中通宝钱"。宝源局虽然主要负责铸造铜钱，但通过文物上的铭文可以确定，宝源局亦负责铸造火炮。又宝源局在鄱阳湖水战开始之前就已经建立，洪武五年（1372年）的碗口铳与鄱阳湖水战中的碗口铳所用很有可能是相同的形制。

　　舰队中的军械除火炮外，还有一种新型兵器"没奈何"。"没奈何"长7尺，围5尺，以芦席作圈，糊以纸布，用丝麻缠裹，内含火药捻子和各种火器，用杆挑于头桅之上，两船接舷时，点燃火线，烧断或斩断悬索，"没奈何"落于敌舟中，火器俱发，敌舟即刻焚毁，船毁人亡。

三、鄱阳湖水战的经过

至正二十三年（1363 年）二月，张士诚发兵攻安丰，以吕珍为前锋，其弟士信领大军为后继。吕珍抵达安丰后将其城团团围住，安丰粮尽援绝，刘福通战死。三月，朱元璋率兵渡江救安丰，常遇春从吕珍军侧翼击其阵，三战三捷，吕珍败逃。

四月，陈友谅趁朱元璋主力前往救安丰，亲率大军号"六十万"围攻洪都（今江西南昌）。洪都地处赣北平原，位于赣江下游，由赣江向北经鄱阳湖与长江相连，军事地位十分重要。为了进攻洪都，陈友谅特地制造了大量巨舰（即宋元时的楼船），外饰丹漆，船高数丈，上下三层，每层都置有走马棚，下层设板房做遮蔽。内设橹数十只，橹身裹以铁皮。上下层互相听不见说话。陈军登陆后，置云梯、蒙竹盾对洪都发起猛攻。洪都守军一面死守，一面遣人向朱元璋求援。

五月，陈友谅部将蒋必胜、饶鼎臣等接连攻占吉安、临江，接着陈友谅军攻下无为州。这时，洪都周边城池接连失守，而庐州三面环水，地势险要，徐达、常遇春历经 3 个月始终无法将其攻下。到了六月，陈友谅又进一步加强了对洪都的进攻，情况十分危急。朱元璋急令徐达、常遇春放弃攻打庐州，火速驰援洪都。

七月六日，徐达、常遇春自庐州还，与朱元璋会师于蠡龙江，共领舟师"二十万"，前往救援洪都，十六日到达鄱阳湖口。为了将陈友谅的战船都困于鄱阳湖中，朱元璋派指挥戴德率军一部屯于泾江口（今安徽宿松南）；另派一军屯于南湖嘴（今江西湖口西北），切断陈友谅的归路；又派人传令信州兵马，守武阳渡（今江西南昌县东），以防陈军逃跑；朱元璋则亲率舟师自松门（今江西都昌南）进入鄱阳湖。这时，陈友谅围攻洪都已经 85 天，久攻不下，士气低落。陈军得知朱元璋大军来援，即撤洪都之围，东出鄱阳湖迎战，一场罕见的大规模水战即将开始。

二十日，朱、陈两军在康郎山（今鄱阳湖内康山）水域遭遇。陈友谅军以巨舰为先锋，进攻朱军。朱元璋则命徐达、常遇春为前锋，廖永忠、俞通海为左右翼，其余船只列队而进。朱元璋的舰队气势如虹，旗帜鲜明，舟师齐整。朱元璋告诫将士说："昼则视旗帜，夜则视灯笼，远则聆信炮，近则听金鼓。"并令翱、翔二船为左、右副，以风斗快船为先导，大小船只相继而行。舰队到达左蠡，"旌旗蔽日，金鼓震天，帆幔遮水，衣甲耀日"，大小战船排列数百里。这时，陈友谅率大军出战，陈军舰队中多巨舰，其中最大型的巨舰可容 3000 人，中型可容 2500 人，最小的可容 2000 人。然而其船虽然高大，但制造粗劣，导致陈友谅的战船不如朱军船只坚固。

再加上陈友谅经龙江、江州、湖广三次大败，善于水战的人员几乎损失殆尽，只能到处征集农夫和市井小民，十人之中并无二三人善于战斗，士兵素质相比朱元璋军差上许多。这些因素加起来就导致了陈友谅舰队虽然船只高大、人数众多，但其战斗能力较朱元璋的舰队弱上许多，交战双方大体上处于势均力敌的态势。交战后，朱元璋将舟师分为11队，轮番作战。临敌先发火器，再发弓弩，接舷时短兵接战。而陈友谅的巨舰不便转动，只能原地坚守，几番交战下来，陈友谅的军队疲于应对。

二十一日，朱元璋命令徐达、俞通海、常遇春率军再次迎击陈军巨舰。徐达率先攻击陈军的先锋部队，毙敌1500人，缴获巨舰1艘。俞通海占据上风向，向陈军发射火炮并投掷火把，焚毁陈军战船20余艘。水战打得十分激烈。激战中，徐达座舰[1]被陈军战船上的火势引燃，徐达急忙扑火，火灭后再次冲入陈军阵中。陈友谅大将张定边又直逼朱元璋所乘的座舰"白海"。在与陈军的缠斗中"白海"因身长体重不幸在湖边搁浅，张定边趁势率队围攻"白海"。朱军将领程国胜、陈兆先等奋力还击，指挥韩成、元帅宋广、陈兆先等皆战死。正在此危急时刻，常遇春、俞通海率战船从侧翼来援，常遇春张臂操弓，一箭正中张定边。俞通海则率大量战船突驰到"白海"搁浅处，战船的突驰产生了大量的潮水，打上了"白海"搁浅的沙滩，潮水的浮力又重新让"白海"驶入了鄱阳湖中。这时，张定边身中一箭，见常遇春、俞通海来势凶猛，"白海"又已经脱困，急忙引兵撤退。廖永忠见张定边后退，便率轻舟追击，张定边战船"中矢如猬，亡卒甚重"。战至日暮，双方鸣金收兵。朱元璋初战获胜之后，恐张士诚趁机袭后方，命大将徐达回守应天，以防不测。

二十二日，朱元璋鸣角而进，准备决战。陈友谅乘"赤龙"船，将巨舰连环排列，旌旗楼橹，望之如山。而朱军船小，不能仰攻，激战中朱军损失很大。这时朱元璋命令右军向前进攻，右军却一直后退，朱元璋大怒之下连斩队长十余人，仍不能止。这时，部将郭子兴向朱元璋谏言说："舟实不敌，火攻可也。"朱元璋采纳了这一建议，乃命常遇春用7艘船载荻苇，内含火药，制作草人并穿上甲胄，由敢死之士驾驶。黄昏时，东北风甚急，火船趁东北风逼近敌舰，顺风纵火，焰火涨天，湖水尽赤，陈友谅水寨中数百艘战船被焚。陈军死伤过半。陈友谅之弟陈友仁、陈友贵及平章陈普略等皆被烧死。朱元璋又趁势挥军猛攻，毙敌两千余人。

---

[1] "座舰"即将领所乘的战舰，一般为舰队的旗舰。下文的"白海"即为朱元璋舰队中旗舰的舰名。

二十三日，双方复战。陈友谅率军全力反扑，自早晨至黄昏，双方死伤相当，炮声如雷。这时，刘基突然让朱元璋换乘其他战船，刚刚换乘完毕，朱元璋的座舰便中炮起火，朱元璋逃过一劫。

二十四日，陈友谅的巨舰由于上层和下层互相听不到彼此说话，舵手不知道橹手已死，机动困难，遭到朱军围攻。朱军俞通海、廖永忠、张兴祖、赵庸等将领乘快船6艘，突入陈军舰队，陈友谅联巨舰迎战。朱军6艘快船纵横驰骋，出没于陈军巨舰之间。见此情景，朱军士气大振，发起猛烈攻击。双方自清晨激战至中午，陈军大败，遗弃的兵器旗鼓"浮蔽湖面"。陈友谅企图退守鞋山（今江西湖口南大孤山），但出口已被朱军扼住，只得收拢舰队，进行防御。

当晚，朱元璋率军移驻左蠡（今江西都昌西北），陈友谅也移泊渚矶（今江西星子南）。两军相持三日，陈军屡战屡败，陈友谅左右金吾将军俱向朱元璋投降，形势更加不利。朱元璋乘胜屡次向陈友谅挑战，陈友谅大怒，下令将俘虏一律杀掉。而朱元璋却放回全部战俘，并悼死医伤，陈友谅军队士气逐渐瓦解。朱元璋判断陈友谅可能突围退入长江，为了堵住陈友谅的退路，朱元璋首先率舟师出湖口，占据长江上流，令风斗快船沿岸排列，海船则依次排列江中。又派兵夺取蕲州、兴国等地。经过一个多月的激战，陈军的退路皆被切断，粮食奇缺，部队饥疲。陈友谅无计可施，便于八月率巨舰百余艘冒死突围，企图经南湖嘴进入长江，退回武昌。

当陈军行至湖口时，江中的上流沿岸已经被朱元璋的船队牢牢占据，又值西风大作，陈友谅的巨舰便顺流而下。朱元璋率舰队在其后紧追，追至300步内，箭铳、将军筒、镖叉俱发如雨，因朱军的船在陈军身后，陈军船只上的士兵无处还击，只能用盾牌遮身。双方从清晨战至黄昏。至泾江口，朱元璋的伏兵截击陈军舰队，陈军的士气土崩瓦解，陈友谅出箭窗呼叫己方从船，而到达的却是朱军的战船，陈友谅头部中流矢身亡，陈军5万余人投降。陈友谅之子陈理逃回武昌继位。朱元璋获得水战胜利。至正二十四年（1364年）二月，朱元璋攻下武昌，陈理投降，朱元璋成功击败陈氏政权，并占领其属地。

朱元璋与陈友谅在鄱阳湖的决战规模空前，陈友谅的舰队以巨舰（楼船）为先锋，朱元璋则以海船应之。陈军的巨舰船体高大，然而其在制造时偷工减料，船体强度竟比体型较小的朱军海船差上许多，导致其船体高大的优势并没有完全发挥出来。而其水兵又多征调自"田夫市子"，不善战斗。但尽管这样，陈军的巨舰依然对朱军造成了较大威胁，朱元璋有几次险些命丧黄泉。可见，比敌方拥有更高大的战船，确实可以在水战中占据一定优势。而朱军则是凭借较为轻便、快速的海船和快船，包抄、合围陈军的巨舰，并载抛石机、铜火炮等远程投射兵器击沉、焚毁了大量的陈军战船，并最终击败了陈友谅的舰队。

鄱阳湖水战双方激战多次，朱元璋数次险些丧命，座舰先是搁浅，随后又被击沉，幸亏刘基及时让朱元璋换乘别船才逃过一劫。朱元璋先率舟师击败元军水师将领蛮子海牙，后夺集庆，收降元水寨元帅康茂才，最后于鄱阳湖击败陈友谅，这些大规模水战的经验，为明朝初年江防、海防系统的建立，以及水师战船的制造与运用打下了坚实的基础。

◀ 朱元璋的军队布雷船放置炸弹准备炸毁陈友谅的汉军控制的一座石桥

第二章

明代江防、海防系统的建立

水军的建立

明初建都于南京，首都的安危直接关系到国家的存亡。南京位于长江以南下游地区，据长江以为天险，然而长江绵延数千公里，其水网纵横交错，其间的大小河流又十分适合行船，倘若其中一地被敌人占据，敌人很可能顺江而下，极大地威胁首都应天的安全。因此沿长江广布水师战船往来巡守，以拱卫京师的安全就成了明代水军的首要任务。

元末明初，朱元璋崛起于江、淮一带，率舟师先后击败元江南行台御史中丞蛮子海牙，俘获元将陈兆先，收降元军水寨元帅康茂才，败张士诚，毙陈友谅，水战经验极为丰富，对长江流域的战略地理形势极为了解，明朝建国初年便在南京城南新江口设立新江口水师营。据《明史》载："洪武初，于都城南新江口置水兵八千。已，稍置万二千，造舟四百艘。又设陆兵于北岸浦子口，相犄角。所辖沿江诸郡，上自九江、广济、黄梅，下抵苏、松、通、泰，中包安庆、池、和、太平，凡盗贼及贩卖私盐者，悉令巡捕，兼以防倭。"

沿海方面，倭寇侵袭不断。张士诚与方国珍更是与倭寇相勾结，抢劫财物，杀戮人民。《明史》载："时国珍（方国珍）及张士诚余众多窜岛屿间，勾倭为寇。"洪武二年（1369年）倭寇的侵袭愈演愈烈，如《太祖实录》载，洪武二年四月戊子，"倭寇出没海岛中，数侵掠苏州、崇明，杀戮居民，夺才货"；二年八月乙亥，"倭人寇淮安"；三年（1370年）六月，"倭夷寇山东，转掠温、台、明州傍海之民，遂寇福建沿海郡县"。倭寇不断袭扰沿海各地，给沿海经济社会带来很大损失。为了解决倭寇的侵扰，洪武三年，明朝水军正式成立，"置水军等二十四卫，每卫船五十艘，军士三百五十人缮理，遇征调则益兵操之"。水军规模盛大，二十四卫总共有船 1200 艘。但从每船仅用 7 人"缮理"可知这次所造之船不会太大。

洪武六年（1373年），德庆侯廖永忠上言："陛下命造海舟鬻捕此寇，以奠生民，德至盛也。然臣窃观倭夷鼠伏海岛，因风之便以肆侵掠，其来如奔狼，其去若惊鸟，来或莫知去不易捕。臣请令广洋、江阴、横海水军四卫添造多橹快舡（船）。命将领之无事则沿海巡徼，以备不虞。若倭夷之来，则大船薄之，快船逐之，彼欲战不能敌，欲退不可走，庶乎可以剿捕也。"这批建造的船只仍是一种小船。因为倭寇所乘船小，遇见明军的官船往往不战而溃，四散而逃。而明军大型官船体型大，旋转不便，并不善于在沿海追逐。所以德庆侯廖永忠谏言沿海四卫继续添造多橹快船，以便追剿倭寇。

自此之后明代负责江防、海防的水军已经成型，并以新江口水师营为基础，联合水军二十四卫，形成了一个规模庞大的水军。

一、沿海海防体系的建立

洪武十七年（1384年）正月，为了更好地整顿海防，明太祖采纳方鸣谦的建议："倭海上来，则海上御之耳，请量地远近置卫所，陆聚兵，水具战舰，错置其间，俾倭不得入，入亦不得薄岸，则可制矣。"遂遣汤和巡视沿海防务。汤和到浙江后便按照方鸣谦的建议建城59座，戍兵58700余人。洪武二十年（1387年）又命江夏侯周德兴前往福建御倭。《明实录》载："命江夏侯周德兴往福建，以福、兴、漳、泉四府民户，三丁取一，为缘海卫所戍兵以防倭寇。其原置军卫非要害之所，即移置之。德兴至福建，按籍抽兵，相视要害可为城守之处，具图以进，凡选丁壮万五千余人，筑城一十六，增置巡检司四十有五，分隶诸卫以为防御。"此文中的"卫所"指的是卫所制度，卫所制度是明朝在全国推行的军事防御制度，将军士集中于卫所，令其子孙、兄弟世代为兵。其中又分为备操旗军和屯种旗军：备操旗军多为青壮年担任，主要负责守城、训练和作战；屯种旗军多为老弱、军余，负责屯种粮食供给备操旗军。

因防设卫是卫所制的主要原则，"度要害地，系一郡者设所，连郡者设卫"，即在地理位置重要的城镇设卫，在小道和孤立的要点如隘路口等设千户所，关口险隘不能容纳更多士兵的地方设百户所。一般情况下，统领5000人者为指挥，领1000人者为千户，领100人者为百户，领50人者为总旗，领10人者为小旗。不同地域的卫所所辖士兵数量不尽相同，大抵上每卫下辖5个千户所，共5600人，每千户所下辖10个百户所，共1120人，每百户下辖总旗2人、小旗10人、士兵100人，共112人。

周德兴不仅在陆上设卫所，海上亦置五寨。五寨即烽火门水寨、小埕水寨、南日水寨、浯屿水寨、铜山水寨。"寨"即供人员驻防的营地，多建于地势险要之处，寨墙的材质不一，有木栅、夯土、砌石等。"水寨"则是建造在水中的寨，即设立在海中岛屿上的防御据点，多设于江河的出海口或海上航道汇聚之处附近的岛屿上。以水寨为中心，划拨一定的海域让其管辖，称之为水寨的"信地"。

水寨是明代海防的第一道防线，是明朝"御之于海上""防之于海"战术思想的具体实现。

水寨的寨墙依岛上的地势而建，多筑于岛上地势险要之处或岛上的水港附近。

福建水寨的信地

水寨	信地
烽火门水寨	自福宁州、流江以南至罗源县濂澳门，约500里。
小埕水寨	自濂澳门以南至福清县牛头门巡检司，约400里。
南日水寨	自牛头门以南至晋江县祥芝巡检司，约500里。
浯屿水寨	自祥芝以南至漳浦县井尾巡检司，约400里。
铜山水寨	自井尾以南至诏安县洪淡巡检司，约300里。

▲ 清末外国人拍摄的圆山水寨（*Fortin Minriver：Approaching Foochow*）。明代时的水寨多已毁坏，已经无法窥其全貌，图为清代的圆山水寨，其寨墙分为两层，寨墙顶部设有女墙，可以用来遮挡铳弹；寨中还有众多房屋，供军士居住。水寨还可以供船只停靠补给，照片左侧即船只停泊之处

因为岛上的石料、沙土较多，所以水寨的寨墙内添有沙土，外侧砌以砖石包裹。明末时荷兰人曾来到浯屿岛，对岛上的寨墙做了详细的考察，其结果记载在《热兰遮城日志》中："今天长官普特曼斯（Hans Putmans）阁下带着随从航往浯屿岛，即那个我们称之为'有塔之岛'的地方，去从各方面观察该岛。看到立在该岛上的那个塔，完全没用木料，都用砍锉而成的石头建造，有7层楼台，高150尺，下面周围40步。岛上还有个堡垒，连接着两个四角形的碉堡，大部分都用砍锉而成的石头建造，周围有900步，墙高达11尺，墙有4尺高的胸墙，墙厚3~5尺，墙的内外两面都用石头建造，中间用土和沙填满。那两个碉堡各造在一个高地上，但该塔所在的平地比这些高地的树木稀少，没有淡水，只有在该塔附近每边的底部有一口井。那里有几间房屋，但没有人居住……"

从荷兰人的描述中我们可以发现浯屿岛上的水寨不仅设有寨墙，其周围还建有石塔，石塔高耸入云，高达150尺，可供士兵瞭望周边情势。塔的附近还有营房和水井，营房可供军士驻防，水井可为驻防军士及来往船只提供淡水。

当荷兰人到达浯屿时，上面的水寨已遭明军遗弃多年，所以荷兰人到达岛上后并没有看到有人居住。其实在海防建制健全时，每个水寨都可以驻扎千余名官兵，万历时著的《福宁州志》中就存有当时福建烽火门水寨官兵数目及其粮饷的记录："把总一员，日支银三分。书记二名、家丁六名、健步十名、旗手四名、吹鼓手六名，日各支银三分。中军官一名、左右前后四哨哨官四员，日各支银七分。哨官员下各书记一名、健步一名，日各支银三分。中哨哨官一员、捕盗五十六名，日各支银五钱。缭、碇、招手、队长一百四十二名，日各支银三分五厘。兵五百八十五名，日各支银三分。医生一名，日支银二分。全支丁四十五名，日各支银三分。半支丁八十九名，日各支银一分五厘。以上官兵共一千一十七员名。月大，饷银九百六十四两六钱七分五厘。月小，九百三十三两三钱六分五厘。"

从上述记录可知，水寨官兵共千余人。其中的把总即是水寨的管理者，统领水寨大小战船、官兵，书记即为整理、抄写公文的人，家丁即是将领的私兵，健步即往来送信的人员，旗手负责招展旗帜，吹鼓手用来吹螺打鼓以传递号令，军官与哨官都属于把总以下的下级军官，捕盗即是船长，缭、碇、招手是指操控船只的人员。每个水寨还设有一位医生，负责全寨官兵的健康及卫生工作。这些官兵还负责驾驶烽火门水寨中的43艘战船，分别为福船2艘、哨船1艘、东船20艘、鸟船2艘、鸟快唬船18艘。每艘船上具体配置如下表：

烽火门战船的船员配置

战船	船员
福船	捕盗1名、捕丁1名、舵工2名、舵丁2名、缭手2名、碇手1名、招手1名、斗手1名、队长1名、兵14名、军30名，全船船员共56名。
哨船	捕盗1名、捕丁1名、舵工1名、舵丁1名、缭手1名、碇手1名、队长1名、兵12名、军15名，全船船员共34名。
东船	捕盗1名、捕丁1名、舵工1名、舵丁1名、缭手1名、碇手1名、队长1名、兵12名、军15名，全船船员共34名。
鸟船	捕盗1名、捕丁1名、舵工1名、兵5名、军10名，全船共18名船员。
唬船	舵工1名、队长1名、兵7名、军10名，全船共19名船员。

明初的水寨规划非常完备，水寨是明朝海上的第一道防线，也是最为重要的一道防线。倭寇长于陆战而短于水战，将水寨置于沿海岛屿之上，之间派船只往来巡哨，就可以将倭寇歼之于海上，把战场外移，避免本土居民不必要的生命和财产损失。

凡海战，斗船力而不斗人力，明船较倭船高大、坚固，遇之即以泰山压顶之势将其"犁沉"。而倭船费料而不坚，船小而不快，只适合在浅海航行，其造船技术较为原始。《筹海图编》卷二对倭船的制造技术有详细的记载："日本造船与中国异，必用大木取方，相思合缝，不使铁钉，惟联铁片，不使麻筋桐油，惟以草塞镶漏而已。费功甚多，费材甚大，非大力量未易造也。凡寇中国者，皆其岛贫人，向来所传倭国造船千百艘皆虚诳耳。其大者容三百人，中者一二百人，小者四五十人或七八十人，其形卑隘，遇巨舰难于仰攻，苦于犁沉。故广福船皆其所畏者，而广船旁陡如垣，尤其所畏者也。其底平不能破浪，其布帆悬于桅之正中，不似中国之偏桅，机常活不似中国之定。惟使顺风，若遇无风、逆风皆倒桅，荡橹不能转戗，故倭船过洋非月余不可。"

造船时用大木锯成方形，不留缝隙，紧密连接而成，不用铁钉、麻油、桐油，对于船板之间的缝隙则以草来堵住，这种造船技术与中国差距较大。笔者又翻阅寻找日本古船图纸，发现其船既无龙骨，也无肋骨，更无水密隔舱。纵向强度只靠船板来保证，并无龙筋，保证横向强度的部件，只有两根横梁。按这种技术造出来的船只，其坚固程度可想而知。难怪戚继光会说："倭船自来矮小，如我之小苍船，故福船乘风下压，如车碾螳螂。"而其船一遇无风、逆风又"皆倒桅，荡橹不能转戗"，过洋需要长时间的航行。由于海上航行时间长，等到了中国沿海，体力消耗过半，再加上船体矮小，一旦遇到明军海上巡哨之兵船，必定全军覆没。

虽然水寨与卫所对中国海岸线的防卫甚严，但这两者都属于军事机构，其与州县的地方政府之间互不统属，一旦地方有事，州县并无调遣卫所兵士之权，而且卫所的数量有限，无法遍布广大乡村，因此明朝又建立了供地方政府调遣的民兵（即弓兵）系统，由巡检司来统辖。洪武二十三年（1390年）四月丁酉，明太祖下令："滨海卫所每百户置船二艘，巡逻海上盗贼。巡检司亦如之。"洪武二十六年（1393年）又规定了巡检司的职能："凡天下要冲去处，设立巡检司，专一盘诘往来奸细，及贩卖私盐犯人、逃军、逃囚、无引、面生可疑之人。"到了洪武末年基本建立起了沿广东到辽东海岸线的防卫设施，包括卫所、水寨、巡检司、墩台、烽堠等。

这些防御设施的建立，构成了海上和陆上多重防线。海上的防线由水军驾驶战船担任，陆上防线由各卫所的士兵和巡检司的弓兵（民兵）担任。水寨、卫所、巡检司各负责防守一定的海域和地域，相互支援。平时水师战船巡逻于海上，遇到敌人小规模入侵，自己就可与之对抗，歼敌于海上。一旦敌人接近海岸，烽堠就会发出警报，卫所陆军迅速赶赴敌人登陆点，歼灭敌人，水军同时配合陆军作战，如果有漏网之鱼，巡检司还可以调遣民兵追捕。当敌人大规模入侵时，朝廷则命若干卫所和水寨的水陆军在海上或陆地抗击敌人。这样，在沿海构成了基本完备的、有一定纵深和层次的防御体系。

二、明代前期的水师战船

明代前期的水师战船，最早源于俞通海带来的千艘巢湖水军战船，之后大败元军蛮子海牙部于采石，攻下南京，元军水寨元帅康茂才率众投降，又为明军带去了大量的元军战船，到最后与陈友谅决战，俘获陈军的"混江龙""塞断江""撞倒山""江海鳌"等巨舰百余艘。纵观朱元璋的建国过程，水师居功至伟，其对水师战船的建造自然极为重视。明初水师战船的建造大致分为两个部分，一部分为中央造，由工部负责建造，建造地点在龙江造船厂，主要供给负责守备南京的新江口水师营的水军；另一级为地方造，由地方卫所负责建造，建造地点在地方各卫的造船厂，主要供给沿江、沿海地方卫所的水师营、水寨的水师。《八闽通志》载："烽火门等五水寨造船厂在府城（指福州）东南河口。旧福州三卫各置一厂，左卫厂在庙前，中卫厂在象桥，右卫厂即今所是也。景泰年间，镇守监丞戴细保议悉并于此。

每岁选委清干指挥一员，提督修造各水寨备倭舟船。"

　　明代中央制造的战船多用于江防或国家重大的海事活动，如郑和下西洋等，建造地点多在南京的龙江造船厂，因为其由工部负责，所以流传下来的文献资料较多，如《龙江船厂志》《南船纪》《船政》等，分别记载了多种船只，其中战船有四百料战座船、二百料战船、一百五十料战船、一百料战船、四百料巡座船、快船等。

四百料战座船

　　四百料船在明代的内河船只中属于中等船型，但在内河的战船中则属于大型船只，这是因为战船对船只机动性要求更高，如果超过"四百料"，则在江中很难驾驭。《龙江船厂志》中也载，四百料战座船"稽其尺度，颇为适宜，过此恐难为驭，善阵者毋令越其制"。"座船"即将领乘坐的指挥旗舰。《南船纪》载："战船曰座，即边营陆寨之帅幕也。号令之所以整齐者是，经略之所以指示者是，威灵之所以震耀者是，窥伺之所以寝息者，规制其

▲ 四百料战座船图

可简陋哉？"因其为将领指挥所乘之船，而主将需要"贵持重"，否则"敌得而窥其际"，所以其船体建造得较别的船只更为巨大。其船长8丈6尺9寸，阔1丈7尺，树2桅。船上设有长楼（战棚），楼的侧墙设有矛穴弩窗，可以供楼内的士兵攻击敌人；窗上有铺板，掀起可以防御矢石；船的尾部高高翘起，立有方亭，可以供将领瞭望敌情。这种船只的制造精良，设施完备，攻击和防御能力均较强，但其体型重大，机动力差，并不适宜担任舰队的主力，只能作为舰队中的旗舰而存在。

二百料战船

　　二百料战船其名看似与古代船只没有多大关系，实际上它就是古代"斗舰"经过数百年演化后的船型。它是明代前期内河水师的主力战舰，船长6丈2尺1寸，阔1丈3尺4寸，树2桅。船上设有橹厢，可以为摇橹的士兵遮蔽矢石；船首设车罗，可以用来施放拍杆；上列女墙，可以保护船上作战的士兵；尾部的望亭可以供将领瞭望敌情。二百料战船是一种体型较小的桨帆船，因其帆橹并用，机动性强，在明

代前期的内河战船中，也是唯一一款船首设有拍杆的战船，在冲击敌船时，可以使用拍杆砸毁敌方船只。关于拍杆的具体使用方法，罕有文献记载，只有在周鉴所著的《金汤借箸十二筹》与沈启所著的《南船纪》中有零星记载。《金汤借箸十二筹》载："拍杆，其制如大桅，上置巨石，下作辘轳，绳贯其颠，施大舰上。"《南船纪》载："首设车罗，拍杆之制也。"综

▲《南船纪》中的二百料战船图

合两段文献资料，拍杆的施放方式应是先将拍杆的支点设置在艏桅杆的底部，并将绳索系在拍杆的顶部，用绳索通过艏桅杆顶部的滑轮与车罗上的绞车相连，然后通过绞车将拍杆提起，最后用"机"将绞车上的绞盘固定住，遇敌之后，将"机"打开，拍杆顺势而下，砸毁敌方战船。因有拍杆的存在，二百料战船的进攻能力较强，再加上傲人的机动能力，二百料战船各方面的能力都突出，《南船纪》中也形容其"制周而法精，势雄而威重，诸船之利，孰是逾焉"，可见其在明代前期内河水师中有着不可替代的作用。

一百五十料战船与一百料战船

一百五十料战船是一种较二百料战船更加小型化的战船，其船长5丈4尺4寸，阔1丈6尺，树2桅，相对于二百料战船，体型较小，无望亭、将台、车罗，其余与二百料战船相同。

一百料战船长5丈2尺，阔9尺6寸，单桅，因其体型较小，只能容30人，作战能力较差，但其速度极快，适合包抄、伏击敌军。

四百料巡座船与二百料一颗印巡船

顾名思义，四百料巡座船即是将领巡逻时所乘之旗舰，其与四百料战座船同为大船。船长8丈6尺9寸，阔1丈7尺，树2桅，船上设有管楼，装饰豪华，主要用来震慑盗匪，象征意义大于实际意义，实战能力较弱，不及四百料战座船。

二百料一颗印巡船长6丈1尺5寸，阔1丈2尺6寸，树2桅，其与二百料巡

沙船"料同而制异"，船上几乎没有长楼、洞屋、女墙等防护设施，作战能力堪忧。这两种战船都是明军用于内河巡逻的战船，均不及四百料战座船与二百料战船。

二百料巡沙船

二百料巡沙船为仿造自崇明沙一带的沙船，船长6丈7尺，阔1丈3尺6寸，树2桅。船上设有洞屋，可以供士兵轮番休息；船的两旁还设有女墙，可以防御矢石的攻击。此船的作战设施较多，作战能力较四百料巡座船与二百料一颗印巡船强上许多。

哨船

明代内河水师的哨船分为九江式哨船和安庆式哨船（大胜关哨船）。"哨"即不善战阵之意。哨船之始，源于正德九年（1514年），南京守备操江衙门为了探查敌情而寻找江中速度最快之船，最终寻找到了九江和安庆两地所造之船。九江式哨船：船长4丈2尺，阔7尺9寸，树1桅，船身两旁设4桨，故可不论风潮逆顺皆可行，因体型小、速度快，适宜探查敌情或伏击敌军。安庆式哨船（大胜关哨船）：和九江式哨船类似，船长3丈6尺8寸，阔7尺8寸，树1桅，船身两旁设8桨，尾部设1橹，速度较九江式哨船更快，且船上设有洞屋，其防御力较九江式哨船更好。

以上均为南京龙江造船厂所造船只，明代前期地方造的战船与其有很大不同，很少用于江防，而主要用于沿海备倭，又称"备倭船"，主要用于海战。海战对倭以"大船薄之，快船逐之"为主要战术思想，大型战船与小型战船并重，主张"御敌于海"，在海上歼灭倭寇。其中大船称为"海舟"，小船则有"快船""快哨船""八橹船"等，这些船只在沿海各个地方都进行了大量制造，在《明太祖实录》中也有着大量的记载：

洪武五年八月，"甲申，诏浙江、福建濒海九卫造海舟六百六十艘，以御倭寇"。

洪武五年十一月，"癸亥，诏浙江、福建濒海诸卫改造多橹快船，以备倭寇"。

洪武八年四月，"丙申，命靖宁侯叶升巡行温、台、福、兴、漳、泉、潮州等卫，督造防倭海船"。

洪武十三年六月，"诏延安侯唐胜宗督浙江属卫官军造海船，修城隍"。

洪武十七年八月，"命荣阳侯郑遇春、东川侯胡海督金、吾等卫造海舟一百八十艘"。

洪武二十年六月，"敕福建都指挥使司备海舟百艘，广东倍之，并具器械、粮饷，以九月会浙江，候出占城，捕倭夷"。

上述"海舟"所指应是沿海的大型战船，而快船则多指速度快的小型多桨战船。明代记载这两类战船的资料较少，只有《定海县志》中记载当时明军沿海的大型战船，如五百料、四百料等官船。其名虽为"官船"，实际上就是《明实录》中所记的"海舟"，都是由地方卫所负责制造。除了《定海县志》之外，有些明代地方志中还提到明军的八百料、七百料、三百料战船以及五十料战船，但很可惜其尺寸和军器并没有详细记载。

《定海县志》所载明军战船详情

船只种类	船只大小、造价、军器等
五百料官船	身长（官尺）12丈2尺5寸（约38米），深1丈1尺5寸（约3.5米），阔3丈（约9.3米），造价银1000两，驾船旗军160名，每名食粮8斗，其中5斗安家3斗随行各船，除各军随身盔、甲、枪、刀、弓箭外，军火器共1582件，火药60斤。
四百料官船	身长9丈4尺（约29米），深9尺2寸（约2.8米），阔1丈9尺5寸（约6米），造价银428两，驾船旗军100名，军火器共1805件，火药52斤。
二百料官船	身长8丈6尺（约26米），深8尺（约2.4米），阔1丈3尺4寸（约4.1米），造价银400两，驾船旗军50名，军火器88件，火药40斤。
八橹快哨船	身长7丈3尺（约22米），深5尺（约1.5米），阔1丈4尺5寸（约4.5米），驾船旗军50名，军火器共389件，火药25斤。
风快尖哨船	身长4丈2尺（约13米），深3尺2寸（约10米），阔8尺（约2.4米），造价银20两5钱，驾船旗军50名，军火器共210件，火药10斤。
十桨飞船	身长4丈5尺（约14米），深4尺5寸（约1.4米），阔8尺（约2.4米），造价银26两3钱1分5厘，驾船旗军25名，军火器共309件，火药10斤。
高押哨船	身长4丈4尺（约13.7米），深4尺（约1.2米），阔1丈1尺（约3.4米），造价银25两，驾船旗军25名，军火器211件，火药20斤。

从表格中可以看到，沿海的战船体型较大，造价高昂。其四百料官船船长9丈4尺，阔1丈9，而龙江造船厂所造之四百料战座船船长只有8丈6尺9寸，阔仅1丈7尺，而定海卫的五百料官船的船长更是达到了12丈2尺5寸，阔也达到了3丈，在当时真可谓是巨舰。而官船的造价也十分不菲，二百料与四百料战船造价为400余两，500料官船造价达1000两，以明代前期的造船规模，其财政的投入是相当大的。天启年间的《海盐县图经》引用王文禄的《海宁卫志》载："正

统中……因军少，奏革出海五百料金字号战船七十二只，改立堡寨，止留小尖哨船二十只，见存西海口。"可见，在正统奏革以前，光海宁卫的五百料金字号战船就有 72 艘之多，如果按《定海县志》中每艘造价 1000 两来计算，72 艘战船光造价就需要白银

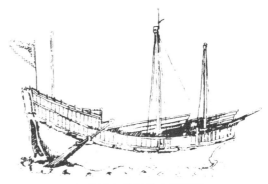

▲ 外国人绘制的中国帆船

72000 两。其维护费用，如果按照《东西洋考》中"造舶千余金，每还往岁一，修辑亦不下五六百金"的比例来算，海宁卫每年维护 72 艘五百料战船的费用就至少需要 36000 两白银，其中还不包括像四百料、二百料这种小型战船。单单一个卫就有这么大的财政投入，可见明代前期对水师的投入是十分大的。

由于沿海的战船是由地方卫所负责制造，明代前期沿海地方造船的相关资料并没有流传下来，甚至连少许图像资料也没有，不过 16 世纪末期，在中国旅行的外国人曾绘制过一艘战船，此船的船体高大，树 2 桅，船头设有车罗，船头的布置类似于龙江造船厂建造的二百料战船，船头前还有一根横向放置的木杆，疑似拍杆，船中部的甲板上并不设长楼或橹厢，船的尾部上翘，尾楼低矮，尾边有一大橹，船尾楼不设望亭，具有海船的特征，其又与当时流行的福船、广船、草撇等船的形制不同，很有可能是当时所遗存下来的旧式四百料或五百料战船。

三、兵器与战法

明代的水师源于巢湖水贼与元朝水军，至正十五年（1355 年），俞通海率巢湖水军归附朱元璋，随后，朱元璋又遣人诱元军蛮子海牙部中的"善操舟者"19 人，令其教习诸军水战，所以，明代前期战船上的武器配置基本承袭于元代，其武器依然是以冷兵器为主，战法也是以接舷战为主，新式火炮、火铳只占整艘战船武器的一小部分。

明代的兵器制造，起初由军需库负责，洪武十三年（1380 年）六月"罢军需库，置军器局"，兵器改为军器局制造，制定了所造兵器的种类，并且规定了各类兵器

在军中所占的比例，"凡军一百户铳十、刀牌二十、弓箭三十、枪四十"。可以看到其中冷兵器占到90%，火铳只占10%。明代前期的单兵武器依然是以冷兵器为主，有枪、刀牌与镖枪、弓弩、铳四大类。

枪

明代的枪分为三类：1. 长枪，有时也称长竹枪，其杆为木制或竹制，枪头轻、利，为套筒式，套在杆上。2. 钉枪，其实也属于长枪的一种，钉枪的长度与长枪相似，两者的差异就是枪头不同，钉枪的枪头较长，一般为一尺左右，用藤条缚在枪杆的顶端，而长枪的枪头较短，与枪杆的连接方式是套在枪杆顶端。3. 线枪，有时也称为透甲枪，全长9尺（约3米），线枪的长度较短，多用于马战。三种枪之中，水军使用最多的，即是长枪。

长枪的长度一般在1丈2尺（约3.7米）到1丈8尺（约5.3米）之间。明代长枪的枪头追求轻利，枪杆以硬木为最佳。枪头轻利，有利于增加戳枪的威力，也可以使枪体重心后移，使枪器不至于压手。枪杆硬，有利于士兵对枪器的控制，使身体的力量更容易传达到枪头。枪杆最忌软，枪杆软，身体力量传达到枪头的损耗就会变大，枪头也会变得不容易控制，妨碍戳枪和格枪。

长枪在明代装备地域广，装备时间长，其为军队主要的长柄格斗兵器。洪武十三年（1380年）六月"罢军需库，置军器局，专典应用军器，凡军一百户，铳十、刀牌二十、弓箭三十、枪四十"，明英宗时"给三千营官军，盔三千顶、甲一千五百副、腰刀三千把、长枪七千余根"。到嘉靖倭乱时，长枪依然发挥着巨大作用。倭寇虽刀法精湛，但倭刀的长度不及长枪，"未及我身彼以受刺"。长枪的杀伤力强，攻击距离远，受到明代许多著名将领的青睐（如戚继光所创之鸳鸯阵，除去队长与火兵，小队中长枪手就占40%）。而且长枪的价格便宜，隆庆时一根仅值银三钱，其制作与维护又极为简便，方便大批量装备部队。

明军水师装备了大量的长枪，俞大猷在每艘福船上配备100支长枪，戚继光大福船上分8个小队，每队10名士兵，其中第3队到第8队各有4名长枪手，何汝宾《兵录》就称其每船兵士均配备长枪。

这里需要补充一点，很多资料中只记录明军所使用之火器，并看不到明军使用长枪的记录，但这并不能说明明军就不用长枪。之所以长枪在文献中较少出现，是因为明代后期卫所制度崩坏，卫所旗军大量逃亡，募兵制随之兴起，刀枪之类的

◀《倭寇图
卷》（现存
日本东京大
学）中冲向
倭船的明军
战船，可以
很清楚地看
到明军长枪
的长度

▲《倭寇图卷》中明军的先头部队，可以看见部队最前方为6名牌手，随后为1名身穿铠甲的军官，再后是大量的长矛手。接敌时，牌手在前负责遮挡矢石，军官在旁负责指挥，长枪手将枪从牌手身旁或头顶伸出刺杀敌人

▲《倭寇图卷》中明军正在跟倭寇进行水战。从此图可知，在当时的接舷战中，双方使用均大量使用长枪

冷兵器多令士兵自备，而火器多从官处供给。《涂中丞军务集录》载："会同福清县掌印官，选调新造坚固大塭船一十五只、民船一十五只。调募素有身家堪用捕盗三十名。每名照例给与工食四十五日。枪刀等器责令各自借办。火药大铳官为处给。"同样在万历年间，浙江也令士兵自备长枪、号衣、腰刀等物。《两浙海防类考续编》载："查得水陆器械频年修造，无经多缘，官匠相倚为奸。或巧立名色以糜财用，或漫为请给以滋侵冒已。经议，将长枪、号衣、腰刀皆令各兵自置，及乌实用者悉行停造。"

长枪的大量使用也催生出一套长枪手的选拔和训练方法，《纪效新书》载，每队十二名士兵内，"先择年力老大一人，付以长牌，长牌无甚花法，只欲有胆有力，赖之遮蔽其后兵前进耳。次将年少便捷、手足未硬一名为藤牌，藤牌如前说之谓也。次将年力健大老成二人为狼筅，狼筅支杆繁重，足以蔽身而壮胆，故用法明直易习，便于老成手足已硬之人。次将有杀气、有精神、三十上下长健好汉四人为长枪手；又长枪之次者二人为短兵。长枪用法多习学，非身手眼俱活者不可用。此器又专主于刺，故选授又贵于精中取精"。其长枪手选拔条件为"有杀气、有精神、三十上下长健好汉"，并且需"精中取精"。

中国古代战场上首重士气与阵型。明代中期，许多将领都强调长枪手训练要去"花法"。舞花枪不仅在个人竞技时毫无作用，而且战场上长短器械错杂，士兵在阵前一齐拥进，根本没有转身、回头的余地，况且一个人转身后退，不仅会破坏阵型，还会使后面士兵产生疑虑，从而士气受到影响。戚继光在其《纪效新书》中就强调："或问曰：'平时官府面前所用花枪、花刀、花棍、花叉之法，可以用于敌否？子说教，亦有是欤？'光曰：'开大阵，对大敌。比场中较艺、擒捕小贼不同。堂堂之阵，千百人列队而前，勇者不得先，怯者不得后；丛枪戳来，丛枪戳去，乱刀砍来，乱刀还他，只是一齐拥进，转手皆难，焉能容得左右动跳？一人回头，大众同疑；一人转移寸步，大众亦要夺心，焉能容得或进或退？……长枪单人用之，如圈串，是学手法；进退，是学步法、身法。除此复有所谓单舞者，皆是花法，不可学也。须两枪对较，一照批迎、切磋、揣挤、著拿、大小门圈串穿，按一字对戳一枪，每一字经过万边不失，字字对得过，乃成武艺，后方可随意应敌，因敌制胜也。'"

戚继光十分强调士兵训练要去花法，抛弃那种华而不实的套路，主张单人练习时要学习手法和步法，双人对练时，要"按一字对戳一枪，每一字经过万边不失，字字对得过，乃成武艺"，这里的"字"可以理解为一个技巧，这句话的大意是：

按照一个技巧来戳枪练习，每个技巧经过无数次练习而不会失误，才可以习得武艺，上阵杀敌。戚继光这种训练方法十分实战化，也是对中国传统枪法的一个总结，突出传统枪法实战技巧，摒弃了那些华而不实的花法。

刀牌与镖枪

明代的牌手一般配备腰刀，他们有很多称呼，一般称其为"牌手""刀牌手""藤牌手"等，有时牌手还会随身携带数支镖枪。牌手的腰刀长3尺2寸，柄长3寸。马战多用，步战、水战多为军士护身的佩刀，其多与藤牌配合使用，无牌不可以入阵。戚继光《纪效新书》载："腰刀造法，铁要多炼，刃用纯钢，自背起用平削刀刃芒，平磨无肩乃利妙。"

而牌手的盾牌主要有藤牌、手牌和挨牌等。明早期有圆牌，其为木制，牌外面蒙一层皮革，十分笨重，不利于步卒持久作战。嘉靖年间出现了以粗藤条做的圆牌，

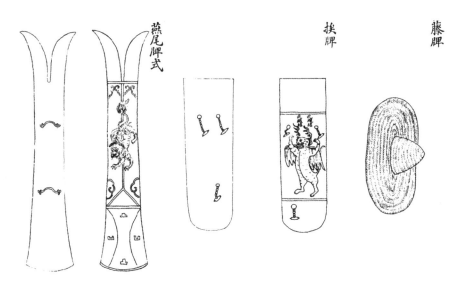

▲ 《筹海图编》中的三种盾牌，其中藤牌出于福建，有圆长二式，内用大藤为骨，以藤篾缠联而成。南方多稻田雨水，此器最为便利，可遮蔽一身，用以代替甲胄，可避失石。挨牌用白杨木为之，长约5尺（约1.5米），阔1尺5寸（约46厘米），牌下面比上面略小四五分，内用绳可挂在脖子上，用左手中指缝夹牌下短绳，可以双手执枪。手牌亦名燕尾牌，用白杨木或轻松木为之，长约5尺7寸（约1.8米），阔1尺（约0.3米）。上下两头比中间阔三四分

即藤牌，虽然藤牌无法防御火器，但矢石刀枪皆可防御。藤牌与燕尾牌的使用方法相似，一手持刀，将刀放在另一手腕处，该手持镖枪，将镖枪掷出，无论是否命中，敌人都会格挡，此时趁机杀入，无往不利。挨牌则身长体宽，往往列在队前以遮挡矢石。

▲ 明代版《三国志》中手持腰刀和藤牌的士兵，虽然是小说中的插图，但其形象皆是来源于现实生活。这幅图上的士兵头戴毡帽和头巾，身穿罩甲，腿戴护膝，手持藤牌、腰刀，皆是明代士兵的常用装备

有明一代，镖枪在水军、陆军中都有大量装备，其头重4两，柄长7尺，首径6分，尾径2~3分。其制头重尾轻，前粗后细，镖头须锋利。明代抗倭名将戚继光及俞大猷对镖枪尤其喜爱，一般明军的福船只配备200~300支镖枪，而戚继光与俞大猷每艘大幅船均配备1500支镖枪，戚继光更是要求其船员不论职位，每人都要训练投掷镖枪。在海战中，当两船相距10~20丈时，凭借福船高大的船身，用镖枪"掷之如雨，无不中贼"。或当海上风浪大时，船只起伏不定，火器难中，如果我船在上风向，就可以用撩钩勾住敌船，再用钩镰勾住敌人，最后用镖枪射之。

此外，还有一种重型镖枪，专门用于水战，名为犁头镖。此镖枪头重达两斤，多在船桅杆顶部的斗中及船的尾楼等高处使用，居高临下掷向倭舟，可以穿透倭舟的船板。如果敌人中了此镖，其身必碎。

在作战时，镖枪常常与盾牌相配合。明代抗倭英雄罗拱辰在其《牌论》里说："若敌在百步之外，我兵必先用弓弩及边铳以制其锋，及至来近，短兵相接，尚在三十步内外，必须用镖枪以飞击之，敌人见镖必避之，中镖者必倒，我兵必乘其势，各持便器而入……"即如果敌人在450米以外，我方士兵需要用弓弩或火铳射击敌军，挫败敌人的冲锋，当敌人至我方队伍45米左右时，投掷镖枪攻击敌军，敌人见镖枪飞来必加以闪避，中镖的人必定倒地，就趁敌人阵型混乱之时，我方队伍向敌军发起冲锋。

罗拱辰紧接着又说明了牌手执镖接敌的方法："左手执牌，大指横挽刀一把，里又带镖一支，右手擎镖一支，与贼相近三十步内外，先用右手镖飞击，次取牌里镖又飞击，然后用刀䚡贼……"即左手持盾牌，用左手大拇指挽刀一把，并握住镖枪一支，右手再执镖枪一支，在与敌人相距 45 米时，先用右手向敌投掷镖枪，然后取牌里的镖枪再次向敌投掷，最后拔出刀砍杀向敌人。

弓弩

明代前期的弓多为反曲弓，弓臂阔三指，力自 70 斤到 40 斤分为四等，制作材料有筋、角、竹、木等，形制与中国的传统弓箭类似，但是各部位的称谓有所变活，如古称"弣"，明代称为"稍"；古称"势"，明代称为"虚霍"；古称"畏"，明代称谓"门"或"隈"；古称"执"，明代称为"把"；古称"节"，明代称为"乐弦"。

明代的弓箭制造数量很大，大多由南方制造，每年造完后送往京师。《大明会典》记载了弘治年间各边卫所留本处备用及每年送往京师的弓箭如下：

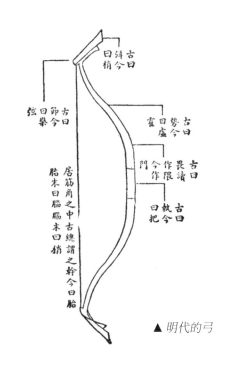

▲ 明代的弓

《大明会典》载弘治年间各边卫所弓箭数量

种类 ＼ 地区	浙江	江西	福建	湖、广	南直隶	合计
弓（张）	22077	25896	16000	574	2960	67507
箭（支）	200000	198796	199962	191330	330000	1120088
弦（条）	110785	129292	79963	2862	14800	337702

通过上述数据可知，明代沿海闽、浙、广的弓箭保有量还是非常大的，但是这其中的一部分是需要送往京城的，一部分配给陆军，只有一少部分能配备到战船上，而且明代的南方士兵不善于使用弓箭，这就导致明代前期战船上所配弓箭并不多，而是常配镖枪、弩等远程投射兵器。弘治元年（1488 年）朝鲜人崔溥发生船难，

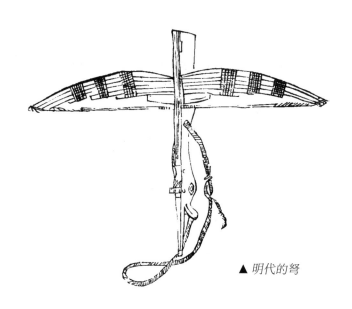

▲ 明代的弩

他在浙江台州府临海县登陆，就看到"江南戎器则有枪、剑、矛、戟，其甲胄、盾等物皆大书'勇'字，然无弓箭、战马"。

明代的弩，弩身为木制，弩臂为竹制，设有脚蹬，其把手较前代设计更加合理，方便持握。洪武四年（1371 年），明政府"以脚蹬弩给各边将士。仍令天下军卫如式制造"。明代前期弩的制造量并不大，总的装备数量较弓和镖枪少上许多。

铳

铳，在明代一般指金属管型火器。明初的火器制造机构有三个——宝源局、兵仗局、军器局。宝源局，朱元璋在至正二十一年（1361 年）设立于南京，隶属工部，主要负责铸造铜器，但就现存火器上的铭文判断，其在洪武五年（1372 年）五月至洪武八年（1375 年）二月间，也负责了火器的制造任务。兵仗局，设立于洪武十七年（1384 年）四月，负责"掌御用兵器，并提督匠役，造作刀、甲之类，及宫内所用梳篦、刷、牙、针、剪诸物"，下设火药司，负责铸造火器。据《大明会典》载，"凡胜字天威、并列字等号飞枪神铳等项火器，俱系内府兵仗局掌管"，可见现存的天字等铳，都是由兵仗局负责制造。军器局，设立于洪武十三年（1380 年）六月，并于洪武二十一年（1388 年）在各地方都司卫所设立，主要负责制造和修理各卫的军器。

明代前期的兵仗局与军器局的功能看似相同，但其实还是有差别的，差别在于所造的火器种类：军器局所造的火器包括碗口铜铳、手把铜铳、信炮等，这些火器兵仗局都能够造。但火铳的消耗品，如木马子、槌子、送子等，兵仗局并不生产，而由军器局生产。兵仗局所造的大型火铳，如各种将军铳，以及新型火铳等大型铳炮，军器局都不能制造。但这些大型铳炮在明代前期一般为陆上使用，水战中一般都使用碗口铳、手铳等这种较小型的火器，所以明代前期战船上所使用的火器大多数为各卫的军器局制造。

手铳，即火门枪，是一种较短的管型金属火器。明代洪武年间的手铳较之元代手铳，身管较长，口径较小，铳膛较为光滑，构造比较规范，都由铳膛、药室、尾銎三部分构成。铳膛最长，一般为260~300毫米，约占全铳的三分之二。火药从铳口装入药室，弹丸装在铳膛内；铳膛与药室相连接，药室呈球形隆起，内装火药，药室处铳壁较铳膛厚，铳壁上设有一处开孔，为火门；药室后为尾銎，尾銎中空，呈喇叭形，可以装入木柄，以手持使用。

到了永乐年间，手铳又有了进一步的改进：首先，改进了铳身，使铳身的护箍数量较洪武手铳大幅减少，而且铳膛部分根本没有护箍，取而代之的是自铳口至药室间的铳壁厚度趋增，铳身亦十分光滑，可见铸造技术有大幅提升。其次，洪武手铳的火门被改良成具有火药沟和火门盖的设计。洪武手铳的火门只是单纯在药室上开一小口，在结构上较不安全，且火线容易受潮。火药沟在发射时可以添入少量火药，确保火捻及时引燃。火门盖则可以在装填火药时关闭，以防止湿气，即便天气

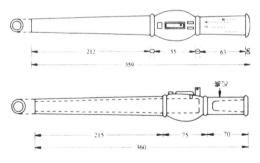

▲ 上为正统元年（1436年）天字铜手铳，下为永乐十二年（1414年）天字铜手铳

▲ 永乐时期火铳实物图

▲ 万历时期的快枪（跟手铳类似的火门枪），可以看见铳管顶端设有枪头

不好，也不至于立刻使火捻及药室的火药受潮。施放时，先打开火门盖，再点燃火捻，燃放药室内的火药。

正统十四年（1449 年）九月，鞑靼三万余人大举入犯辽东，明军损失惨重。这时明军的手铳虽然威力较弓箭大，但是其装药步骤多，装弹时间长，发射间歇较弓箭长上许多，而这种缺点早已被边塞的鞑靼掌握。鞑靼与明军作战时，每每趁手铳发射的间歇冲击明军部队，一旦被鞑靼骑兵接近，手持铜手铳的明军往往陷于被动，因手铳柄短、无利刃，并不利于近身战斗，铳手护身的腰刀长度又过短，无法对敌人骑兵造成有效伤害。面对这种情况，景泰元年（1450 年）二月，时任辽东镇守太监的亦失哈（海西女真人）将手铳的木柄加长为 7 尺（2.2 米），并添加一根枪头，可以插入手铳铳膛之中，这样就形成了枝长 2 米余的长矛，士兵持此排成人墙可以阻挡敌军冲锋，近战中也可以对骑兵造成有效伤害。这种做法在明末亦应用到了子母铳上，《兵录·子母铳》条载："子母鸟铳者，其铁管与眼孔大小，并龙头木函等项，悉如鸟铳之式……其母铳之端有照星，又加短剑一把，剑锋官尺长一尺三寸，靶长五寸，口开曲眼。装上管端，即以照星凑入曲眼，少扭转，自然扣紧。"

根据何汝宾在《兵录》中所述，这时的子母铳已经出现了曲眼（螺纹），这可以使铳剑与铳管的连接更牢固。

四、武器配置与水战战术

明代水师的武器配置与陆军类似，各类兵器所占比例也大致相同，但很可惜，许多材料中关于明代前期战船上所用军器的种类和数量并没有详细记载，不过笔者在万历年间出版的《广东通志》中找到了相关记录："国朝军政官役随操器械……其在海道三路备倭军器：每船铁镰五十把、竹篙枪一百把、犁须镖一百把、双须镖一百把、单镖枪六十把、铁箭三百支、捞钩十把、铁手铳十二把、毒药毬十包、烟火纸毬十包、火伞筒十把、燕尾牌十面、九龙盒十副，每副用飞枪九支。器械尤以机、铳、火箭为重，则海寇畏之。"

这段文字中所写兵器众多，大致可以分为三类。一、近战兵器：铁镰、竹篙枪、捞钩和燕尾牌。二、远程投掷兵器：犁须镖、双须镖、单镖枪、铁箭。三、火器与杂器：铁手铳、毒药毬、烟火纸毬、火伞筒、九龙盒。其中铁镰即是镰刀，可用于钩断敌船缭绳或者钩杀敌人。竹篙枪，"竹篙"为用竹竿做成用于撑船的杆具，枪（鎗）则说明其前端带铁，可以用来刺杀敌人。竹篙的长度类似于长枪，其用法和

▲ 万历年间的明军

功能都与长竹枪极为相似。捞钩即撩钩，接舷时用于勾住敌船使敌船不能脱身而去。犁须镖、双须镖和单镖枪都是镖枪，用于投掷杀伤敌人。铁箭，可能是供弓弩所用的箭矢。铁手铳即早期的单管火门枪，可以发射铅弹，射杀敌人。毒药毯、烟火纸毯投掷到敌方船上可以用来迷瞎敌人眼睛。小伞筒应该就是明后期时的喷筒，可以喷出火烟，用于烧毁敌人船帆和战船。九龙盒即火箭，点燃后燃烧产生的气体可以向后排出，从而射到敌方船上，杀伤敌人。"器械尤以机、铳、火炮为重"中的"机"所指应该是施放拍杆的装置，《徐中丞军务集录》中载有徐泽民向监军道发去的海防咨文，文中提到封舟"边施拍竿，则一经敌舟，转机放发，足以粉敌舟而糜敌骨"，这句话提到了拍杆是"转机而发"，而这个"机"很有可能和《广州通志》中的"机"是一种装置。

《广州通志》虽然是万历时期所著，但这段资料里面没有出现百子铳、佛郎机、鸟铳等当时战船上常用的火器，因此这段记录所写很可能跟明初的情况相似。

明代前期战船除了盔、甲、枪、刀、弓箭外，还配有火器。如元顺帝至正二十三年（1363年）四月，朱元璋与陈友谅决战于鄱阳湖，朱元璋"分舟次为十一队，火器、弓弩以次而列，戒诸将近寇舟先发火器，次发弓弩，及其舟，则短兵击之"，击溃了陈友谅的主力。此外，《大明会典》中也有记载："凡海运随船军器，洪武间定，每船黑漆二意弓二十张，弦四十条，黑漆鈚子箭二千支，手铳筒一十六个，摆锡铁甲二十副，碗口筒四个，箭二百支，火枪一十条，火攻箭二十支，火口（缺失）二十把，蒺藜炮一十个，铳马一千个，神机箭二十支。"

这段资料中并没有提到长枪，实际上在明代，长枪基本上是战船的标配，但由于其制造简单，成本便宜，很多情况下是由士兵自备的，所以大部分的将领和官员在记载兵器军械时，并不会在此种武器上着墨。

明军水师还配有大量的镖枪手和投石手。孙原贞在其奏议里说道："一选拔能惯打飞石旗军，各船拾取石块，预备应用。一各船整备小瓦罐三五百个，小铁菱角多办，临期将罐多半用污泥和菱角装罐内，打过贼船，贼皆跣足[①]，可以制之，又将余罐装石灰于内，纸糊罐口，打过贼船，可迷贼人眼目，各船整备镖枪二百根，

---

① 跣足即赤脚，明代倭寇多赤脚，有的甚至不穿裤子，只着一件上衣，形象不堪入目，与日本江户时代及现代的文艺作品有较大差异。

▲ 日本长崎所立倭寇雕像

▲ 《倭寇图卷》中刀势一样的明军和倭寇

临期望斗上着人，用以剿贼。"葡萄牙多明我修士加斯帕·达·克路士（Gaspar da Cruz）在其所著的《中国志》中也写道："最大的船叫作戎克（Junk），那是战船，像加拉克，其建有巨大的前甲板，很高大，也有后甲板，打起仗来可以制服敌人。又因他们不用炮，他们的打法只是聚集在一起，接近敌船后登上它，开始袭击时他们投掷大量的石灰弄瞎敌人的眼，然后既从船楼又从顶端①投射很多用硬木制成的、顶上燃烧着的尖矛，那是当作镖枪使用的。他们还使用大量的石头，同时他们首先要做的，是用他们的船攻破敌人的坚固工事，以便征服敌人，使敌人处于劣势，无所防卫。一旦他们能够接近，他们就进入高潮即白刃战，而后他们就使用长枪和佩在身上的宽刀。"这段描述正好可以和前面孙原贞在奏议中所写互相印证。

综合上述资料，我们大概可以分析出明朝前期水师战术战法：其最大的特点就是极为重视接舷战，船上配很多长枪、铁镰等近战兵器，虽然配有火铳和碗口铳，但使用并不多（譬如五百料官船上兵器共 1582 件，但其船上火药只有 60 斤），战船上配有大量的投石手和镖枪手，在靠近敌船时，先投掷小瓦罐（装有石灰和铁菱，用以迷瞎敌人眼睛及弄伤敌人的脚，阻碍敌方在船上的移动），然后投掷大量的镖枪和石块，以杀伤大量敌军。最后用船冲击敌船，跟敌船接舷，与敌人接舷进入白刃战，用长矛和佩刀与敌人拼杀。这里需要补充一点，克路士的书中并没有提到明军使用弓箭，其实弓箭在明军水师中还是有配备的，但使用率很低。

---

① 这里的"顶端"应该指的是桅杆上的望斗，可以用于瞭望，也可以从上面投掷镖枪杀伤敌人。

第三章

郑和下西洋

明初的朝贡贸易

▲ 《大明混一图》，现存中国人绘制的最早的世界地图

　　元朝末年，国内战乱不断，民生凋敝。明朝建国以后，朱元璋一方面实行轻徭薄赋的政策，另一方面又大量开垦农田和兴修水利以发展农业，以解决国内的民生问题。然而，为了解决元末以来的边患问题，北方和西南方向需要大规模修建城池、要塞，在南方需要建立卫所、水寨，修造大量战船出海剿捕倭寇，因此不得不加大财政投入。这样就形成了一种比较矛盾的状态，轻徭薄赋会使政府的财政收入减少，而大量的公共建设与军事行动又需要政府加大财政投入。

为了解决这种矛盾，扩大财政的收入来源，朱元璋实行了压缩官员薪俸、减少衙门经费、发行宝钞、颁行卫所屯田制度等一系列政策。此外，还有一项重要的政策——发展"朝贡贸易"，即以"朝贡"为名，由官方垄断中国的海外贸易。其方式是由国家以"赏赍"的方式向朝贡国家购买贡品，如洪武年间定"凡远夷之人，或有长行头匹，及诸般物货，不系贡献之数，附带到京，愿入官者，照依官例具奏关给钞锭，酬其价值"。朝贡而来的贡使所携带的"贡品"只是其一小部分的货物，其余大部分的"附至货物"要经过明政府的"给换价值"，朱元璋规定："其诸番国及四夷土官朝贡……若附至番货，欲与中国贸易者，官抽六分，给价以偿之，仍除其税。"即不收取税款，货物的 60% 全部由明朝政府估价进行收买。这种完全由"买方"定价的行为，其实就是在变相地收取实物税，其中定价与支付方式很有学问。如弘治年间规定，日本国进贡刀剑，购买的费用只有 10% 给其铜钱，另外 90% 用绢抵。一把日本刀明朝定的估价为 3 贯，"3 贯"指的是宝钞价格，而宝钞是一种没有准备金制度的不可兑换货币，币值非常不稳定，当时一贯宝钞相当于铜钱 12.5 文，3 贯合铜钱 37.5 文，在当时仅相当于一只鸡的价格。而用于抵换的绢一疋（一匹，10 丈）估价钞 100 贯，合铜钱 1250 文，可以抵换 33 把日本刀。如果贡使要换瓷器和铁器，那所付出的代价则更高：一个青花白瓷碗价钞 300 贯，合铜钱 3750 文，相当于 100 把日本刀的价格；一口 3尺阔的铁锅价钞 150 贯，合铜钱 1875 文，相当于 50 把日本刀，而同时期明朝国内的铁锅价格只有 100 文铜钱，价格相当于翻了 18.75 倍。

《大明会典》中朝贡贸易货物（部分）估价表

贡使货物的价格（由明朝政府制定）		明朝用于抵价货物的价格	
种类	价格（铜钱）	种类	价格（铜钱）
铁（每斤）	3.75 文	青花白瓷盘（每个）	6250 文
腰刀（每把）	37.5 文	青花白瓷碗（每个）	3750 文
番弓（每张）	25 文	青花白瓷瓶（每个）	6250 文
大玻璃瓶碗（每个）	37.5 文	酒海（每个）	18750 文
玻璃灯（每个）	25 文	麝香（每斤）	18750 文
胡椒（每斤）	37.5 文	樟脑（每斤）	1250 文
乌木（每斤）	6.25 文	大黄（每斤）	375 文
紫檀木（每斤）	6.25 文	铁锅（每个）	1875 文
象牙（每斤）	6.25 文	绢（每疋）	1250 文

《新奏准时估折钞则例》中明朝国内货品的价格表

种类	价格	种类	价格
铁（每斤）	50 文	银一两	1000 文
大刀（每把）	62.5 文	大瓷缸（每个）	137.5 文
弓（每张）	100 文	大瓷瓶（每个）	12.5 文
胡椒（每斤）	100 文	瓷楪碗（每个）	2.5 文
苏木（每斤）	37.5 文	铁锅（每口）	100 文
鸡（每只）	37.5 文	大绢（每疋）	625 文
兔子（每只）	50 文	小绢（每疋）	250 文

★以上两表中价格是弘治年间所定，根据弘治二年（1489年）的《新奏准时估折钞则例》和《大明会典》制作。

通过上表可知，明朝政府在贡使手中收买货物的价格通常是国内的几分之一，而明朝用于跟贡使"抵价"的货物却是国内价格的十数倍。通过对海外贸易的控制和垄断，明朝政府鼓励海外诸国入明朝贡，从而使海外商品大量流入中国，通过"给换价值"的方式，压低价格以赚取更多的利润。明朝政府因此获得海外番国的大量金银和物资，其中又以香料为多。

洪武年间，香料多用于支给军队作为赏赐，如洪武十二年（1379年）九月"赐在京役作军士胡椒各三斤，其在卫不役者各赐二斤"，洪武十三年（1380年）夏"赐京卫军士胡椒各三斤"，随后又"赐京卫军士徵伤残疾者钞人五锭、苏木二十斤、胡椒五斤，老而无子者半之，有子者又半之"。到了冬季，又规定"军士冬至节钱以苏木代之"。洪武十七年（1384年）冬又赐给海运将校绮帛、胡椒等，十八年（1385年）又赐给京卫旗军每人胡椒一斤，二十四年（1391年）"赐海运军事万三千八百余人胡椒、苏木、铜钱有差"，二十九年（1396年）三月"庚辰给京卫军士胡椒各一斤、苏木各三斤"，十月"赐天策等卫军士万四千七百余人棉布各一匹，苏木各一斤"。到了永乐年间，胡椒、苏木等物开始用于支付文武官员的工资。永乐初年（1403年），文武官员的俸禄钱钞已用胡椒、苏木折支，规定"春夏折钞，秋冬则苏木、胡椒，五品以上折支十之七，以下则十之六"。宣德九年（1434年），又进一步提高了支付给文武官员的胡椒、苏木的价格，其中胡椒每斤准钞100贯，苏木准钞50贯。一进一出，明朝政府便可以获取数倍甚至数十倍的利润。除此之外，通过明代人的记述，我们也可以了解朝贡贸易于国于民的积极之处，如嘉靖时期的都御使曾上疏言："旧规至广番舶除贡物外，抽解私货俱有则例，足供御用。此其利之大者一也。番货抽分，解京之外，悉充军饷。今两广用兵连年，库藏日耗，藉此足以充羡而备不虞。此其利之大者二也。广西一省全仰给于广东，今小有征发，即措办不前，虽折俸椒木，久已缺乏，科扰于民，计所不免。查得旧番舶通时，公私饶给，在库番货，旬月可得银两数万。此其为利之大者三也。货物旧例有司择其良者，如价给直，其次资民买卖，故小民持一钱之货，即得握菽，展转贸易，可以自肥。广东旧称富庶，良以此耳。此其为利之大者四也。助国给军，既有赖焉。"

从上述材料可以看出，朝贡贸易，不仅可以增加国家和地方政府的财政收入，还可以补贴军用，又加之洪武年间海外诸国朝贡频仍，单单暹罗朝贡就达三十余次。现在虽然已无法知道洪武时朝贡贸易到底给明政府带来多大的财政收入，但照此情形类推，可以想见其在明初经济恢复与军事建设的过程中所起作用之大。但是洪武三十年（1697年）以后，海外西南诸国朝贡贸易的路线近乎断绝，朝贡贸易的次数大为减少。

到了永乐初年，兵革初定，论靖难功臣封赏，分封诸藩，增设武卫百司，发兵征伐安南，迁都北京，兴建北京城，每项工程都需要耗费大量的财力，所以明成祖决定重新打通洪武后期以来断绝的贸易路线，并对海外朝贡诸国采取开放式的贸易政策，鼓励他们向明朝朝贡，以获得胡椒等大量的国内必需品。一方面，朝贡得来的香料可以用于支付国内大量文武官员的俸禄，又可让"奇货重宝，前代所希，充溢库市。贫民承令博买，或多致富，而国用亦羡裕"；另一方面，通过海外国家频繁来朝，造成"万国来朝"的盛况，还可以巩固明成祖在国内的政治地位，提高明朝在国际上的声望。

▲ 明《南都繁会景物图卷》局部，许多商铺的招牌都写着"东西两洋货物俱全"

一、下西洋中的战斗

永乐三年（1405年），明成祖朱棣决定派遣郑和统率水师数万人出使西洋，自永乐三年（1405年）至宣德八年（1433年）28年间，先后共7次出使，历经亚洲、非洲30多个国家和地区，这几次下西洋除了我们一般认知的对西洋国家进行和平的贸易和外交外，还进行了3次军事行动，在长乐天妃宫碑文中记载了郑和七下西洋的事迹以及相关军事行动。

《天妃之神灵应记》（又称《天妃灵应之记》）中郑和七下西洋事迹

次序	起航日期	归国日期	《天妃之神灵应记》中相关的记载
1	永乐三年（1405年）十月到十二月	永乐五年（1407年）九月二日	永乐三年，统领舟师，至古里等国，时海寇陈祖义聚众，三佛齐国，劫掠番商，亦来犯我舟师，即有神兵阴助，一鼓而殄灭之，至五年回。
2	永乐五年（1407年）冬末或次年春初	永乐七年（1409年）夏末	永乐五年，统领舟师，往爪哇、古里、柯枝、暹罗等国，王各以珍宝、珍禽、异兽贡献，至七年回还。
3	永乐七年（1409年）十二月	永乐九年（1411年）六月十六日	永乐七年，统领舟师，往前各国，道经锡兰山国，其王亚列苦奈儿负固不恭，谋害舟师，赖神显应知觉，遂生擒其王，至九年归献，寻蒙恩宥，俾归本国。
4	永乐十一年（1413年）	永乐十三年（1415年）七月八日	永乐十一年，统领舟师，往忽鲁谟斯等国，其苏门答腊国有伪王苏干剌，寇侵本国，其王宰奴里阿比丁遣使赴阙陈诉，就率官兵剿捕，赖神默助，生擒伪王，至十三年归献。是年，满剌加国王亲率妻子朝贡。
5	永乐十五年（1417年）秋至冬	永乐十七年（1419年）七月十七日	永乐十五年，统领舟师往西域，其忽鲁谟斯国进狮子、金钱豹、大西马；阿丹国进麒麟，番名祖剌法，并长角马哈兽；木骨都束国进花福禄并狮子；卜剌哇国进千里骆驼并驼鸡；爪哇、古里国进縻里羔兽。若乃藏山隐海之灵物，沉沙栖陆之伟宝，莫不争先呈献，或遣王男，或遣王叔、王弟，赍捧金叶表文朝贡。
6	永乐十九年（1416年）秋	永乐二十年（1422年）八月十八日	永乐十九年，统领舟师，遣忽鲁谟斯等国使臣久侍京都者，悉还本国。其各国王益修职贡，视前有加。
7	宣德六年（1431年）十二月九日	宣德八年（1433年）七月六日	宣德六年，仍统舟师，往诸番国，开读赏赐，驻泊兹港，等候朔风开洋。思昔数次皆仗神明助佑之功如是，勒记于石。 宣德六年岁次辛亥仲冬吉日，正使太监郑和、王景弘，副使太监李兴、朱良、周满、洪保、杨真、张达、吴忠，都指挥朱真、王衡等立。正一住持杨一初稽首请立石。

▲ 明成祖朱棣画像

从《天妃之神灵应记》的记载可知，宣德六年（1431年）到宣德八年（1433年）的第七次下西洋，随同郑和船队下西洋的官员有都指挥朱真、王衡二人，而都指挥是卫所的最高长官，一般统率士兵5000人左右，据此推测郑和第七次下西洋的舰队中可能有士兵1万人，即"官校旗军数万人，乘巨舶百余艘"。

从《天妃之神灵应记》中可知，第一次、第三次和第四次下西洋伴随有军事行动。

◀ 郑和雕塑

◀《天妃之神灵应记》碑拓

第一次下西洋

永乐三年（1405年），郑和奉命率舰队出使西洋古里等国。在途中曾停泊旧港。旧港位于马六甲海峡东南方，地理位置重要。15世纪初，东南亚海域上的劫掠行为时有发生，而陈祖义正是盘踞在旧港一带的海寇。陈祖义名义上是海寇，但他还有另一个身份，即三佛齐国的将领。在三佛齐国的荫蔽之下，陈祖义时常暴力掠夺过往船只，阻碍了附近商船的往来。

郑和到旧港后，起初想对陈祖义进行招抚，但陈祖义妄图通过诈降的方式偷袭郑和船队。事情很快败露，郑和"率兵与战，祖义大败，杀贼党五千余人，烧贼船十艘，获其七艘，及伪铜印二颗，生擒祖义等三人。既至京师，命悉斩之"，一举剿灭了盘踞在旧港的海盗集团。

剿灭陈祖义对诸番国产生了深刻的影响，"诸夷闻之震慑，曰：真天威也。吾曹安意内向矣"。

第三次下西洋

锡兰山国古称僧伽罗国，位于印度大陆南端，即今之斯里兰卡岛，关于其国名有一个传说，明嘉兴藏本《大唐西域记》载："昔释迦牟尼佛化身名僧伽罗，诸德兼备，国人推尊为王，故国亦以僧伽罗为号也。以大神通力，破大铁城，灭罗刹女，拯恤危难。于是建都筑邑，化导是方，宣流正教，示寂留牙，在于兹土。金刚坚固，历劫不坏，宝光遥烛，如星粲空，如月炫宵，如太阳丽昼。凡有祷禳，应答如响。国有凶荒灾异，精意恳祈，灵禅随至。今之锡兰山，即古之僧伽罗国也。王宫侧有佛牙精舍，饰以众宝，晖光赫奕，累世相承，敬礼不衰。"

永乐三年（1405年），明成祖遣中使太监郑和往锡兰山国供养佛牙，而其国王亚列苦奈儿"崇祀外道，不敬佛法，暴虐凶悖，靡恤国人，亵慢佛牙"，还利用其国优越的地理位置，劫掠往来的客商。郑和到其国后，劝国王亚列苦奈儿崇敬佛法，远离外道，然而亚列苦奈儿却不听郑和劝告，反而向郑和勒索钱财，并意图谋害郑和，郑和发现亚列苦奈儿的企图，及时脱离了锡兰山国。

永乐七年（1409年），郑和再次奉命出使西洋，途经锡兰山国，并想向其国寺院布施立碑，然而其国王对明政府布施与颁赐的财务并不满意，索价甚高，并想要谋害郑和，国王发兵5万人，准备劫取郑和船队中的所有财务。但郑和已经提前听到了消息，有了警觉，准备率使团离开锡兰山国的首都康提（Kandy）。然而，在撤退途中，郑和一行发现道路早已被锡兰军伐木截断。郑和与部下商议："贼众既出，国中必虚，且谓我军孤怯，无能为。如出其不意，可以得志。"趁着夜色，郑和一边秘密遣人回港口通知明水师准备抵抗锡兰进攻，一边以兵三千，趁夜由小路一举攻克了锡兰的都城，并擒获了其国王亚列苦奈儿。锡兰军得知王都失陷后，撤回在港口进攻明军水师的军队，整合其国内其他军队，包围王都，将郑和等人围困，并大举进攻。双方激战六日，在第七日凌晨，郑和突然打开城门，率领明军携国王亚列苦奈儿突围而出。在突围过程中，明军一边排除阻挡道路的大木，一边与锡兰的追兵战斗，一直到傍晚，才抵达港口，并将佛牙请至船上。按照《大唐西域记》记载，佛牙"夷异非常，宝光遥烛，如星粲空，如月炫宵，如太阳丽昼"。在佛牙上船之后，舰队驶离港口继续航行，途中遭遇各种艰险，惊涛骇浪、"狞龙恶鱼"时来侵扰，但船中之人悉皆平安，未受其扰。

永乐九年（1411年），郑和归国，并把佛牙和亚列苦奈儿押送至京。永乐先将佛牙供养于皇城之内，并重新任命尔耶巴乃那为锡兰国王，将锡兰国纳入了明朝的朝贡体系。

第四次下西洋

永乐十一年（1413年），郑和奉命统军27000余名、海舶40艘出使西洋诸番国。途经苏门答腊国，其国臣苏干刺专政，想要杀掉国主自立为王，怨恨明朝既没有赐给他宝物，也没有承认其合法性，因此率兵数万截击郑和。然而其作战能力与郑和率领的水师有着较大差距，虽人数众多但还是被郑和击败。战败后苏干刺逃往喃浡国，郑和随后追至喃浡国，将其擒获。永乐十三年（1415年），郑和将其押送回京，明政府以大逆不道罪将其处死。海外的番夷听闻这次事件后都感到十分震惊。

通过郑和对苏门答腊叛臣的追剿，明政府增强了其在海外的威望，同时也进一步加强了明政府作为海外诸番国宗主国地位的合法性。

这几次下西洋的军事行动并不是单一进行的，几乎在下西洋的同时，明军在沿海还进行了大规模的巡海捕倭行动。永乐三年（1405年）三月，朱棣命都指挥同知蔡彬、姜清、冯斌统领舟师，沿海防守，遭遇敌寇即进行剿捕。永乐六年（1408年）十二月十一日，命都指挥李龙、指挥王雄率山东官军6000人往山门岛等处巡捕倭寇。十二月十八日，命安远伯柳升为总兵官、平江伯陈瑄为副总兵官，率舟师沿海巡捕倭寇。十二月二十五日，命丰城侯李彬为总兵官、都督费瓛为副总兵官统率官军自淮安沙门岛沿海捕倭。十二月二十七日，以都指挥姜清、张真为总兵官，指挥李珪、杨衍为副总兵官，往广东、福建，各统海舟 50 艘、壮士 5000 人，沿海堤巡防倭寇。永乐九年（1411 年）正月，命丰城侯李彬为右副总兵官、平江伯陈瑄为参将，率浙江、福建官军剿捕倭寇。永乐十四年（1416 年）六月，命都督同知蔡福为总兵官、指挥庄敬为副总兵官，率万人于沿海山东巡捕倭寇。永乐十五年（1417 年）八月，命都督指挥谷祥、张翥往直隶府州及浙江、福建沿海巡捕海寇。永乐十六年（1418 年）五月，命山东都司调马步官军 8000 人，由都指挥卫青、李凯率领，往沿海剿捕倭寇。永乐十九年（1421 年）二月，命都督金事梁铭为总兵官、都指挥薛山为副总兵官，统领原调广东都司所属官军 5000 人，入海巡捕倭寇。沿海的数次巡海，范围遍布山东、浙江、福建、广东，基本上覆盖了中国东部的海岸线。这几次行动的规模大，持续的时间长，在郑和打通西洋诸国航路的同时，确保了沿海地区商路的畅通与安全。

综合上述材料，我们可以看到，15 世纪初，明成祖对海外诸国采取的开放政策是在有强大水师保护的条件下进行的，光是郑和的船队就数次遭劫，如果没有水师对其进行有利的保护，击败了来犯敌人，那么郑和下西洋的行动根本无法顺利地进行。除在远海的军事行动外，明朝还在近海大规模巡捕倭寇。远海与近海的军事行动为朝贡贸易提供了良好的军事保护，保障了郑和下西洋的正常进行。在郑和的《天妃之神灵应记》中有一句话对此种保护进行了很好的说明，即"及临外邦，番王之不恭者，生擒之；蛮寇之侵略者，剿灭之"。如果有海外的藩属国叛乱，在对其军事剿灭之后，明政府还会支持其国正统势力上台，并与其建立朝贡关系。

通过郑和的七下西洋，明朝既打通了通往各番国的航路，又震慑住了海外诸番国，用军事力量保障了明朝的朝贡体系，最终使 36 个国家和地区承认了明朝的宗主国地位，极大地拓展了朝贡国的数量。

二、舰队中的随行人员

在 15 世纪初，当时的西洋沿岸的大多数国家还处于奴隶制阶段，政治十分不稳定，叛乱时有发生，有的国家还纵容海盗在海上劫掠，致使西洋的海上秩序十分混乱，过往商人和贡使的安全得不到保障，这种不利的客观条件要求郑和的舰队有一支人数众多并能远洋作战的军队作为护卫。

郑和在《天妃之神灵应记》碑文中记载了其舰队的组成，即"统率官校、旗军数万人，乘巨舶百余艘"。从其统率的皆是"官校旗军"可以看出，其舰队上的人员主体由军人构成。在碑文的末尾又刻有立碑人的名字与官职，包括正使太监郑和、王景弘，副使太监李兴、朱良、周满、洪保、杨真、张达、吴忠，都指挥朱贞、王衡等。官职包括"正使太监""副使太监""都指挥"三个，太监是皇帝的亲信，是整个舰队的领导，都指挥是卫所的最高长官，在太监之下，统率下辖的卫所官兵。都指挥以下人员的职位郑和并没在碑文中详细说明，但在明代中期，祝允明在其所著的《前闻记》中提到了郑和舰队的人员构成，有官校、旗军、火长、舵工、班碇手、通事、办事、书算手、医生、铁锚匠、木艌匠、搭材匠、水手、民梢等共 27550 名。

舰队人员职位及职责

职位名	职责
官校	多指中低级的武官，负责作战及指挥部队。
旗军	指的是在籍的卫所士兵，负责作战及杂务。
火长	主管海上航行，掌管罗盘，负责计算、指示方向，下达操船命令，因水手也称"火计"，"火长"取水手之长之意。
舵工	负责掌舵。
班碇手	班指"阿班"，主管船桅，时常需要登桅操作。碇手负责下碇、起碇。
通事	即翻译，负责与外国人沟通。
办事	负责执行公务的职位，在下西洋船队中有可能是指负责货物买卖的人或负责朝贡仪式的人。
书算手	即会计，负责计算每日的账目。
医生	负责处理船队中人员的健康问题。
铁锚匠	负责下锚、起锚。
木艌匠	用石灰、桐油等物填补船缝的工匠。
搭材匠	"搭材"指用木材搭建辅助设施和临时建筑，搭材匠即负责此类建筑的工匠。
水手	即一般船员，负责船上的杂务。
民梢	"梢"指船尾，有时也指在船尾负责掌舵的人。"民梢"多指民间的船夫。

按照《前闻记》中的记载，郑和船队中既有军人，如"官校""旗军"等，又有民间人士，如"民梢"，这与后来出使琉球的册封舟类似。如嘉靖十三年（1534年），正使给事中陈侃奉命往琉球册封世子尚清，其所乘封舟"驾船民梢用一百四十人有奇，护送军用一百人，通事、引理、医生、识字、各色匠役亦一百余人。官三员（千户一员、百户二员），官给银十二两，为衣装之费，余各给工食银五两三钱五分"。

这里的"官三员"指的就是《前闻记》中"官校"的具体官职。"护送军"指的是从卫所之中抽调的在籍士兵,也就是《前闻记》中的"旗军"。民间方面,亦有驾船的民稍、通事、医生、各色匠役,其船上的乘员与郑和船队中的大致相同。在旗军之中,旗军的分工也各不相同,包括总旗、小旗、牌手、牌枪手、枪刀手、弓箭手、铳手、斗手、缭手、舵工、碇手等。总旗和小旗是队长,负责率领队里的士兵战斗;牌手、牌枪手、枪刀手、弓箭手、铳手为一般的士兵,负责在甲板上与敌人作战;斗手负责在船桅顶上的望斗里瞭望敌情,当敌船靠近时,还可以发射镖枪和石块攻击敌船甲板上的人员;缭手掌管帆索;舵工与碇手即是《前闻记》中的舵工和班碇手。

三、舰队中的船只

有了经验丰富的船员与能征善战的士兵,接下来所需的就是高大、坚固的战舰了。在郑和下西洋的船队中,最负盛名的非"宝船"莫属。按《瀛涯胜览》记载:"永乐十一年癸巳,太宗文皇帝敕命正使太监郑和统领宝船往西洋诸番开读赏赐。"郑和下西洋船队正是使用的"宝船"。其名为"宝船",实际上同明代派往琉球的册封舟属于一个船型。历次出使琉球的中官柴山,曾在琉球立有千佛灵阁碑,碑文记载了其出使琉球的概况,其中记有"宣德八年岁在癸丑,天朝甚嘉忠孝,特敕福建方伯大臣重造宝船"。柴山亦称册封舟为"宝船",而郑和第七次下西洋亦在宣德八年(1433年)返回,可知柴山与郑和是同时代的人,对船只类型的称谓应该是相同的。"宝船"这个称谓一直延续到了数百年后的清代。18世纪初,清朝的使臣徐葆光出使琉球,所遇的琉球人亦称徐葆光所乘的封舟为"宝船"。

关于封舟的形制,最早可查的就是嘉靖十三年(1533年)正使给事中陈侃所乘之船,陈侃的《使琉球录》中对该船有详细的记载:"其舟之形制,与江河间座船不同。座船上下适均,出入甚便;坐其中者,八窗玲珑,开爽明霁,真若浮屋然,不觉其为舟也。此则舱口与船面平,官舱亦止高二尺;深入其中,上下以梯,艰于出入。面虽启牖,亦若穴之隙。所以然者,海中风涛甚巨,高则冲、低则避也。放前后舱外,犹护以遮波板,高四尺许。虽不雅于观美,而实可以济险。因地异制,造作之巧也。长一十五丈、阔二丈六尺、深一丈三尺,分为二十三舱;前后竖以五桅,大桅长七丈二尺,围六尺五寸,余者以次而短。舟后作黄屋二层,上安诏敕,尊君命也；中供天妃，顺民心也。舟之器具，舵用四副，用其一、置其三，防不虞也。橹用三十六支，风微逆，或求以人力胜，备急用也。大铁锚四，约重五千斤。大棕索八，每条围尺许、长百丈；惟舟大，故运舟者不可得而小也。小舟船二，不用则载以行，用则藉以登岸也。水四十柜，海中惟甘泉为难得，勺水不以惠人，多备以防久泊也。通船以红布为围幔，五色旗大小三十余面。刀枪、弓箭之数，多多益办；佛郎机，亦设二架。凡可以资戎事者，靡不周具，所以壮国威而寒外丑之胆也。”

文中简述了陈侃的这艘宝船（封舟）。船长 15 丈（约 46 米），阔 2 丈 6 尺（约 8 米），舱深 1 丈 3 尺（约 4 米），分 23 舱，舱口低矮，在前后舱外还设有遮波板以防海上的风浪。前后竖以五桅，尾后设尾楼两层，上层供皇帝的诏敕，下层供“天妃”。船上不仅遍布五色旗帜，军器亦罗列其上。整艘船造得高大威武、富丽堂皇。

然而此船也不是没有缺点。与陈侃同往的高澄著《操舟记》一文，里面记载了同船舵工谢敦齐观察此舟时发现的这艘封舟的三点不足之处：

一、盖海舶之底板不贵厚，而层必用双。每层计木三寸五分，各锢以铁钉、艌以麻灰。不幸而遇礁石，庶乎一层敝而一层存也。今板虽七寸而钉止尺余，恐不能钩连。而巨涛复冲撼之，则钉豁板裂，虽班师弗能救矣，此一不善也。

二、闻前使二舟，则舱阔人稀，可免疫痢之患。今共一舟，则舱止二十有四，除官府饮食、器用所占，计三十人共处一舱，恐炎蒸抑郁，则疫痢者多，虽卢医弗能疗矣，此二不善也。

三、海涛巨而有力，舵杆虽劲木为之，然未免不坏，亦不免不换也。今舵孔狭隘，移易必难，仓卒之际，谁能下海开凿以易之！舵不得易，则舟不得行，虽神人亦弗能支矣，此三不善也。

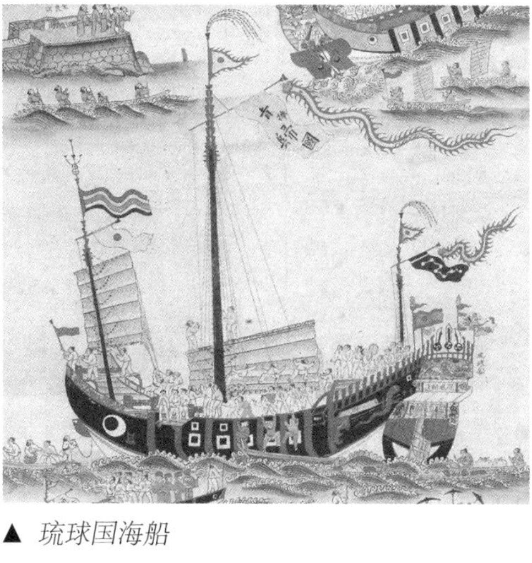
▲ 琉球国海船

《操舟记》指出了陈侃宝船的不足之处，我们可从中获取许多的信息。从文中可知，宝船的船板厚度为 7 寸，这是陈侃所没有记载的。该文还说明了陈侃此次所乘宝船船板结构为单层板，而当时海船通常为双层板结构，不过厚度上两者是一样的。关于封舟的船板还有一条非常有用的记载——徐葆光的《中山传信录》里记载琉球当时的贡船船底"大小皆尖底，底板鳞次"，而琉球的贡船其实是源自明朝前期所赐的海舟，"前明洪、永中，皆赐海舟，后使臣请自备工料，于福州改造，今本国舟工，亦能自造如式"。这就说明明代前期的封舟可能采用了和泉州宋船与元代新安船一样的鱼鳞式搭接的船板。

根据陈侃、高澄、徐葆光的记载，我们可以看出宝船其实就是中国自宋元以来传统的大型下洋海船，在永乐年间的《天妃经》首卷中有一幅插图的船只与其形似，图中的海船船体高大，首尾高翘，船上竖有 6 根木杆，前五根为桅杆（陈侃所乘的封舟同样也是五桅），前三根桅杆由低到高依次排列，第四与第五根桅杆并排于第三根桅杆之后，应为挂风篷所用。最后一根木杆为尾楼上的定风旗杆，旗杆顶部悬挂一面三角形的定风旗。其船的特征与元末征日的战船并不相同，其首尾更加高翘，船体更高，桅杆更多，总体上更偏向于远洋的设置，与陈侃所乘封舟极为相似，很有可能就是下西洋船队中的宝船。

在嘉靖十三年（1533 年）陈侃出使琉球之后，明朝依旧数次遣使琉球，分别为：嘉靖四十年（1560 年），正使郭汝霖、副使李际春出使琉球；万历七年（1579年），正使萧崇业、副使谢杰出使琉球；万历三十四年（1606 年），正使夏子阳、副使王士祯出使琉球；崇祯六年（1633 年），正使杜三策、副使杨抡出使琉球。这几次出使琉球后，也都效仿陈侃撰写了《使琉球录》，对出使琉球的封舟的构造和基本数据进行了较为详细的记载。由此可知，前两次出使琉球所用的封舟皆是五桅，但中国古代的远洋帆船大部分用的都是 3 桅或 2 桅。再看嘉靖十三年（1534 年）和嘉靖

▲ 《天妃经》卷首插图中的船只。《天妃经》全名《太上说天妃救苦灵应经》，刻于明永乐十八年（1420 年），是随郑和下西洋的僧人胜慧在临终时命弟子所刻

历次出使琉球的封舟基本数据

时间	使臣	造船地	长	宽	桅数	桅高
嘉靖十三年 （1534年）	陈侃 高澄	福州	15丈	2丈6尺	5桅	7丈2尺
嘉靖四十年 （1561年）	郭汝霖 李际春	福州	14丈5尺	2丈9尺 7寸	5桅	7丈8尺
万历七年 （1579年）	萧崇业 谢杰	福州	14丈5尺	2丈9尺		
万历三十四年 （1606年）	夏子阳 王士祯	福州	15丈	3丈1尺 6寸	3桅	
崇祯六年 （1633年）	杜三策 杨抡	福建	21丈	6丈	5帆	

◀ 此图所绘为1850年的中国帆船，此船共有4根桅杆，前2根较高，后2根并排列于船尾尾楼之上，桅杆的布列方式与永乐年间《天妃经》中所描绘的下西洋船只颇为相似

四十年（1601年）所用封舟的桅高都比较低，而嘉靖四十年左右的出洋船只的桅杆高度一般与船身等长，桅杆的高度不够就意味着所挂风帆的面积不足，导致吃风不够，其航速就会因此而降低，可能也是因此原因，前两次出使琉球的封舟都采用5桅。再看《天妃经》的插图，其船的前3根桅杆都比较高大，后2根辅桅并排排列，并且比较矮小，这种布置方法在后来的远洋帆船中也比较常见。

不同人写的《使琉球录》中，对封舟的介绍侧重点不同，只看单本无法了解封舟的确切形制，陈侃在其《使琉球录》中对封舟的形制也是简述。对此我们需将几本《使琉球录》中对封舟的记载综合来看。

郭汝霖的《使琉球录》对宝船的尺寸记载比较详细："议船之尺寸，一以官尺为定，盖闽人以官尺为足。民尺一尺，乃官尺八寸。故旧录长、短、广、狭，虽有定数，而论者莫知其所准。船身自头尾虚稍，凡一十四丈五尺。除虚稍，一十二丈二尺。船面除两旁橹部，阔二丈五尺五寸。[①]舱内带两旁橹部，阔二丈九尺七寸。船舱深一丈四尺，除井眉，深一丈二尺七寸。官舱比之旧高二尺，阔一丈六尺。大桅高七丈八尺，自桅夹以上量之，围三尺五寸。"

这本《使琉球录》中对封舟尺寸的记载极为详细，不仅记载了封舟的全长与面阔——长14丈5尺（约45米）、阔2丈9尺7寸（约9.2米），还记载了在除去头尾虚稍、船面两旁橹部的情况下封舟的尺寸——长12丈4尺（约38.5米）、阔2丈5尺5寸（约8米）。由此，我们也可以计算出虚稍和橹部的长度：头尾虚稍共长2丈1尺，橹部阔2尺1寸。除此之外，该书还明确地说明了其尺寸是按官尺来计算的。

而在萧崇业的《使琉球录》中，则记载了新旧封舟的武备，即"过海防船器械"。旧时封舟拥有佛朗机铳20门、鸟铳100门、碗口铳10门、袖铳60门、藤牌200面、长枪60支、镖枪1000支、铁甲100副、盔100顶、腰刀300把；而新造封舟则为了省钱减去了许多武备，有佛朗机铳10门、鸟铳60门、碗口铳4门、袖铳30门、藤牌100面、长枪60支、镖枪800支、铁甲40副、盔40顶、腰刀150把。

即使是减少武备的新造封舟，其船上的武备也较一般战船多上许多，如果将其中的新式火器（鸟铳和佛郎机）去掉的话，所记的武备应该与永乐时宝船上的装备

---

① 虚稍指船体向首尾延伸出船身的部分。橹部为船两旁用以摇橹的架子。

差别不大。

最后在夏子阳的《使琉球录》中，则详细记载了封舟的船体结构："故今次船式多依漳匠斟酌损益而尽制曲防，颇为周密。……而附稳加增勾拴，每层倍用龙骨及极木……正稳之类皆多为之具而详为之制……"

通过夏子阳的记载，我们可知封舟除设有龙骨和隔舱外，还有肋骨。在龙骨处还设勾拴，连接隔舱板。每个舱室都用双倍的肋骨，以求坚固。

综合上述材料，我们就可以对宝船（封舟）有比较全面的了解：宝船的甲板长12丈右，宽2丈5尺左右。船上竖5桅，船尾设有尾楼两层，上层供皇帝的诏敕，下层供"天妃"。船体设有龙骨和肋骨，有时会用双倍的肋骨来加强船身。并有

▲ 郑和下西洋雕塑

▲ 郑和航海图全景

23~28个水密隔舱。船板或用单层或用双层，以鱼鳞式搭接，厚度在7寸左右。宝船的船体结构科学合理，在当时世界上是一款技术十分先进的远洋帆船。船上的武力装备也很强，配备各种兵器，甚至比战船上还要多。

虽然宝船的各方面都比较优秀，但是其造价太高，所以一个2万多人的舰队中，宝船的数量应该不多。《明实录》里记载永乐年间的造船活动有很多次，但其中明确是为下西洋而制造船只的只有两次，即"永乐二年正月己亥，将遣使西洋诸国，命福建造海船五艘"和"永乐五年九月乙卯，命都指挥汪浩改造海运船二百四十九艘备使西洋诸国"。永乐二年（1404年）所造的船只有"海船"5艘。"海船"在永乐时基本上泛指可以在海中航行的船，并不指具体的船型。而从此次所造船只只有5艘来看，此次造船很可能就是制造像宝船这样可以充当下西洋使节所乘座舰的大型船只。南京的静海寺存有郑和所立残碑，上面刻有"永乐三年，将领官军乘驾二千料海船，并八橹船……永乐七年，将领官军乘驾一千五百料海船，并八橹船"，永乐三年（1405年）所乘二千料海船很可能就是在永乐二年（1404年）所制造的5艘海船，而明代沿海的战船一般在四五百料左右，像这种二千料的大船应该就是一种大型的封舟。随其出行的八橹船则为一种小型战船，船长20余米，驾船旗军只有50人。在永乐五年（1407年），还有不少的海运船经过改造也参加了下西洋行动。永乐六年（1408年）正月，虽然有"命工部造宝船四十八艘"的记录，但并没说明这批宝船的用处。这批船开始建造时郑和已经起航，很明显赶不上郑和第二次下西洋，所以此次所造的宝船的用处可能有两个：一是为永乐六年（1408年）十二月沿海的大规模巡海捕倭行动而预备的，二是为郑和第三次下西洋所准备。

四、明代的航路

郑和下西洋后，通往东南亚各国的航路被打通，大量华人移居东南亚地区。虽然官方的海外贸易逐渐衰落，但民间海外贸易却活跃起来。频繁出洋的明人还编纂了针路[①]书，至今还有流传下来的版本，如《顺风相送》，里面记载了诸多通往东西洋各国的针路。这些针路始发地多为福建的福州和金门一带。

---

① 针路即航路，因航海中主要是用指南针引路，所以叫作"针路"。

《顺风相送》中记载的通往东西洋各国的航路

起始地及目标	《顺风相送》中的针路
福建往交址	五虎门开船，用乙辰针，取官塘山。船行有三礁在东边。用丙针，取东沙山西边过，打水六七托。用单乙针三更，船取浯屿。用丁午针一更坤未针，取乌坵山。坤申七更，平太武山。用坤申及单申七更，船平南澳山。用坤申针十五更，平大星尖。用坤未针七更，平东姜山。坤未针五更，平乌猪山。用单坤针十三更，平七州山。单申针七更，平海南黎母山，即是青南头。用庚申针十五更，取海宝山。正路用单亥及乾亥针五更，取鸡唱门，即是安南国云屯州海门也。
福建往 柬埔寨针	浯屿开船，用丁未及单未七更，船平南澳彭山外过。用坤申十更，船用单坤五十更，船用单未七更，船取外罗山外过。用丙午针十更，船取羊屿。用丁未及单丁针十更，船见迦南貌。用坤未针五更，船取罗湾头。用坤申五更，船取赤坎山。用单申四更，船取鹤顶山。用庚申二更，取真屿。用庚申二更，船取嘴贴头山。抛船妙也。有瓜石兰，生开，不出水。去入港，船到使山头，用坤未针及坤申针，单申及庚申、辛丑针入港为妙也。
广东往满喇咖	南亭门放洋，用坤未针五更，取乌猪山。用单坤十三更，取七州洋。坤未针七更，船平独猪山。单未针二十更，取外罗山外过。丙午针七更，船平棱杯及羊屿。内外可遏，船沿山使前是占城新州港口屿外过船。用丙午针五更，是灵山大佛，放彩船，丙午针三更，取伽南貌。用丁午针五更，船取罗湾头。用坤未针五更，船取赤坎山。船身开，恐犯玳瑁州；笼，恐犯玳瑁礁。用坤未十五更，取昆仑山外过。……用单未二十五更，船取苎盘山及东西竹将军帽。远看见将军帽内及火烧山。丁未针十五更，船取白礁。北及南鞍并罗汉屿。白礁在帆铺边过船。用单酉针五更，船取龙牙门。夜不可行船，防南边有牛屎礁。过门平长腰屿，防南边沙浅及凉伞礁。用辛戌针三更，船取吉里闷山。乾亥针五更，船平昆宋屿。单亥针五更，船取前屿。乾针五更，取五屿。沿山使取满喇咖妙。

《顺风相送》中往各处的航路，写得简明扼要。但都是用文言文所写，里面有许多航海术语需要了解。

针位

针位即罗盘上的方位，根据我国传统的天干、地支与八卦，配合组成二十四个方向，平分一个圆为 24 个等分，共 360° 。其中子代表正北为 0° ，午代表正南为 180° 。从子开始按顺时针方向依次排序为：子、癸、丑、艮、寅、甲、卯、乙、辰、巽、巳、丙、午、丁、未、坤、申、庚、酉、辛、戌、乾、亥、壬。两个针位间相隔 15° ，如坤针为 225° ，申针

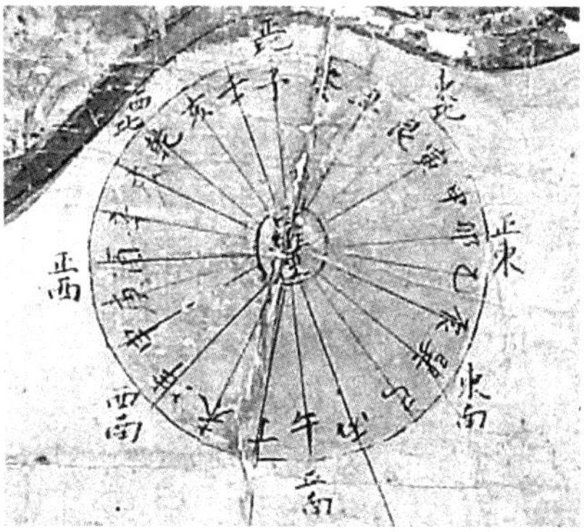

▲ 针位图

为 240°，如果古人说"船用单坤针"那就代表船要航向 225°，"船用单申针"就代表船要航向 240°，如果是"船用坤申针"那就要取坤针和申针的中间值，也就是朝向 232.5° 航行。

更

"更"原是我国古代用的计时单位，每日夜为十更。但在航海书籍里，"更"多指里程或航速。《顺风相送》中有"每一更两点半约有一站，每站者计六十里"，其中的"两点半"就是指沙漏流光"两漏半"的时间，这句话说明了每更路程为 60 里，即船的航行速度为 60 里 / 更。虽然有船只在部分海域的速度跟 60 里 / 更有出入，但是在当时所航行的广泛海区，60 里 / 更仍是船只的普遍航行速度，如黄省曾在《西洋朝贡录》中提到："海行之法，六十里为一更。"清代奉命出使琉球的徐葆光也很关心这个问题，还因此询问了当时的火长："今问还舶火长，皆云六十里之说为近。"

取

福建往交址针路云"取官塘山"，又"取东沙山""取外罗山"等。这里的"取"通"趋"，为趋向的意思。放在《顺风相送》中，指航向的意思。"取官塘山"意思即"船只航向官塘山"。

打水……托

《东西洋考》载："约行几更，可到某处，又沉绳水底，打量某处水深浅几托。"可见"打水"即是测量海水深浅的意思。《东西洋考》又载有关于"托"的注释："方言谓长如两手分开者，为一托。"说明了"托"为一个长度单位，即为人张开双臂后臂展的长度。《台海使槎录》云："寄碇先用铅锤，试水深浅，绳六七十丈，绳尽犹不至底，则不敢寄碇。铅锤之末涂以牛油，沾起泥沙，舵师辄能辨至某处。"《台湾志略》又云："所至地方，若岛屿可望，令望向者（曰亚班）登桅远望；如无岛屿可望，则用棉纱为绳，长六七十丈，系铅锤，涂以牛油，坠入海底，粘起泥沙，辨其土色，可知舟至某处。其洋中寄碇候风，亦依此法。倘铅锤粘不起泥沙，非甚深，即石底，不可寄泊矣。"由此可知，"打水……托"就是通过测量海水深浅，并辨别海底泥土的颜色，来判定船只所在大致方位的方法。

平

这里的"平"通"并",即傍也,为靠近的意思。《顺风相送》中"坤申七更平太武山"意思即"船向坤申针(232.5°)航行七更(大致420里),船靠近太武山"。

正路

正常的航路。

过

指航过。如"船用单未七更,船取外罗山外过"的意思即为"船用单未针七更(船向210°,航行420里),船只航向外罗山并从外罗山外经过"。

不出水

在福建往柬埔寨针路中,"有瓜石兰,生开,不出水",这里的"瓜石兰"即是指礁石,"生开"指礁石沙质浅滩延伸扩大,"不出水"则是指礁石在水平面以下。

门

指某峡口或某山口、水道口等类似的海域。

第四章

西方殖民者的到来

葡萄牙占领满剌加

15世纪末，随着新航路的开辟，葡萄牙人准备向亚洲扩张，但要达到这个目的，第一步就必须征服明朝的藩属国满剌加。正德六年（1511年），葡萄牙的印度总督阿丰索·德·阿尔布科尔科（Afonso De Albuquerque）率领由15艘大船与1600名士兵构成的舰队进攻满剌加，起初阿丰索·德·阿尔布科尔科要求满剌加释放以前在岸上被拘留的葡萄牙人，并偿还被没收的东西。满剌加的苏丹经过考虑后，放回了被拘的葡萄牙人，并准备与阿丰索·德·阿尔布科尔科进行贸易谈判，但阿丰索·德·阿尔布科尔科又要求在满剌加城内拨出地皮给他建造炮台，未得满剌加苏丹应允，于是阿丰索·德·阿尔布科尔科开始炮击满剌加市镇，并于7月25日登陆。8月，葡萄牙人攻陷了满剌加。

满剌加位于印度洋与太平洋的交界处，征服满剌加后，葡萄牙人便可以肆无忌惮地将自己的势力从印度洋侵入太平洋，再从满剌加北上，就可以侵入中国的沿海。满剌加的陷落，严重地冲击了自明初建立起的朝贡体制，以中国为中心的东南亚国际秩序开始瓦解。正德十五年（1520年），曾有满剌加使者向明朝求援，但这时的明朝刚刚经历宁王朱宸濠的叛乱，国力不比往昔，对外的政策也趋于保守，并没有派出军队帮助满剌加复国。这也就为后来中国与葡萄牙侵略者的战争埋下了隐患。

◀ 葡萄牙大帆船示意图

15世纪中期以后的葡萄牙殖民船只，右下角是早期火绳枪

一、屯门海战和西草湾海战

正德十二年（1517年）九月二十七日，费尔南·佩雷斯·德·安德拉德（Fernao Peres De Andrade）率船队到达屯门，并准备与中国进行贸易。费尔南·佩雷斯·德·安德拉德为人精于交流，善于外交，由于他的妥善安排，此时葡萄牙人与明朝之间的贸易一帆风顺。但是好景不长，正德十三年（1518年）五月，葡萄牙人西蒙·德·安德拉德（Simão De Andrade）获得其国王批准，率4艘船从满剌加前往中国，并于8月抵达屯门，替换了其兄弟费尔南·佩雷斯·德·安德拉德。

西蒙·德船队中包含1艘加莱船、3艘平底帆船，加莱船是一种中型的桨帆船，明人又称其为蜈蚣船。船长10丈，阔3丈，船上设有风帆，船身两旁设桨40余支，底尖上阔，每船用200人撑驾，桨多人众，无风可以用桨，机动性极强。平底帆船是中国及东南亚远洋帆船的统称，这种船一般为两桅，船长一般在7~10丈左右，其稳定性强，载货多，适合远洋贸易，所以经常为走私商人所用，葡萄牙人与东南亚人也经常使用这种帆船。

在16世纪初，西方的殖民者良莠不齐，既有举止文明、善于交流的航海者，也有许多性格凶残、行为野蛮的亡命徒，这些亡命徒基本上不会把"异教徒"当作人来看，而葡萄牙人西蒙·德·安德拉德就是其中之一。这些葡萄牙殖民者在

◀ 西方的加莱船

屯门建立城堡，并以统治者自居，时常在屯门附近抢劫商船，有时还殴打明朝的收税官员，甚至支持广州恶少在广州城内绑架百姓的子女，得手后再转卖给葡萄牙人。被贩卖的人下场都十分悲惨，除了被葡萄牙人当作奴隶外，还有的儿童被

▲ 中国的平底帆船

葡萄牙人食用。严从简在其所著的《殊域周咨录》中记载了葡萄牙人烹食小儿的方法："番国佛郎机①者，前代不通中国。……其法以巨镬煎水成沸汤，以铁笼盛小儿，置之镬上，蒸之出汗。汗尽，乃取出，用铁刷刷去苦皮。其儿犹活。乃杀而剖其腹，去肠胃，蒸食之。"

这种残忍的行径是广州当地官员与百姓所不能接受的，在当时的明朝政府看来，允许葡萄牙在华朝贡并没有什么问题，但对方以怨报德，不仅侵占明朝的属国满剌加，还在屯门犯下了残忍的暴行，对这样的殖民者，明政府只能用武力讨伐。正德十五年（1520年），御史邱道隆与御史何鳌先后上疏称："残逆称雄逐，其国主先年潜遣火者亚三，假充满剌加使臣，风飘到湾，往来窥伺熟我道途，略买小儿烹而食之。近日满剌加国王奏其夺国，雠杀等情，屠掠之祸，渐不可长，宜即驱逐，所造房屋、城寨，尽行拆毁。"可以看出，两位御史都主张驱逐、讨伐葡萄牙人，严禁与葡萄牙私通。这种建议不仅符合了当地官员与百姓的意愿，也得到了朝廷的支持。

正德十六年（1521年），世宗即位，下令处死武宗宠臣江彬及"葡使"火者亚三，

① 葡萄牙人，明代称葡萄牙为"佛郎机国"。

将葡萄牙人多默·皮列士押送至广州，并责令葡萄牙人恢复满刺加国，多默·皮列士等人被押入监狱。广东官员根据朝廷的旨意，命令葡萄牙人离开屯门，禁止交易，迪奥戈·卡尔沃（DiogoCalvo）等不从。官府拘捕了迪奥戈·卡尔沃的兄弟瓦斯科·卡尔沃（Vasco Calvo）及其他在广州的葡萄牙侵略者，并夺取了两艘葡方船只。广东海道副使汪鋐派兵包围了停泊在屯门的葡萄牙船只。此时，岛周围共停泊着8~9艘船只，其中3艘（1艘加莱船和2艘平底帆船）属于葡萄牙人，另外5~6艘（全部是平底帆船）可能属于中国或东南亚的走私商人（这时的葡萄牙殖民者经常支持中国的走私商人或海盗袭击中国沿海地区）。这些船上都装备了先进的西式火器，再加上岛上堡垒对其进行火力支援，致使明军屡次进攻皆铩羽而归。

在葡萄牙人与走私者所用的火器当中，以佛郎机大铜铳、佛郎机铳和鸟铳最为明军所忌惮。其中佛郎机大铜铳体型最大，经常放置在加莱船船首的炮楼中，铳体由铜铸成，大者重一千至几千斤不等，小者亦重 500 余斤，铳身修长，铳壁自铳口至铳尾逐渐变粗，符合火药燃烧时膛压由高到低的原理，铳身中部设有铳耳，以便调整射角。这种火炮设计科学，最大者可以发射 8 斤的金属弹丸，其射程与威力都要比明军水师所用的碗口铳大上许多。葡萄牙人的船上还装备有佛朗机铳，此铳的体型较小，铳重 150 斤左右，由一门母铳和若干子铳组成，母铳身管细长，口径较小，铳身设有前后准星，可以用来瞄准目标，铳身后鼓腹上开有长孔，用以装填子铳。子铳类似一门小火铳，一般备有 5 门以上，可以预先装好弹药，在发射完成后仅需要更换子铳就可更换弹药，大大减少了装弹时间。佛郎机的铳身还设有支架，可以灵活地调整射击角度。和明朝原有的火炮相比，它具有射速快、射程远、装填方便、命中率高的特点。此铳一般安装在船只的侧舷，多用于杀伤敌方船只上的人员。以上两种火器都属于安置在船上的火炮，船上的船员还配有一种单兵武器——火绳枪。火绳枪相对于明朝传统单兵火器精度和威力有了质的提高。它有以下几个特点：首先，火绳枪的

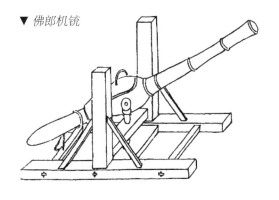

▼ 佛郎机铳

身管较长，口径较小，有利于火药在铳管内充分燃烧，产生较大的推力，使弹丸出膛后具有更大的初速，增加了杀伤力。其次，火绳枪设有扳机，发射时，将燃烧的火绳夹在龙头，然后扣动扳机，龙头下旋，落入药室将火药点燃，射出弹丸。由于有了扳机，士兵点火时便不用一手持火绳，一手执铳，只要用双手拿住枪托，扣下扳机，便可以发射，更便于瞄准敌人。另外，铳管的前端设有准星，后端设有照门，士兵可以通过准星和照门瞄准敌人，提高了命中精度。相对于明军传统火铳，威力更大，精度更高，传入中国后，明朝人便因其"飞鸟之在林，皆可射落"将其命名为"鸟铳"。

面对这些装备了先进西式火器的葡萄牙人战船，明军尝试着进攻了几次，但在葡萄牙人战船和屯门堡垒岸上火炮的夹击下，损失惨重，铩羽而归。

明军的失败有多种原因。首先是因为明军水师在以前的对外战争中从未遇见过

▲ 日本仿照葡萄牙人制造的火绳枪

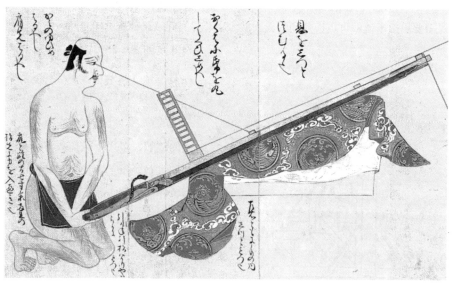

▲ 日本人绘制的火绳枪使用方法图

火力比自己强的敌人。明代海上的传统敌人为倭寇，倭寇的远程火力投射手段只有弓箭等冷兵器，只能伤害到船上的人员，根本无法对船体造成有效伤害，而葡萄牙人的船上装备有可以发射金属弹丸、重千余斤的大炮，最小的火炮也有150斤，如果将炮口对准船身，可以击穿明军战船的船板，导致船舱漏水，会对明军水师战船造成毁灭性的伤害。而此时明军的战船上只装备有发射石弹的碗口铳，威力与射程都比葡萄牙差上许多。再加上葡萄牙人的岸上炮火支援，葡萄牙人的火力已经颠覆了明军对海战战术的传统认识，所以明军的数次进攻皆被葡萄牙人击退，并遭受了相当大的损失。其次，在郑和下西洋结束后，海上的威胁逐渐消退，普通的倭寇在明军的大船冲击下往往不战而溃。因大船机动性差，在倭寇四散而逃后，不便对其追击歼灭，所以明军的船只也跟着逐渐小型化，以便更好地追剿残敌，到了16世纪初，广东水师的主力战船已经变成叭喇唬船、唬船、哨船等中小型桨帆船。其中最大的是叭喇唬船，船长4~6丈，船两旁每边架桨8~10支，设有1~2根桅杆，用布帆，帆桨并用，可以破浪，便于追逐。这种船对付倭寇效果非常好，但用来对付葡萄牙人的加莱船就显得力不从心了。再者，广东沿海的卫所兵缺额严重，大多数卫所城堡里，堪战士兵只有数十人至百余人。水师的成员又多是招募的民壮与乡兵，缺乏训练，素质较低，更没有精良的武器装备。这导致了这些军队只能对付小股盗匪，在对付强大的海盗舰队时，往往不战而溃，更何况面对强大的葡萄牙舰队。就连在明人的印象里，广东水师的战力都是明朝东南沿海三省（闽、浙、粤）中最弱的一支。

由于上述原因，在无奈之下，汪鋐只能将屯门包围起来，并调集各处的援兵。

▲ 从左至右分别为叭喇唬船、唬船和哨船

▲ 图为描绘一艘西班牙小型桨帆船（中间有四支桨的那条）遭受两艘阿尔及利亚小型桨帆船（两侧有新月旗的两艘）袭击的画作。当时葡萄牙所用桨帆船的桨数，应类似两侧阿尔及利亚船只的数量

就在围困葡萄牙人的时候，东莞县白沙巡检何儒在对葡萄牙人的船只抽税过程中，见到葡萄牙船上有中国人杨三、戴明等，这些人已经久居满剌加，知道葡萄牙人制造战船、火炮和火药的方法。汪鋐命何儒遣人以卖米酒为名，秘密与杨三、戴明等人进行接触，用重金劝杨三、戴明等人回国效力，并令何儒在夜里用小船将杨三、戴明等人接到岸上，返回广东。就这样，汪鋐的舰队学会了制造与使用葡萄牙人火器的方法，依式进行制造。自此以后，汪鋐的舰队开始装备新式的佛郎机炮，葡萄牙火器的制造方法也随之传入中国。

1521 年 6 月 27 日[①]，葡萄牙人杜瓦尔特·科尔奥（Duarte Coelho）和阿姆布罗济澳·多·雷戈（Ambrocio De Rego）趁明军不备，先后率一艘装备精良的平底帆船与一艘满剌加居民的平底帆船，偷偷地溜进屯门，与屯门内的葡萄牙人会合，这时的葡萄牙人有 5 艘船只，再加上走私者的 5~6 艘平底帆船，总共有 10~11 艘船只。

在得知了这个消息后，汪鋐开始扩军，将自己的舰队增至 50 艘帆船，并在两天后向葡萄牙人发起进攻。但是因为地形狭窄，汪鋐的舰队无法展开，船的数量优

① 葡萄牙史料所载时间。

势发挥不出来，反而遭到了葡萄牙的炮火覆盖。战斗持续了40天，双方的损失都十分惨重，葡萄牙人的每艘船上只剩下不超过8个葡萄牙人，其余的都是划桨的奴隶。明军方面的损失也很大，以至于汪鋐特地去距离屯门3里的海湾下葬阵亡将士。就在这时，葡萄牙人安布罗济·德·雷戈趁隙驾一只加莱船，率领一只满剌加居民的平底帆船，成功地躲过了汪鋐的舰队，进入了屯门。

屯门已被汪鋐牢牢地围住，这时葡萄牙人杜瓦尔特·科尔奥将剩下的所有人汇集在3艘船上，准备趁夜突围。但是汪鋐早已监视着葡萄牙人，第二天清晨，便向葡萄牙人发起了进攻。烽烟四起，双方打得昏天暗地，就在这时，忽然风暴大作，刮沉了几艘明军的战船，而这时刮的风对葡萄牙人来说是顺风，葡萄牙人趁势顺风逃走。葡萄牙人将这场风暴归功于"圣母"，葡萄牙史籍记载："当时指挥全局的杜瓦尔特·科尔奥不仅是一位骑士，而且是一位虔诚的天主教徒、圣母的信徒。敌人进攻的这一天——1521年9月8日正好是圣母诞生日。他建议众人铭记圣母的名字，希望能以默念圣母的英明的方式让圣母保佑他们。在危难中呼唤她的人，常常得到她的佑助。圣母打了一声巨雷。这对我们来说，无异于助我们一路顺风。敌人惊散，损失了几艘船。于是，杜瓦尔特·科尔奥及其同伴们得以在正德十六年1521年10月底返回满剌加。为感谢圣母，他在满剌加城堡后的山巅修起了一座叫'圣母堂'的教堂，以纪念圣母显灵。"

葡萄牙人成功突围当然不是因为圣母真的"显灵"了，实际上，海上的气候本来就多变，遇到风暴是十分正常的事。明军之所以没有继续追击，是因为明军所用的中小型划桨船抗沉能力较葡萄牙人用的加莱船与平底帆船差上许多，只适合在近海作战。而且明军在近海作战时很少携带过多的粮食与水，船上所载大多数都是军器，也没有配备远洋航行所需的船匠与医生，所以如果敌人突围进入远洋，明军是很少继续追下去的。

汪鋐的军事行动，驱逐了葡萄牙人，先前葡萄牙人和走私者在屯门的12~13艘帆船，只有杜瓦尔特·科尔奥率领的3艘逃走，其余船只全被明军俘获或击沉。在杜瓦尔特·科尔奥逃走之后，明军又俘获了5艘来自北大年（泰国西南部港口）和满剌加的船只，并继续在广州搜捕葡萄牙人。据葡萄牙人记载，被抓或被处死的葡萄牙侵略者达2000人。

嘉靖元年（1522年）八月二十日，马尔丁·阿丰索·德·梅勒·科迪尼奥（《明实录》中又称其为"末儿丁·甫思·多·灭儿"）受总督的派遣前来中国，其舰队共有 4 艘帆船，除马尔丁·阿丰索·德·梅勒·科迪尼奥外，其他 3 艘船的船长分别为瓦斯科·费尔南德斯·科蒂尼奥（Vasco Fernandez Coutinho）、迪奥戈·德·梅洛（Dicgo De Mello）、佩德罗·豪曼（Pedro Homen，中文文献中又称其为"别都卢"）。除了这 4 艘帆船外，先前逃回满剌加的杜瓦尔特·科尔奥与阿姆布罗济澳·多·雷戈也随行。这时船队共有 6 艘帆船，但是杜瓦尔特·科尔奥因为惧怕明军，没有随马尔丁·阿丰索·德·梅勒·科迪尼奥入港，而是躲在外洋。所以一开始开战明军只看见了葡萄牙人的 5 艘帆船。

葡萄牙人入港后，假意向明朝求和，并请求贸易，其实总督给他们的任务是占领屯门，并建立要塞。明朝的官员发现了葡萄牙人的企图，果断拒绝讲和，并派备倭指挥柯荣、百户王应恩率水师由海路进攻葡萄牙人的舰队。这次，明军吸取了屯门之战的教训，水师中除了小型划桨船外，还配有大型的平底帆船，并在船上配备了数量众多的火炮。

嘉靖元年（1522 年）九月，明军舰队与葡萄牙人相遇，双方的舰队一直从西草湾激战至稍州洋面，明军的大小船只相配合，与葡萄牙人展开激烈的炮战。之所以明军能与葡萄牙军队相抗衡，是因为此时葡萄牙人已经没有了岸上的炮火支援。虽然葡萄牙人的加莱船性能优良，但明军舰队中也添设了大型战船，此种战船很有可能就是乌艚船。乌艚船船身由铁力木所造，板厚 7 寸，加莱船上的佛郎机炮无法穿透厚 7 寸的铁力木船板，加莱船上的人员反而会受到明军射石炮、小型散弹炮的攻击。葡萄牙人损失惨重，迪奥戈·德·梅洛的战舰"维多利亚"号上战死 60 余人，迪奥戈·德·梅洛本人也在炮战中被明军火炮击中身亡，因为明军密集的炮火而躲在主楼之下的 19 名船员被明军俘获。同样，佩德罗·豪曼的战舰"西塞罗"号也战死 16 人，其余船员也被明军俘获。此战明军生擒别都卢、疏世利等 42 人，斩首 35 人，解救被掳掠的男女 10 人。就在明军俘获 2 艘帆船的同时，马尔丁·阿丰索·德·梅勒·科迪尼奥率 3 艘船冲入明军的舰队之中，准备夺回"维多利亚"号与"西塞罗"号，这时，明军点燃了先前俘获的船只上的火药，"维多利亚"号爆炸沉没。两旁的明军舰队开始向突入的葡萄牙人开炮。激战中，百户王应恩阵亡。但葡萄牙人依然不敌明军，科迪尼奥只能率领剩下的 3 艘帆船逃离中国沿海。

战后，汪鋐获得佛郎机铳，将其献给朝廷。巡抚都御使张嵿、巡按御史涂敬将葡萄牙人的所作所为与战况上奏给了嘉靖皇帝，鉴于葡萄牙人的恶劣行径，嘉靖将葡萄牙战俘全部枭首示众。

经过屯门与西草湾之役，葡萄牙人在广东遭到驱逐，其势力开始北上到闽浙一带，并转变了其对中国的入侵方式，不再直接参与对华掠夺，转而走向幕后，支持并武装中国走私者与倭寇，一起从事走私贸易。因其走私贸易获利巨大，葡萄牙人在浙江、福建活动时，得到了当地人的指引。胡宗宪在《筹海图编》中载："商舶乃西洋原贡诸夷载货，舶广东之私澳，官税而贸易之。既而欲避抽税，省陆运，福人导之改泊海沧、月港，浙人也导之改泊双屿。"

　　葡萄牙人到岸以后，便得到当地人的热情接待，当地人通过卖给葡萄牙人给养，从中获益。随着贸易的扩大，联系当地商人与葡萄牙人的中间商开始出现。这些人的人脉广泛，通过为当地的商人与葡萄牙人搭桥来获得巨额财富。这些中间人拥有自己的走私船与船员，船上的武备精良，装备佛郎机火炮、鸟铳等火器，长枪、镖枪等冷兵器。置办这种走私船与火器的费用是巨大的，一般的百姓和商人是承受不起的，所以几乎每一个中间商背后都有其金主。有的金主是当地的豪强，有的金主是葡萄牙人（通过借债的方式）。这些中间人通过贿赂当地官员的方式，使当地的官员开始准许葡萄牙人与当地人贸易，买卖货物，走私贸易逐渐公开化。

　　虽然许多人都可以从贸易中得利，但是其后果也是严重的。以当时的社会、经济条件，在不能进行有效的军事管控的地区，贸然的开放只会让沿海地区的秩序混乱，民不聊生。这是因为在大航海时代下，所有的远洋帆船都是武装帆船，随着贸易船只的增多，海盗也会接踵而来，商人与海盗的船上都携带许多武器，根本无法加以区分，再加上当时明朝沿海地区承平日久，城镇与村庄基本上没有城墙，无法有效地保护当地百姓，因此城镇与村庄居民的财产与儿女就变成了海盗与破产商人最快、最便捷的收入来源（当时海盗最主要的收入来源就是通过人口贩卖或绑票勒索赎金得来的）。如几名中国商人欠葡萄牙人钱财没有及时归还，葡萄牙人为了弥补损失，选择的手段就是劫掠附近的村庄。葡萄牙人曾记："据说，他以几千达卡①借给几个不可信赖的中国人。那些人自食其言，赖账不还，他们失踪了，兰沙罗特·佩雷伊拉再也没有听到他们的任何消息。为了补偿自己的损失，他纠集了 15~20 名最恶劣的葡萄牙亡命之徒，在夜幕中袭击了一个距宁波 2 里路的村庄。他们劫掠了 10 家或 20 家农户，占有妻子儿女，并且毫无道理地杀害了 13 个人。

---

① 威尼斯发行的金币，重约 3.5 克。

这一暴行在附近乡里引起了百姓们的极大恐惧，大家都向某个高级官员鸣冤。"一旦出现意外的财产损失，这些葡萄牙殖民者就会把商人的面具摘下，露出其本来面目。他们通过劫掠来弥补损失，并在劫掠的过程中屠杀当地的百姓，抢掳当地的妇女儿童，给沿海地区的百姓带来了深重的灾难。与葡萄牙人一样，中国走私商人同样也通过劫掠沿海的城镇与村庄来弥补自己的损失，并因此引发了双屿港与走马溪之战。

二、葡萄牙人北上福建、浙江

嘉靖五年（1526年），邓獠从福建按察司狱中逃脱，并引番人到浙江双屿港贸易。嘉靖十九年（1540年），许一、许二、许三、许四引葡萄牙人进入双屿港，葡萄牙人开始大量移居双屿港，东南沿海从此多事。双屿港的规模颇大，据葡萄牙人平托的记载，宁波（Liampo）港由两座相对的岛屿组成，相隔约2里路。到嘉靖十九年（1540年）或嘉靖二十年（1541年），葡萄牙人已在其地建造了一千多所房屋，其中有些房屋价值在三四千达卡以上。这是一个大约有3000人的殖民地，其中有葡萄牙人1200名，其余是各国的基督教徒。葡萄牙人的贸易总额达300万葡元以上。绝大多数贸易是以来自日本的银锭进行交易的，宁波的葡萄牙人在两年前就与日本建立了重要的通商关系。

这个殖民地有它自己的政府，包括一名稽核、几名"高级市政长官"（Vreadores）、一名主管死者与孤儿的官员、几名警官、一名市政厅书记员、若干名卫队督察官、赁借官，以及一个"共和国"所应设置的其他各级官员。有4名公证人，他们的职责是起草契约、合同等；此外还有6名负责注册事务的官员。在这些职位上工作的人，每人可得薪金3000达卡，不过，还有些职位的薪俸更高。有两所医院和一座慈善堂，每年要花3万达卡以上。仅市政厅的租金每年就要6000达卡。因此人们常说，这个殖民地是葡萄牙人在东方的所有殖民地中最富、人口也最多的殖民地。其范围之大，在整个亚洲无与伦比。所以，当书记员或秘书草拟公文时，他们总是写下这样的话——"吾王陛下辉煌伟大、忠诚不渝的宁波镇"。

平托的描述虽然有些夸大，但基本上描绘出了葡萄牙人在双屿港的活动情况，可以看出，双屿港已经被葡萄牙人建成了一个殖民地。需要注意的是，葡萄牙人在此与中国海盗、倭寇进行的贸易，都是没有向明政府缴纳税款的走私贸易。

嘉靖二十五年（1546年），许二、许四因许一、许三的海难事故导致亏欠葡萄牙人货物无法偿还，不敢航向双屿港，许四遂与沈门、林剪、许獠等合为一伙，劫掠沿海人民。许二因其兄弟许四未归，欠葡萄牙人债务不能抵偿，不敢再待在双屿港，遂与朱獠、李光头等诱引番人抢掠闽浙等地。嘉靖二十六年（1547年），胡霖等人引倭寇入双屿港，林剪往彭亨国引来一伙海盗，与许二、许四等人合为一伙，劫掠福建、浙江沿海，引起了当地的骚动。巡按浙江监察御史杨九泽上奏言"浙江宁、绍、台、温皆枕山濒海，连延福建福、兴、泉、漳、诸郡，时有倭患"，而"海寇出没无常，两省官僚不相统摄，制御之法，终难画一"，以此为由建议朝廷复设巡视重臣。于是，明朝于浙江设巡抚，"兼辖福建福、兴、建、宁、漳、泉等处，提督军务，著为例"。此后，朱纨走马上任，成为嘉靖年间的第一任提督闽浙海防军务巡抚浙江大员，负责整顿闽、浙军务，并调兵征讨许二、许四等海盗集团。

这时，朱纨所面对的并非单一的倭寇，而是由倭寇、葡萄牙殖民者、中国海盗集团所组成的混合体，其成分复杂，甚至包含日本和尚和黑人。这些"倭寇"的战斗能力与装备精良程度远远高于日本本土的军队，其装备有中国海盗所喜爱的长枪、镖枪、火铳，有日本人的倭刀、和弓，还有葡萄牙人的发煩炮、佛郎机炮与鸟铳。

倭寇主力战船为闽浙一带中国海盗与走私商人十分喜爱的草撇船。朱纨就曾说："惟照前项海船，大小俱二桅以上，草撇则使桨如飞，草撇亦海舟之小者攻劫最利，此皆内地叛贼。"草撇船严格来说其实是一种战船，而不是商船。这种船有的两旁带桨，有的则专使风帆。船的甲板周围设板围屋，船员站在最上层的甲板上与敌人作战，两边的走马板上还凿有孔，可以安装防牌。这种船的防御能力与船上的火炮给朝鲜人留下了深刻的印象。嘉靖二十三年（1544年）七月十四日，《李朝实录》中记载了这样一条信息："今见全罗右道水使闵应瑞启本：唐船依泊于罗州飞弥岛，即发兵船，围截其船。见其形貌，则或着黑衣，而其数九十余名。语言不能相通，故大书何地何人，缘何事，漂流来此以示。则皆相视不应，即发火炮，以射我船。二人中炮而死，二人中炮而伤。故虽有生擒有旨，而势不得已，应以火炮弓箭。而唐人外设防牌，隐匿舟中，促橹向东。故适因风雨，难道穷追捕获云。"这段文字记载的是一艘中国武装走私船，碰到朝鲜的正规水师后，率先发炮打死2人，打伤2人，朝鲜人用弓箭、火炮还击，但根本无法对中国的走私船造成有效损伤。这种船当时的朝鲜水师根本无法应对。九月八日，中枢府事宋钦上疏："闻边将屡见挫于唐船，果如臣之所料。……彼称唐船者，虽曰漂流失路，而要皆有心于寇劫者也。若无心于寇劫，则何以多备火炮，而动辄伤人乎？若真漂流之人，则何以无乞怜之意，而有恐动之言乎？且闻其船坚致异常，四面皆以板为屋，又其中宽阔，可容百余人，其他器械，无一不整，故所向无敌，战则必胜。我国则异于是，沿边要害之地，别无战舰之备，虽多有公私船只，而率皆狭隘，四面皆虚，无有蔽障。且火炮年久，药力无效，视彼唐人之炮，真儿戏耳。""其船坚致异常，四面皆以板为屋"的唐船与"四面皆虚，无有蔽障"的朝鲜船形成了鲜明的对比，朝鲜的火炮也在"唐人之炮"下变成了"儿戏"，这种"唐人之炮"，并非明朝所铸，因为明政府严禁私人铸造火器，因此，这种炮只可能是从葡萄牙人那里得来的。幸

▲《倭寇图卷》中的草撇船。图中之船船上建有板屋，最上层甲板的两边设有防牌，防牌的样式为中国传统的彩画虎头长牌。甲板上有众多的倭寇，有的手持长枪，有的手持弓箭，有的手持倭刀，船上设有三根桅杆，桅杆上飘扬着中国的传统旗帜，桅杆底部卷着由草席制成的风帆，有的人认为这种船帆是日本帆，其实这种草席帆也是中国传统帆型的一种，只不过到了明代，一般只会在节约成本时或偷工减料时才会考虑采用这种帆型。除了船上的倭寇外，这艘船处处都透露出中国传统的风格，不难看出，这就是一艘倭寇所乘的中国走私船

运的是，我们今天还可以一睹这种武装走私船的真容，画卷《倭寇图卷》中描绘了这种船只。

三、朱纨整顿海防

朱纨上任后，到福建巡视海防，巡视的结果让人痛心疾首。譬如当问及负责海防的总督备倭官黎秀军队情况时，黎秀的表现是"问军数不知，问船数不知"，朱纨又让他报告具体名册，他这才发现负责福建五水寨的5名把总官竟缺额2名，而其他人员都是照旧册抄录，并未重新造册，结果"稍加较对，通不相合"，"总督如此，其他可知"。官军所缺粮饷也让人大跌眼镜：漳州卫"官军月粮少派三个月"，铜山等所"缺支二十个月"，泉州、高浦等所"缺支一十个月"，"其余多寡不等，无一卫一所开称不缺者"。又如官军严重缺额：铜山寨"官军一千八百五十九员名，见在止有二百五十八员名"，玄钟澳"官军九百一十九名，见在止有二百三十八员名"，浯屿寨"官军三千四百四十一员名，见在止有六百五十五员名"。又如战、哨等船缺失："铜山寨二十只，见在止有一只；玄钟澳二十只，见在止有四只；浯屿寨四十只，见在止有十三只"，而且"见在者俱称损坏未修，其余则称未造"，指挥袁如珪侵吞船料官银已有3年。又如巡检司弓兵缺额："在漳州沿海者九龙镇等处共一十三司，弓兵九百五十名，见在止有三百七十六名；在泉州沿海者苎溪等处共一十七司，弓兵一千五百六十名，见在止有六百七十三名"，再加上衙门、瞭望墩台等全部倒塌，未得到及时修缮，以至于漳、泉两府竟然"无一卫一所一巡检开称完整者"，以至于朱纨感叹道："夫所恃海防者，兵也，食也，船也，居止了望也，今皆无所恃也。"以如此破败的海防，面对的却是"兵利甲坚，乘虚驭风，如拥铁船而来"的倭寇与"公然放船出海，名为接济，内外合为一家"的奸民，海防形势的严峻可想而知。

面对日益嚣张的倭寇，朱纨决意整顿海防，

▲ 抗倭名将朱纨石刻像

他采取了以下措施:

一、统掌兵权,明确各官职权。

朱纨要求统掌兵权,除了圣旨中赋予的权力外,他认为"与巡抚不同,军机贵密,大事宜断,道旁作舍,徒惩掣肘",他希望能够按照两广和南赣等处军门事体,不必御史干预。朱纨将沿海的各个区域划分成各个不同的"信地",每一块"信地"都有专门的守巡官员负责。以福建都指挥卢镗专管海上剿倭事宜。

二、建立保甲,加强沿海居民的自卫能力。

朱纨将福州、泉州、兴化三府沿海地方的州县居民每十家编为一甲,甲内的各家轮流值班,以防一家挟制其余各家。甲内的居民,每人都要置办一两件锋利的兵器,用于各自的随身防护。一旦遇到倭寇,鸣锣为号,邻村邻乡,各执器械,协同擒拿。

三、禁渡船,严海禁,斩断番商、倭寇、走私者的增援与补给。

朱纨认为,漳、泉地方的奸豪与乡官是海道不靖的"弊源"。要靖海道,就必须先除其弊源,于是,嘉靖二十六年(1547年)十一月初四日,朱纨下令禁乡官渡船:"将本地方见在二桅以上船只,但假乡官装载木石、粜买米谷、雇兵渡人等项名目者,不分真伪,不论有无货物在内,一体收入本寨,将高广丈尺并物件数目开报本院。施行有人在船,肘锁解审。"随后,又在公文中,对违式船只的标准做了详细的规定:"以平底三百石为率,用令裁缝,小尺计量,长不过四丈,阔不过一丈二尺,深不过六尺者,许其自便。"根据规定,对违式大船,酌情付给官银赎买,至于尺寸小于规定的民船,仍令其海上往来谋生,但不准在假借乡官之名出入,官府也不给予其编号。

四、整顿海防,填补士兵、战船的缺额。

针对沿海战船严重缺额的情况,朱纨首先清查、修补破损的船只,然后购买查禁的双桅帆船,充作军舰。因违禁的人数众多,海禁不严已久,所以朱纨决定将这些违禁的人全部免罪,将这些人的船只通过"估价官买,给与官银"的方式来补充给急缺战、哨官船的水寨和巡检司。对于士兵的缺额问题,朱纨采取招募乡兵的方式来解决,即"军不可用,故取之乡夫。官船不可用,故取之民船[1]"。

---

[1] 这里的民船即是走私者的"草撇船",在朱纨整顿海防之后,草撇船开始用于巡哨,所以有时明代人又称"草撇船"为"哨船"。

经过朱纨的整顿，闽、浙沿海的海防军事力量得到明显的加强，缺额的士兵与战船逐渐被填补，朱纨逐步培养出了一支训练有素的水师。这支水师首次配备了"福清捕盗船只"这样的新制战船。"福清捕盗船只"虽然在明代的文献中很少出现，但它还有一个闻名遐迩的称谓，那就是在明代中后期历次对抗外敌的海战中战功赫赫的"福船"。

四、朱纨招募的新制战舰

"福船"其实就是"福清捕盗船只"的简称，意指福清县用来巡捕盗贼的船只。福船船身长9丈余（约28米），面阔3丈（约9.3米），舱深1丈3尺（约4.1米），体形硕大，船底牢坚，船两旁如垣，船体之上建有"楼"，士兵在"楼"上可以矢石火炮居高临下攻击敌人。板屋四周皆外裹茅竹加以保护，可以防御敌人的炮火。另外，福船还可凭借自身沉重的船体冲犁敌船。《世宗实录》中载："前都御史朱纨议招福清捕盗船只，剿治有效，因量留福船四十余只，给予行粮，使分泊海滨，

▲ 福船老照片

▲《筹海图编》中的大福船

常川防守……"自朱纨招募福船开始，适合海洋作战的新制战船便迅速地取代明初的四百料、五百料官船。这是因为明前期的官船来源于元代的海船，皆是平底，福船比之更适宜在海洋中破浪穿行。而且福船船体上的"楼"比官船要更加高大，更适合接舷作战。关于福船的特点，郑若曾在其编纂的《筹海图编》中记载："福船高大如楼，可容百人。其底尖，其上阔，其首昂而口张，其尾高耸，设楼三重于上，其旁皆护板，护以茅竹，坚立如垣。其帆桅二道。中为四层，最下层不可居，惟实土石，以防轻飘之患。第二层乃兵士寝息之所，地柜隐之，须从上蹑梯而下。第三层左右各设木桩。系以棕缆，下碇起碇皆于此层用力。最上一层如露台，须从第三层穴梯而上。两旁板翼如栏，人倚之以攻敌，矢石火炮皆俯瞰而发。敌舟小者相遇则犁沉之，而敌又难于仰攻，诚海战之利器也。但能行与顺风顺潮，回翔不便，亦不能逼岸而泊，须假哨船接渡而后可。"唐顺之编纂的《武编》中也有类似记载："福船最大，可容百人，上下两层板，平铺自船底至上层为三层，周围铺板或列茅竹御铳，上设木女墙及砲床，前后皆不可入，惟两傍各开一小门以入，桅上网绳为斗可容二人，此舟最为海贼所畏，每遇海贼不用战斗，但使船骑贼船而沉之。"

从郑若曾与唐顺之的记载中，我们可以看出福船与楼船相似，二者的体型都十分庞大，都有高大、多层的船楼，二者都是专门为接舷作战而设计，在舰队中的位置也都为主力舰，起振奋士气、寒贼胆魄之用。所以，福船其实也是一种楼船，随着时代的变化，称呼也发生改变（在明代大多数人都称其为"福船"，但也有少数人仍称其为"楼船"）。但这两者也有不同，福船采用风帆动力，而楼船靠划桨。因此福船比楼船更节省人力，不必再配备大量的桨手。风帆动力也更适宜在海上航行，这是福船的特点之一。

关于福船，我们还可以归纳出以下几个特点：

一、拥有适合在外洋航行的尖底。

福建造船业历史悠久。宋代徐兢所著《宣和奉使高丽图经》记载远洋海船"上平如衡，下侧如刃，贵其破浪而行也"，可知该船为尖底海船。再加上在泉州出土的海船实物，我们可以知道宋代远洋帆船的船体成 V 字形。福船继承了自宋以来的海船建造技术，其船体也为尖底，但并不是简简单单的 V 字形。明代广东总兵何汝宾在其所著的《兵录》中就提到"福船高大如楼，底平身大，旷海深洋，四翔稳便"，可知福船的船体特征是"底平身大"，而并非是所谓的 V 字形。同样，郭棐在其编纂的《广东通志》中也曾记载福船船式："福船者闽式也，船底圆平。"从何汝宾与郭棐的记载来看，福船的船体并不是 V 字形，而是更接近于 U 字形。

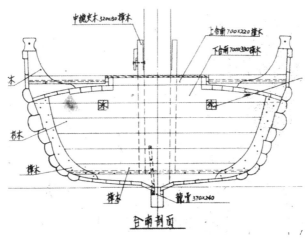

▲ 丹阳船的剖面

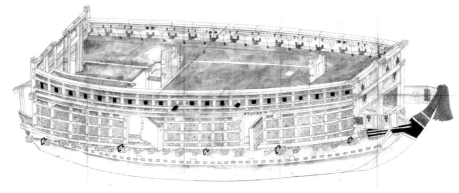

▲ 日本的战船，上层建筑与福船极为相似

这个特点我们可以更直观地从近代福船——丹阳船的剖面图中看到。从该图中可以看到福船的"尖底"其实指的是龙骨与旁边的水底板所形成的角度是"尖"的，整体上来说福船的底部是比较平的，船体并不是呈 V 字形，而更近似于 U 字形。U字形的船体可以增加船只的载货量，也可以使船只在大洋中航行更加稳定，更适合明军远洋作战的需求。

二、拥有高大的上层建筑——"楼"。

福船船体第三层上建有"楼"，楼的周围皆用木板围成，并用茅竹加以保护，需要"用扎紧小竹把层层塞满，务要紧实，外用茅竹片或小木棍密障，以防铳弹"。这种防护方法也传到了日本，日本的战船上也经常用茅竹来防护。在楼之上则为露台，两旁皆有如"栏"一样的木板，可以防御敌人矢石。士兵在露台上作战，敌人难于仰攻，反而暴露在明军的火力之下，明军士兵可以从露台上抛掷镖枪、发射火器或以长枪下戳，居高临下地攻击敌人。

三、拥有宽阔而沉重的船身。

福船面阔较明军以前战船更为宽广，船舱也较深。如浙江的四百料官船长 9 丈4 尺、深 9 尺 2 寸、阔 1 丈 9 尺 5 寸，而福船则为官尺长 9 丈、深 1 丈 4 尺、阔 3 丈。较广的面阔可以在上层甲板上布属更多的士兵，在接舷战时占据优势，再加上较深的船舱，又可以提供更多的载重量，以装载更多的人员与器械。更大的载重也使得船只非常沉重，在外洋航行时可以更加平稳，在冲犁敌船时可以以泰山压卵之势撞毁敌船。

除了上述特点外，福船还配备了众多火器。在朱纨整顿海防时就经常缴获葡萄牙人与走私者的火器，郑若曾在《筹海图编》中记载："鸟铳之制，自西番流入中国，其来远矣。然造者多未尽其妙。嘉靖廿七年，都御使朱纨遣都指挥卢镗破双屿，获番酋善铳者，命义士马宪制器，李槐制药，因得其传，而造作比西番尤为精绝云。"可见，自从攻破双屿港后，朱纨便能仿制出比西番更为精绝的鸟铳。再加上屯门时明军仿制成功的佛郎机铳，此时福船配备的火器已然比明代前期传统的五百料官船和四百料官船要精良得多。虽然并没有资料记载朱纨和卢镗在福船上具体配备了多少火器，但是我们可以通过戚继光所著的《纪效新书》[①]了解当时福船的军械配置。

从戚继光的记载中可以看到，当时福船上的火器较明代传统的官船增加了很多，除了明前期常用的碗口铳外，增加了1门发熕铳、6门佛郎机铳。除此之外，船上

福船配备的兵器

火器				
种类	**数量**	**配件、弹、药等**		
大发熕	1	粗火药 400 斤	大小铅弹 300 斤	火绳 60 根
大佛郎机	6			
碗口铳	3			
鸟嘴铳	20	鸟铳火药 100 斤		
喷筒	60			
火箭	300			
火砖	100			
一窝蜂	8			
冷兵器				
近战兵器				
各兵自备：篾盔一顶，腰刀一把，随身钉枪一根。				
藤牌 20 面	过船钉枪 20 支		钩镰 10 把	砍刀 20 把
远程兵器				
镖枪 100 支	药弩 10 张		宁波弓 5 把	灰罐 100 个
烟罐 100 个	铁箭 300 支		弩箭 500 支	

---

① 戚继光《纪效新书》十八卷版是戚继光于嘉靖三十九年（1560 年）前后在浙江任参将，分防宁波、绍兴、台州、金华、严州诸处练兵抗倭时所著。

所装载的火药也多了许多，据嘉靖时《宁波府志》记载，当时的五百料官船驾船旗军160名，其体长官尺12丈2尺5寸、深1丈1尺5寸、阔3丈，火药却只有60斤，而此时与其体积相似的福船就配备了火药500余斤。

火器的大量装备，也使得人员的分工更加细化和具体。除了负责航海的人员外，每艘福船上还配有5甲（队）士兵负责作战，每甲由1名甲长和10名士兵组成，总共55人。

福船上的船员及其职责

航海人员		职责	人数
捕盗（船长）		为一船之领袖，总领全船大小事务。	1
舵工		负责控制船只的方向。平时需要辨别风向，遇到敌人时，需要使自己的船只尽量占上风向，以便冲犁敌船。	2
缭手		专管帆索，需要根据风向调整风帆的角度。	2
扳招手		负责测量海水深浅，防止船只搁浅，通过海底泥沙辨别方位。	1
斗手		在船桅顶上的望斗里负责瞭望，观察敌人动静。	1
碇手		管起碇、下碇，掌管船只的起、停。	2
作战士兵		职责	人数
第一甲	甲长	专管放佛郎机，贼近则放火砖、烟罐等器。	1
	士兵	负责打放佛郎机。	10
第二甲	甲长	专管放鸟铳，贼近则攻打。	1
	士兵	负责打放鸟铳。	10
第三甲	甲长	贼远照管摇橹，贼近发枪刀石药等项。	1
	士兵	贼远投掷镖枪，贼近用长枪、砍刀。	10
第四甲	甲长	贼远照管摇橹，贼近发枪刀石药等项。	1
	士兵	贼远投掷镖枪，贼近用长枪、砍刀。	10
第五甲	甲长	以一半打弩，一半放火箭，贼近从便攻打。	1
	士兵	贼远用药弩、火箭，贼近用喷筒、火砖。	10
合计			64人

从上表可以看出，这时的福船虽然装备了发熕、佛朗机、鸟铳这样的新式火器，但是负责打放这些火器的人还只有第一甲和第二甲的22人，其他人仍然使用着像长枪、砍刀、镖枪、喷筒之类的传统兵器。由此可知，这时的福船仍然处于冷热兵器并用的时代，管型火器的重要性并没有超越传统的冷兵器与燃烧型火器。

▲ 广船古画

▲ 《筹海图编》中的广船

　　朱纨所招募的战舰中除了福船外，还有一种大型战舰，那就是广船。广船一名乌艚（横江船、东莞县大头船、新会县尖尾船、乌尾船等亦是广船），船身长10丈，阔3丈余，皆双桅，杆上有望斗。与福船不同，广船是明朝广东一带大型桨帆船，其两旁设橹6~16支，船体下窄上宽，状若两翼，适于在内海航行，并不适合在外洋航行。其船身由铁力木（柚木）所造，板厚7寸，比福船更高大坚固。但广船"外少墙壁、内多栏盖，橹人难立，火攻易燃"，在接舷战中存在很大的弊端，必须用福船与其相配。《武备志》载："广船，视福船尤大，其坚致亦远过之。盖广船乃铁力木所造，福船不过松杉之类。两船在海若相冲击，福船即碎，不能挡铁力之坚也。倭夷造船亦用松杉之类，不敢与广船相冲。广船若坏须用铁力木修理，难乎其继。其制下窄上宽，状若两翼，在里海则稳，在外海则动摇，此广船之利弊也。广东大战船，用火器于浪漕中，起伏荡漾，未必能中贼。即使中矣，亦无几何，但可假此以吓敌人之心胆耳。所恃者有二：发熕，佛朗机。是惟不中，中则无船不粉，一也。以火球之类于船头，相遇之时，从高掷下。火发而贼船即焚，二也。大福船亦然。广船用铁力木，造船之费加倍福船，而其耐久亦过之。盖福船俱松木，蟁虫易食，常要烧洗，过八九汛后难堪风涛矣。广船木质坚，蟁虫纵食之，亦难坏也。"

　　每艘广船配备捕盗1名、捕盗家丁1名、舵工2名、斗手2名、缭手2名、碇手2名，此外还有士兵7队，每队士兵10名，共70名士兵。

广船上的船员及其职责

第一队	职责	专习鸟铳，敌人靠近船下兼放火药桶。				
	队员	鸟铳手	鸟铳手	鸟铳手	鸟铳手	鸟铳手
		鸟铳手	鸟铳手	鸟铳手	鸟铳手	鸟铳手
第二队	职责	专管放发熕铳、百子铳，敌人靠近船下则放铁蒺藜等器。				
	队员	神器手	神器手	神器手	神器手	神器手
		神器手	神器手	神器手	神器手	神器手
第三队	职责	专管放佛郎机铳，敌人靠近船下则用枪、刀等器。				
	队员	郎机手	郎机手	郎机手	郎机手	郎机手
		郎机手	郎机手	郎机手	郎机手	郎机手
第四队	职责	用藤牌兼镖枪，敌人远则负责摇橹，敌人靠近则用长枪、石、药等器。此队拨兵4名管船头闸板、罟网。				
	队员	橹兵	橹兵	橹兵	橹兵	橹兵
		橹兵	橹兵	橹兵	橹兵	橹兵
第五队	职责	用火箭与弓箭，敌人远则负责摇橹，敌人靠近则用长枪。拨兵2名管水舱门。				
	队员	橹兵	橹兵	橹兵	橹兵	橹兵
		橹兵	橹兵	橹兵	橹兵	橹兵
第六队	职责	负责施放喷筒，敌人靠近则用藤牌、石块、刀等器。拨兵2名管水舱门。				
	队员	刀牌手	刀牌手	刀牌手	刀牌手	刀牌手
		刀牌手	刀牌手	刀牌手	刀牌手	刀牌手
第七队	职责	负责施放喷筒，敌人靠近则用藤牌、石块、刀等器。拨兵2名管水舱门。				
	队员	刀牌手	刀牌手	刀牌手	刀牌手	刀牌手
		刀牌手	刀牌手	刀牌手	刀牌手	刀牌手

广船上的兵器

火器		
种类	数量	配件、弹、药等
佛郎机	8	每门铳子3个、铅弹120斤
鸟铳	20	鸟铳铅弹60斤、鸟铳药140斤
喷筒	20	
神机箭	400	
近战兵器		
藤牌50面	长枪20支	长竹枪40支	钩镰10把
撩钩6把	梨头标80支	镖枪1500支	弓10把、箭300支

广船是铁力木所造，发火器不怕震损，所以其上配备火器相对于明军一般战船较多，如俞大猷就曾调集停泊在东莞附近港湾的大乌船，要求其大者要用佛郎机20门，铳牌、镖等器械俱全。明代广船上的军器记录较少，比较详细的记载只有隆庆时期琼州府各哨广船上的军械火器有大概的记载。

除了隆庆以外，广船上所用的火器军械并没有详细的记载，但我们可以从上述材料中广船上配备有发熕手与郎机手来看，广船船首应该配备了发熕铳。除了发熕以外，两旁还配备佛郎机、鸟铳等火器，士兵也配备了长枪、镖枪、盾牌等常用冷兵器。

除了招募了福船、广船等大型战舰，朱纨还招募了两种小型战船与其相配合，其中之一便是海沧船。海沧船又名冬船，是一种小型福船。其大者船身长6丈7尺、面阔2

▲《筹海图编》中的海沧船图

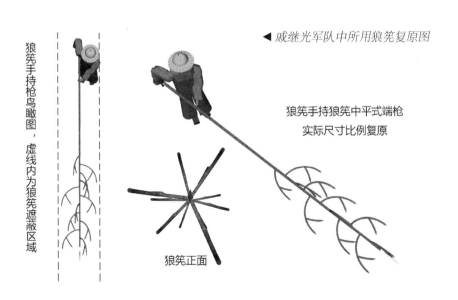

◀戚继光军队中所用狼筅复原图

狼筅手持枪鸟瞰图，虚线内为狼筅遮蔽区域

狼筅手持狼筅中平式端枪
实际尺寸比例复原

狼筅正面

丈 2 尺，其小者船身长 6 丈 2 尺、面阔 1 丈 8 尺。海沧船比福船小，旋转迅速，明军一般用其载放发熕铳。隆庆年间，广西总兵俞大猷征剿曾一本时曾大量制造使用此种船只，一共造有 50 艘，其中面阔 1 丈 8 尺者 20 艘、面阔 2 丈者 15 艘、面阔 2 丈 2 尺者 15 艘。《武备志》中记载了海沧的特点，戚继光道："海沧稍小福船耳，吃水七八尺，风小亦可动，但其力功皆非福船比。设贼船高大而相并，我舟非人力十分胆勇死斗，不可胜之。二项船皆只可犁沉贼舟，而不能捞取首级，故又有苍船之设。"

海沧船上负责航海的人员有 7 名，负责作战的士兵分为 4 甲（队），每甲由 1 名甲长和 10 名士兵组成，总共 44 名士兵。

海沧船上的船员及其职责

航海人员		职责	人数
捕盗		即船长，为一船之领袖，总领全船大小事务。	1
舵工		负责控制船只的方向。平时需要辨别风向，遇到敌人时，需要使自己的船只尽量占上风向，以便冲犁敌船。	2
缭手		专管帆索，需要根据风向调整风帆的角度。	1
扳招手		负责测量海水深浅，防止船只搁浅，通过海底泥沙辨别方位。	1
碇手		管起碇、下碇，掌管船只的起、停。	2
作战士兵		**职责**	**人数**
第一甲	甲长	专管放佛郎机、鸟铳，贼近则负责放火砖、烟罐等器。	1
	士兵	负责打放佛郎机。	10
第三甲	甲长	贼远负责摇橹，贼近则发枪刀石药等项。	1
	士兵	贼远负责投掷镖枪，贼近则用长枪、砍刀。	10
第四甲	甲长	贼远负责摇橹，贼近则发枪刀石药等项。	1
	士兵	贼远负责投掷镖枪，贼近则用长枪、砍刀。	10
第五甲	甲长	以一半打弩，一半放火箭，贼近则从便攻打。	1
	士兵	贼远使用药弩、火箭，贼近则使用喷筒、火砖。	10
合计			51 人

与福船和广船这种大型战船不同，海沧船的兵器比较少，而且不配备发熕炮，主要负责支援福船、广船等大型战船作战。

海沧船虽然较福船、广船小，但有时体型还是太大，速度远远不及贼船，而且在取胜之后，海沧船上的士兵也不方便捞取敌人首级，这显然会引起士兵的不满情绪，所以才又招募了苍山船。苍山船一名"铁船"，因宁波苍山人多用之而得名。

海沧船上的兵器

火器				
种类	数量	配件、弹、药等		
大发熕	0	粗火药200斤	大小铅弹200斤	火绳36根
大佛郎机	4			
碗口铳	3			
鸟嘴铳	6	鸟铳火药60斤		
喷筒	50			
火箭	200			
火砖	50			
冷兵器				
近战兵器				
各兵自备：篾盔一顶，腰刀一把，随身钉枪一根。				
藤牌12面	过船钉枪10支		钩镰6把	砍刀6把
远程兵器				
镖枪80支	药弩6张		宁波弓2把	灰罐50个
烟罐80个	铁箭200支		弩箭100支	

身长7丈，稍长8尺5寸，舱深7尺5寸，首尾皆阔，帆橹相兼，顺风开帆，逆风摇橹，吃水五六尺，虽然比福船狭小，但要阔于沙船，船身坚固，方便冲击敌船，俗称"苍山铁"。《武备志》载："苍山船首尾皆阔，帆橹兼用，风顺则扬风，风息则荡橹。其橹设船之两旁腰半以后，每旁五支，每支二跳，每跳二人。方橹之未用也，以扳闸于跳上，常露跳头于外。其制以板隔二层，下层镇之土石，上一层为战场，中一层穴梯而下，卧榻在焉。其张帆下碇，皆在战场之处。船之两旁俱饰以粉，盖卑隘于广福船而阔于沙船也。用之冲敌颇便而健。温州人呼之为苍山铁。"

▲ 《筹海图编》中的苍山船图

苍山船上总共配备37人，其中捕盗1名、舵工1名、缭手1名、碇手1名。

苍山船上的船员及其职责

航海人员		职责	人数
捕盗		即船长，为一船之领袖，总领全船大小事务。	1
舵工		负责控制船只的方向。平时需要辨别风向，遇到敌人时，需要使自己的船只尽量占上风向，以便冲犁敌船。	1
缭手		专管帆索，需要根据风向调整风帆的角度。	1
碇手		管起碇、下碇，掌管船只的起、停。	1
作战士兵		**职责**	**人数**
第一甲	甲长	专管放佛郎机、鸟铳，贼近则管放火砖、烟罐等器。	1
	士兵	负责打放佛郎机。	10
第二甲	甲长	贼远照管摇橹，贼近则发枪刀石药等项。	1
	士兵	贼远投掷镖枪，贼近则使用长枪、砍刀。	10
第三甲	甲长	以一半打弩，一半放火箭，贼近则从便攻打。	1
	士兵	贼远使用药弩、火箭，贼近则使用喷筒、火砖。	10
合计			37人

苍山船上的兵器

火器				
种类	数量	配件、弹、药等		
大发熕	0	粗火药150斤	大小铅弹160斤	火绳24根
大佛郎机	2			
碗口铳	3			
鸟嘴铳	4	鸟铳火药40斤		
喷筒	40			
火箭	100			
火砖	50			

冷兵器			
近战兵器			
各兵自备：篾盔一顶，腰刀一把，随身钉枪一根。			
砍刀4把	过船钉枪8支	钩镰4把	
远程兵器			
镖枪40支	药弩4张	弩箭100支	灰罐30个
烟罐60个			

▲ 罗马帝国皇帝马克西米利安一世军备书中的发煩炮

此外还有士兵3队，每队设队长1名、士兵10名，共3位队长、30名士兵。

通过上述福船及广船的资料可以发现，该时期的明代大型战船都装备了一种新型火炮——发煩铳。发煩铳是嘉靖年间从西方传入中国的一种新型火器。"发煩"一词来源于葡萄牙语 falcão，传到中国后，专门指外来的前装加农炮。这种炮的炮身修长，炮壁自炮尾至炮口逐渐变细，符合火药燃烧时膛压由高到低的原理，炮身中部设有铳耳，配合炮车可以调整射角。这种火炮设计较明代传统火炮更加科学合理，威力与射程也大上许多。

嘉靖时发煩重量多在300~500斤之间，多用铜铸，有时也用生铁铸造，用生铁铸者，最重可达5000斤。发煩在16世纪中期一般作为船只的舰首炮来使用，唐顺之在其所著的《武编》中提到，福船"上设木女墙及砲床"，"砲床"即炮床，用于安放火炮。嘉靖二十八年（1549年）福建都司金事卢镗与副使何乔率军在东山岛附近击败佛郎机夹板船，缴获"佛郎机大铜铳二门，每门重一千三百余斤，中号铜铁铳十一架，每架约重二百斤"。这里的"一千三百余斤"的大铜铳即发煩铳，"二百斤"的铜铁铳即佛郎机铳。发煩的威力极大，一炮即可以击碎倭船。明代的兵书也对发煩威力和形制进行了比较形象的说明，如《筹海图编》《纪效新书》《兵录》等，其中最早针对发煩的介绍和发煩铳的图像出自《筹海图编》，其文载："每座约重五百斤，用铅子一百个，每个约重四斤。此攻城之利器也，大敌数万相聚，亦用此以攻之。其石弹如小斗大，石之所击触者，无能留存。墙遇之即透，屋遇之即摧，树遇之即折，人畜遇之即成血漕，山遇之即深入几尺。不但石不可犯而已，凡石所击之物，转相抟击，物亦无不毁者，甚至人之支体血肉，被石溅去亦伤坏。又不但石子利害而已，火药一蘸之后，其气能毒杀乎人，其风能煽杀乎人，其声能震杀乎人。故欲放发矿，须掘土坑，令司火者藏身，后燃药线，火气与声，但向上冲，可以免死。仍须择强悍多人为之护守，以防敌人抢发矿之患。若非攻坚夺险，不必用此也。或问：用之水战可乎？曰：贼若方舟为阵，亦可用其小者，但放时火力向前，船震动而倒缩，无不裂而沉者，须另以木筏，载而用之可也。"这里的"筏"指的并不是水中小舟，而指的是铳身下的垫木，也就是唐顺之所说的"砲床"。引文最后一句话说明发煩的后坐力非常强，在船上放发煩需要载以木筏（即把发煩铳身放置于垫木之上），而不是不采取任何措施直接将铳身置于舟上。隆庆三年（1569年），福建巡抚徐泽民曾提到："以八桨载放发煩，铺泥于底，实糠泥上。以长木冒船舱为筏，施于糠上，前后即置栏格，护以牢索，筏上置坚木煩床，要之床与筏固，筏与船固。"八桨船为一种小型船只，舱内铺泥，将糠皮铺在泥上，然后用长木（筏）盖在船舱之上，再将铳床放置在长木上，前后用栏格和索具相互连接。这样做火炮发射时所产生的后坐力就会被铳床和索具所吸收，减轻对船身的伤害。发煩不仅可以放置在船头，还可以放置在船只的侧舷，但不论放置在船头还是侧舷，都需要载木筏来减少发煩的后坐力，以减轻对船只的伤害。

放置在船只侧舷的发煩出现在万历年间。广东参将邓钟在其所著的《筹海重编》中引用步兵游击彭信古所言："火器之大者，莫如发煩，但放之难。今反复思之，每铳设软架一座，架后设檩木一块，各绚以大缆。置之船头，则借金顶之力。发之船傍，则架担梁一根。其檩木内又设软座一件，以黄麻水草结之。彼铳一发去，势必倒回，架有绚绳，多不能坐绝，即或断绝，至檩木，上有软座可抵刚猛，有大缆可制余威。使一发中贼，收利十倍，远而陷阵，无逾此者。"这时彭信与邓钟同在广东，并担任广州海防游击一职。按其所述，发煩既可"置之船头"，又可"发之船傍"。软座内的"黄麻水草"相当于缓冲垫，炮架与船两侧又以粗缆绳连接，发煩发炮后，其后坐力可为索具、软座吸收。万一缆绳断了，还有檩木可以作为阻止铳身移位的最后屏障。

福船、广船以及发煩炮的使用，标志着明军海战战术开始由传统的接舷战转向"以大船胜小船，以多铳胜寡铳"，在战场上开始以摧毁敌人船只为首要目标，凭借冲击与炮击来击毁敌船。自朱纨与卢镗启用福船以后，明军船队中火炮的数量越来越多，大型火炮的地位也逐渐上升，越发受到官员与将领的重视。

五、扫除葡萄牙人的威胁

双屿港之战

嘉靖二十七年（1548年）二月二十六日，朱纨命都指挥卢镗、指挥张汉等统领福清兵船30艘、士兵1079名，进攻双屿港贼巢。于四月二日航至伍罩山处，遇见倭寇的走私船一艘，遂率领船队追击倭船，一直追到九阳山处与倭船接战，生擒倭贼2名、走私者53名，夺获倭寇的走私船一艘。缴获的这艘倭船不仅是一艘不折不扣的大船——长9丈、阔2丈4尺、深1丈7尺，船上的武装也十分精良——共有大佛郎机铳2门，一门重185斤，一门重147斤；铜铳3门，重84斤；铁铳1门，重21斤。除了这些火器外，还配有藤牌20面、大小倭刀14把、大小长枪35根。从明军缴获的这艘走私船可以看出，明军这时的敌人拥有葡萄牙人制的佛郎机铳、日本制的倭刀、中国制的藤牌，再加上由葡萄牙人或乡绅、倭寇资助所建造的中国海船。明军此时所面对的敌人已经不单单是倭寇与海盗，还加入了西方殖民者的元素。各种因素混杂在一起，形成了一个以前从未有过的海上威胁——"倭寇"。

四月六日，卢镗率领舰队进攻双屿港，航至双屿港前，放草撇、哨马船前去港前诱敌，这时明军李光守发鸟铳，打死了一名贼徒，随后贼船全部收入港内，坚守不出。次日，贼船突然航出双屿港，卢镗一面派人追击敌人，一面率军攻入双屿港，贼众大败，共捣毁天妃宫十余座、屋二十余间，焚毁大小船只27艘，只留了船坞内未造完的大船2艘，一艘船长10丈、阔2丈7尺、深2丈2尺（船只的大小类似于福船），一艘船长7丈、阔1丈3尺、深2丈1尺（船只的大小类似于草撇船）。

▲ 众海贼图

关于双屿港的损失，龙思泰记载："12000名基督徒被处死，其中有800名葡萄牙人，25艘大船和42艘中国帆船（另一个说法是35艘大船和2艘中国帆船）被焚毁。"经过激烈的战斗，明军俘获"黑番鬼"数名，经审讯后得知，这些人都是葡萄牙人的奴隶，其一伙内共有葡萄牙人、走私者70余人。这些人驾番船1艘，往来于日本与宁波之间，通过走私，用胡椒和银子换取米、布、绸缎来获取高额的利润，并趁机在海上打劫。这艘船在双屿港被不知名的小商贩以有棉布、绵绸、湖丝为名，骗去银300两，之后又被宁波商人以"有湖丝十担，欲卖与番人"为由，骗去银700两。遭到走私者的诈骗后，这些番人和强盗采取"劫虏浙江、福建沿海居民，勒要赎银，杀人放火"的方式来挽回损失并获取利益。

在攻破双屿港之后，卢镗又率舰队追至海闸门糊泥头外洋及横大洋两处，明军铳炮齐放，击沉大贼船两艘，贼徒死者不计其数。随后又击败了倭寇的草撇船1艘、叭喇唬船2艘。草撇船船长5丈、阔1丈4尺，船上配有铜佛郎机1门，重190斤，铁佛郎机1门，重146斤。还在叭喇唬船上俘获了数名东南亚人和黑人。此后，明军又数次捕获或击沉多艘草撇船，双屿港的番人与贼徒基本被荡平。

浯屿之战

浯屿位于同安县极南，孤悬大海之中，东北距大担岛5.5公里，西距漳州陆地2.8公里，是一座长2.25公里、宽0.48公里、面积1.08平方公里的小岛。岛西侧有湾称为浯屿澳，港湾内海面平稳，是一个天然的避风港地，周围水深，可以停泊大船，不受潮汐的限制，很适合作为舰队的驻扎地。《厦门志》卷四《防海略·岛屿港澳》

◀ 今日浯屿

中载："浯屿澳，在浯屿西，前对岛美村。港澳平稳，可泊避风。""浯屿澳，内打水四、五拖，沙泥地。南北风，可泊船取汲。屿首、尾两门，船皆可行。""旧浯屿……澳内，可泊南北风船百余。"

浯屿岛的地理位置十分重要，明初就曾在此建立水寨，清朝的海防书《同邑海防论》载，浯屿"据海防扼要，北连二浙，南接百粤，东望澎湖、台湾，外通九夷八蛮，风潮之所出入，商舶之所往来，非重兵以镇之不可"。浯屿是连接东西二洋的交通要地，也是出入闽、粤、浙三省的必经之地。到了嘉靖年间，海盗常将航海的大型船只停泊到浯屿，以此作为巢穴，再更换中小型船只，到沿海进行货物交换或劫掠。陈仁锡在《皇明世法录》卷七十五《各省海防·海寇出没之所》中有这样的记载："海寇往来，其大船常躲匿外洋山岛之处，小船时出而劫掠。在浙，常于南麂山住船，双屿港出货，若东洛、赭山等处则皆其别道也。在闽，常于走马溪、旧浯屿住船，月港出货，若安海、崇武等处则皆其游庄也。"

嘉靖二十七年（1548 年）九月，朱纨在取得浙江双屿港的军事胜利后，催令福建备倭都指挥使卢镗率明军主力回师福建，力图消灭包括葡萄牙、倭寇、东南亚走私团队在内的走私海盗。为此，朱纨亲自到福建督战，准备对浯屿发起总攻，但受到了福建走私者的谣言攻击，朱纨在其《三报海洋捷音事》与《六报闽海捷音事》中写道："但以海为家之徒众怒群猜，讹言日甚。""比音沿海妄传军门已革，上下观望，倡为夷船志在贸易货物，因缺粮食遂欲行劫之说。""卢镗惑于浮言，已回都司掌印。"这种夷船"志在贸易，因粮行劫"之说是十分荒唐的，因为在葡萄牙人的货物中就包括在沿海买来或掠夺的奴隶，行劫的理由也不是粮食缺乏，而多是为了财物和人口贸易。

福建当地的官员也不赞成朱纨对葡萄牙人采取大规模军事行动，试图阻止对浯屿用兵。一些官员规劝朱纨："需为善后之计，不然复命之后，难免身后之罪。臣问其计，不过曰开市舶尔。"主张通过让葡萄牙人朝贡贸易合法化来消弭紧张局势。这种想法是很天真的，葡萄牙人之所以来到闽、浙地区，就是因为在广东贸易时不服从明朝的朝贡制度，并在当地犯下种种劣迹之后，被当地明军驱逐，不得以才转而北上，进入闽、浙地区重新占领殖民地。除了这些支持开市舶的官员外，连平时非常支持朱纨的巡视海道副使柯乔也以"夷船之攻其难有三"来规劝朱纨，可见朱纨当时在闽、浙地方的政策不受当地官员的支持。但尽管如此，朱纨仍然不为所动，力排众议，督令卢镗到漳州与柯乔会合，准备进攻双屿港。

十月二十六日，卢镗亲率舰队出战，将舰队分布在曾家湾、深澳等处，采取围困战术，断绝浯屿与外界的联系，截击接济之船，并派兵船去浯屿岛外挑战，葡萄牙人坚壁不出。在十一月七日夜里，卢镗募兵砍去贼巢之外的栏索，并缴获番旗一张。八日早晨，"兵船向前攻捕，夷船不动如故，适遇无风，顺潮退回。初九日早，大夹板船齐鸣锣鼓发喊，放大铳三十余个，中、小鸟铳不计，又山嘴上放大铳一个，石砲如碗。二十日夜，卢镗督李希贤等兵船驾入夷屿，前船举火，又因风息，夷哨各来截敌"。

此次冲突，明军阵亡 4 人，受伤 3 人。明军的这几次进攻都属于探查性质，发现浯屿地势险要，防守严密，从正面进攻的话十分困难。卢镗遂加强对浯屿岛的围困，并严密防守海岸，封锁附近的港湾和通道，以使葡萄牙人得不到粮食和货物的补给。

嘉靖二十八年（1549 年），被围困了三个月的葡萄牙人及其同伙不得不从浯屿撤退，于"正月二十五等日分艅陆续开洋，兵船随踪跟随"。此时正值东北季风时节，葡萄牙人本可以乘季风返回满剌加，但其中一部分人却因商业纠纷未得到解决，不愿意离开闽海。"有夷王船并尖艄等船复回，投镇海鸿江澳湾泊，差人登岸，插挂纸帖，开称各货未完，不得开洋，客商不完帐，欲去浯屿，如催客帐完备，即时开洋等语。""所谓完帐者，即倭夷稽天哄骗资本之说也"。关于在浯屿之战时，葡萄牙人、倭寇与走私者之间相互行骗吞并，布拉嘎有比较详细的记载："在宁波（双屿）被捣毁后，葡萄牙人以重贿在漳州得到了立足点，官方的财产管理人索萨蛮不讲理，贪婪成性，把一个已故的亚美尼亚人的货物攫取过来，两个中国人断言这些货物是他们的，于是便告到官府。因此官府便下令禁止中国人再与葡萄牙人来往，同时切断了对葡船的粮食供应。饥饿的葡萄牙人便到乡村搜寻粮食，从而引起斗殴。所有的中国人都被激怒了，群起反抗他们。（中国）的军队出动干涉，一只舰队焚毁了他们的船舶。在 500 个葡萄牙人当中，只有 30 人左右得免于难。"

走马溪之战

从浯屿逃脱后，不愿离开的葡萄牙人转泊走马溪附近的灵宫澳。朱纨的奏报云："嘉靖二十八年正月廿六日，旧浯屿夹板、尖艄、叭喇唬等项贼船，同佛郎机夷王船陆续追击出境，内有夷船于二月十一日回，至诏安县洪淡巡检司地方灵宫澳下湾抛泊。"在得知葡萄牙人的消息后，卢镗、柯乔会同率领福清与海沧兵的福州左卫指挥使陈言、率领浯屿兵的浯屿水寨把总指挥佥事李希贤、率领铜山兵的铜山西门澳水寨把总侯熙、率领玄钟兵的守备玄钟澳指挥同知张文昊，出兵埋伏在葡萄牙人泊船的山顶处。本月二十日兵船发走马溪。二十一日葡萄牙人与其同伙各持鸟铳上山，被梅岭的明军伏兵用乱石打伤，遂逃回船上，卢镗亲自击鼓督阵，率领明军的舰队将葡萄牙人的海船 2 艘、哨船 1 艘、叭喇唬船 4 艘团团围住，用铳炮、镖枪、弓箭、石块等器，将葡船击败。

克路士记载："（葡萄牙人）把没有处理的货物留在两艘中国船上，这是中国人此前从中国开出来的，在葡萄牙人庇护下为海外贸易之用。留下这两艘船交换中国的商品后，葡萄牙走私者就起航奔赴印度。中国舰队的官兵发现了仅留下的两艘船，别的都开走了，就向它们发起进攻，因为受到当地某些商人的唆使，中国的走私商人向官兵透露了这两艘船上有大量的货物，而防守的葡萄牙人却很少，因此他们设下埋伏，在岸上布置一些中国人，携带武器好像要进袭船只，和葡萄牙人打仗（因为船只靠近陆地），以激怒葡萄牙人，让他们出船交锋。这样这两艘船就没有防卫，暴露给舰队，那舰队可就近攻击他们。为隐蔽起见，中国军队一部分人藏在一个突入海中的岬石背后。留下来看守船只的葡萄牙人被惹怒，他们本应怀疑有埋伏，却没有留意。其中一些人冲去跟岸上的中国军队交战。埋伏在岬石后的中国舰队成员见对方中计，以迅雷不及掩耳之势直袭两艘船，杀伤了些船上的葡萄牙走私者，占领了这两艘船。"

除了克路士的记载，曾经亲历此役的平托也有记载："沿着整个海岸都有大量军队在活动，原因是有很多抢劫者，抢劫是倭寇所为。因此在混乱中无法从事任何商业活动，因为商人不敢离开自己的家出海。由于上述原因，我们被迫转往走马溪（Chabaquea）港。抛锚时我们发现那里有 12 只船，他们进攻我们，我们 5 只船中有 3 只被夺走，有 400 名基督徒被打死，其中 82 人是葡萄牙人。至于其他 2 只船，有一只是我搭乘的，奇迹般地逃脱了。"

走马溪之役后，葡萄牙人被清除出闽、浙沿海，沿海的秩序在朱纨的努力下重新得到恢复，倭乱的势头也被抑制下去。但是朱纨的政策极大地触犯了沿海世家大族的利益，于是这些世家大族纷纷与朱纨作对，如日本贡使违期来贡，就有人造谣生事，给日本贡使送去匿名信，称"天子命都御史起兵诛使臣，可先发，夜杀都御史"。在双屿港之战胜利后，"城中有利之家素得通番之利，一闻剿寇之捷，如失所恃，众口沸腾，危言相恐"，至某些在朝中的大员，也因为自己亲友被查，转而攻击朱纨，如言官周亮，他是署府事推官张德熹的乡友，张德熹的叔叔张珠因为勾结葡萄牙人而被朱纨处死，张德熹怀恨在心，周亮便利用自己的权力公报私仇，竭力诬陷攻击朱纨。另一方面，朱纨在朝中的支持者夏言在与严嵩的政治斗争中失败，出于政治上的需要，严嵩竭力地削弱朱纨的权力。不久之后，代表闽浙豪门世家利益的陈九德便借朱纨在走马溪之役中将生擒的李光头等96人就地斩首一事，弹劾朱纨"擅专刑戮"，朱纨因此被革职待查。嘉靖二十九年（1550年）七月，杜汝帧报告称先前朱纨所俘斩之人乃是满喇加国商人，并非倭寇，朱纨不分首从，径自斩首，"兵部法司各覆如汝帧言"。十二月，世宗嘉靖皇帝下诏，将朱纨从苏州押解至北京。十六日，朱纨在家服药自杀。

这些人安给朱纨的罪名，显然是欲加之罪。所谓的"满喇加商人"其实就是葡萄牙殖民者，通过葡方的记载可知，这些殖民者为了泄愤和抢夺财富与奴隶，屡次至沿海地方劫掠，给沿海居民带来了深重的灾难，是明明确确的"寇"，根本不是什么无辜的商人。明军之所以进攻葡萄牙殖民者，也是沿海的居民遭受抢掠之后告到官府，然后明军才开始行动的。至于沿海的走私者，也是因为与葡萄牙殖民者发生债务纠纷，引导倭寇劫掠沿海的村庄，其目的是为了抢劫财富，弥补自己因海难受到的损失，而不是什么所谓的"反海禁"。

朱纨死后，他在沿海的政策被推翻，海禁复弛，这也为之后的"嘉靖大倭乱"埋下了隐患。嘉靖皇帝曾经询问过是否开禁，这些反对朱纨的官员却告诉嘉靖通贩既不赚钱，也无任何好处，不用开禁。他们既不主张"开禁"，也不主张"严禁"，他们需要的是"弛禁"。这是因为"开禁"以后会使走私品的价格下降，有损这些官员与其家族走私者的利益；如果"严禁"，又会使其无法走私，丧失通过走私所获得的重利。只有"弛禁"才是他们最喜欢的理想状态，才能使他们的走私活动畅通无阻，既可维持走私品的高价，又可逃过国家的税收，将巨额的收益全部放到自己的腰包里。如果遇到海难等突发事故，还可以通过掠夺沿海村庄弥补自己的损失。

第五章

嘉靖大倭乱与露梁海战

朱纨之死带来的恶果

朱纨自杀后，抗倭名将卢镗也被牵连下狱，海禁复弛。闽浙沿海既没有开放海禁，又没有严格执行海禁，刚刚被朱纨整顿完备的秩序又再次被破坏，出现了大量的灰色地带。在弛禁之后，倭寇与走私者并没有如某些官员所设想的那样放弃在沿海的抢劫活动，反而变本加厉，加大了对沿海地区的掠夺。由于海禁不严，东南沿海再次出现了多股海盗势力，各股海盗分群结党，组成舰队。每股海盗推举一人为首领，每股均拥有十余只或上百只帆船。海盗舰队不仅与官兵展开战斗，互相之间为了争夺势力范围，抢掠对方船只，也时有殴斗发生，胜者则为首领，败者则被兼并。经过数次的兼并整合，汪直集团及徐海集团成为最大的两股海盗势力。

汪直，徽州人，曾加入许栋的海盗集团。在许氏兄弟被剿灭后，汪直收编了许氏兄弟的残余势力，取而代之，并号称"五峰船主"，将走私基地移往烈屿，重整旗鼓，并勾结倭寇进入东南沿海地区抢劫。史载："（汪直）遂起邪谋，招聚亡命，勾引倭奴多郎、次郎、四助四郎等，造巨舰，联舫一百二十步，可容两千人，上可驰马。"

除了勾结倭寇外，汪直还与葡萄牙人有密切的往来，据日本《南浦文集·铁炮记》记载，在嘉靖二十二年（1543年），汪直载着3名葡萄牙商人抵达了日本九州南方的种子岛，通过汪直牵线搭桥，种子岛岛主从这3名葡萄牙人那里购买了火绳枪，并引进了火绳枪的制造技术。万表的《海寇议》中也载："直与叶宗满等之广东，造巨舰，将带硝黄、丝绵等违禁物抵日本、暹罗、西洋等国，往来互市者五六年，致富不资。"汪

◀ 日本所立汪直像

直在日本与当地大名的关系很好，并在五岛与平户建立基地，勾引倭寇来中国沿海抢掠。

明军起初对汪直重视程度不够，企图"以贼制贼"，利用汪直剿灭其他海寇。嘉靖二十九年（1550年），海盗卢七率众攻打杭州江头、西兴、坝堰，劫掠财货，绑架妇女，泊船马迹港，汪直在得知卢七的位置后，率领船队进攻卢七，杀千余人，俘获9人，缴获船只13艘，并把所获的人员与船只全部押送衙署。嘉靖三十年（1551年），海盗陈思盼谋杀一王姓船主，夺其船只20艘，王姓船主的同伙欲为船主报仇，依附于汪直。与此同时，海道衙府也要求汪直出力攻击陈思盼。汪直随即与慈溪通番海商柴德美合力攻袭陈思盼，毁其大船7艘、小船20艘，擒陈四等160人、被掳妇女12人，并将俘虏解送海道。陈思盼的余党皆被汪直所吞并。自此以后，汪直声威大振，各地的海盗皆尊其为盟主，徐惟学、徐海、叶麻等人也与其联盟，于是"海上之寇非受汪直节制者，不能自存，而直之名始振海舶矣"。

明朝政府的默许态度助长了汪直的气焰。嘉靖三十年（1551年），汪直纠集"岛倭"及海盗，大举进攻松江、上海与温州，并攻破黄岩。次年，汪直又率倭寇"连舰数百，蔽海而至，浙东西、江南北，海滨数千里同时告警"。因为明朝政府的弛

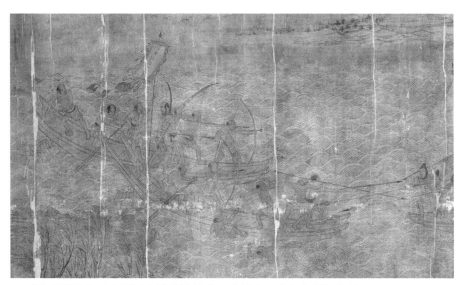

▲《抗倭图卷》（中国国家博物馆馆藏）中倭寇正登船与明军交战

禁态度，士兵缺乏训练，兵船腐朽损坏无法使用，对倭寇的入侵更是毫无防备，倭寇在沿海如入无人之境，声势震天。沿海卫所的旗军与巡检司弓兵均被击溃。汪直更加有恃无恐，变本加厉，甚至开始称王。史载："直乃绯袍玉带，金顶五檐黄伞。其头目人等，俱大帽袍带，银顶青伞。侍卫五十人，俱金甲银盔，出鞘明刃。坐定海操江亭，称净海王。"

汪直勾引倭奴入寇，绝不仅仅是为了贸易，其根本目的是为了掠夺沿海地区的财富与人口。倭寇在沿海所过之处，烧杀抢掠，给沿海人民带来了沉重的灾难。明人采九德在其所著的《倭变事略》中多处写到倭寇的累累暴行，如："贼人深入内地，杀掠甚惨，数百里内，人皆窜亡，困苦极矣。""自是遇人即砍杀，死者无算。""吾盐被寇者四，死者约三千七百有奇。""入姜家，杀伯侄无人，一侄孩提宿床上，杀之，取血清酒饮之。""此党贼留居吾土，凡四旬有三日，杀害数千人，荡民产数万家。""犯湖州市，大肆毁掠，东自江口至西兴坝，西自楼下至北新关，一望和赭然，杀人无算，城边流血数十里。"

除了汪直以外，海上势力就以徐海最为强大。徐海统领武装船队，引导倭寇至东南沿海抢劫，浙、直一带受害甚重，是明政府的心腹大患。

徐海，徽州人，年轻时在杭州虎跑寺削发为僧，号明山和尚。徐海的叔父徐惟

▲《倭寇图卷》中倭寇劫掠逃难的沿海居民

▲ 《倭寇图卷》中正在焚烧居民房屋的倭寇

▲ 《抗倭图卷》中所绘明军战船

学曾伙同汪直从事走私贸易。嘉靖三十年（1551年），徐海离开虎跑寺，投奔叔父徐惟学，并随叔父去了日本。顾炎武在《天下郡国利病书》中说："徐惟学以其侄海质于一隅州夷，惟学至广东屿（南澳岛），为守备黑孟阳所杀后，夷之所故索货至，海令取偿于寇掠。至是，海乃偕夷酋辛五郎聚州结党，众至数万。"

徐惟学以徐海为人质，在日本大隅某领主处借得数万两银子，以用来组织武装船队，从事走私贸易或载倭寇去沿海劫掠。徐惟学死后，其势力由徐海继承。徐海的势力强盛，称雄海上，自称"天差平海大将军"。在浙、直海上，除汪直外，徐海为第二号海盗首领。明人采九德在其所著的《倭变事略》中写道："贼酋徐海一党也……六酋中，徐海为霸，且盟主焉。"

嘉靖三十三年（1554年），徐海率船队与日本萨摩、对马等地倭寇联艘，劫掠浙、直沿海，并攻占了柘林镇。柘林为倭寇出入的门户，为诸郡要害之地。柘林得手后，徐海以其为基地，分众四出，攻城略地。

嘉靖三十四年（1555年）正月，徐海率众夺海船，攻乍浦、海宁，陷崇德，转攻塘西、新市、横塘、双林、德清等地。杀把总梁鹗，指挥周奎、孙鲁，百户陆陵、周应辰，副理问[1]陶一贯等人，官兵大败，死伤惨重。杭州数十里外血流成河。

同年四月，徐海伙同倭寇，率4000余人进犯嘉兴，张经分遣参将卢镗等督官兵击之。保靖兵初到，对嘉兴一带的地形不熟悉，初战受挫，巡按御史胡宗宪亦赶来，激励士兵再战，遂于嘉兴东郊石塘湾大胜倭寇。随后，倭寇向平望方向逃遁。四月二十六日，倭寇从嘉兴至唐家湖，湖水汹涌，不能渡，吴江知县杨正调集乡兵于水上，牵制敌舟，派善泅水者入水凿船。保靖宣慰使彭荩赶到，大败倭寇，使其退至王江泾。此时明军已对倭寇形成合围之势，北有卢镗军，东有俞大猷军，南有胡宗宪军。保靖兵作为先锋，率先对倭寇发起进攻，斩敌200余人。二十八、二十九日双方又有激战，张经亲自督战，倭寇5000人猛攻，明军势弱，有怯战之意。危急时刻，俞大猷奉命督永顺士兵2000名，从泖湖[2]赶来，汤克宽（俞大猷副将）部亦率舟师会合，明军士气大振。五月一日，明军三面合击，大败敌兵，斩敌2000余人，溺死者无数。倭寇残部逃回柘林，并自己焚烧大本营，驾船200余艘出海逃走。

---

① 副理问为理问所官职名。理问所始设于元朝，负责堪核刑名案件，明代为布政使司所属机构。设理问一人，下属有副理问、提控按牍各一人。

② 即三泖，在浙江新埭大泖口。

▲ 《三省备边图记》中的《柘林破海寇图》

这次战役就是嘉靖以来的"第一大捷"——王江泾大捷。

五月，倭寇进犯苏州府，从柘林分几路出发，各处掠夺，明军以兵备参政任公环率师为前驱，与总兵俞大猷、游击邹继芳、守备王桂合力御倭于坝上，最终倭寇败逃，明军"获其舟三十五艘，斩首二十级"。次日，倭寇合伙乘船再次来袭。明军率先用铜发熕炮击倭船。船只受到炮击后，倭寇纷纷登岸。这时，兵备任公环再率钩刀手与倭寇鏖战，自早晨战至下午，大败倭寇，斩首八百余级，而明军并没有损失一个士兵。

王江泾大捷与其前后的数次战役，战功虽然不小，但并没有对倭寇形成致命的打击。之后，汪直与徐海势力依然活跃在东南沿海。嘉靖三十五年（1556年）春季至夏季，海盗活动再次复燃。汪直与徐海在倭寇的支持下，屡败官兵，"浙、直、闽、广几不可支"。

一、海防体系的重建

明廷为了应对倭寇的威胁，决定重整沿海防务。嘉靖三十三年（1554年），嘉靖皇帝任命兵部尚书张经总督浙、直、山东、两广、福建等处军务，李天宠巡抚浙江。但张经到任后并无太大效果，官兵遇贼即溃。后嘉靖另派工部尚书赵文华视察江南军情，张经与李天宠被革职。此时严嵩的党羽赵文华力荐胡宗宪接任，在赵文华的推动下，不久胡宗宪便被擢升为兵部左侍郎兼督察院左都御史，又加浙、直总督，总督浙江、南直隶、福建等处军务。

胡宗宪到任以后，主张以剿、抚并施解决倭寇问题。为了对付徐海，胡宗宪利用叶宗满进行招抚工作，把汪直归顺朝廷的消息通知徐海，使之动摇，同时又策动陈东、叶

▲ 戚继光画像

▲ 俞大猷画像

▲ 胡宗宪画像

朋等背离徐海，使徐海与各倭寇集团彼此孤立，各个击破。徐海在缚送陈东后，自己也投降，结果发现中了胡宗宪的圈套，于是转而据守浙江平湖沈家庄。嘉靖三十五（1556年）八月，胡宗宪发起了剿灭徐海的最终战役。徐海等人占据沈家后，沈家有新旧二宅，徐海居沈家旧宅为"东巢"，陈东、叶麻等人居新宅为"西巢"。二十二日，兵备副使刘焘率部包围西巢，下令"将大发熕十二座排列水边，或打敌台，或打门墙，声势振天"。二十三日，"至二更时分，哨者报各贼下船出巢"。二十四日，明军焚烧西巢。刘焘督兵搭桥过水，进逼东巢。然而据守在东巢的徐海部火器众多，并在南门架设发熕。据明人采九德《倭变事略》载："二十四日，军门（胡宗宪）督诸路主客兵凡二十余支，围徐海数重。贼放发熕，以银塞熕口，火发银如星飞，中人中土中水，如雨鸣。众皆不能进。"

徐海的火力十分猛烈，明军丝毫不敢靠近。就在这时，刘同尹亲率轻兵"五七十人"进攻南门，被贼人放一发熕，炮弹落在离刘同尹很近的地方，"不远尺余，入土尚滚三五尺"，但刘同尹不为所动，"即向贼连射三〔矢〕，贼即弃熕。追入门内，各兵方敢挨次而进"。二十五日，各路明军发起总攻，徐海战败，部众被官兵擒斩1200余人，烧死者不计，倭寇头领辛五郎等也被明军擒获。最终，徐海与倭寇数十人，因抵抗无望，投水而死。

对付势力较大的汪直，胡宗宪则遣使蒋洲去日本招降。嘉靖三十六年（1557年），汪直与部众千人来降。胡宗宪本准备放汪直一条生路，但汪直血债累累，明廷并没有饶恕他，于嘉靖三十八年（1559年）十二月将其斩首。

汪直与徐海被剿灭，对其他倭寇集团是非常大的打击，倭寇集团开始在降与不降间出现分歧。而明军这时则开始进入反攻阶段，并在胡宗宪、谭纶、戚继光、俞大猷等人的努力下，重建破败已久的海防。

嘉靖时的海防体系早已名存实亡，水寨尤是。朱纨巡抚浙江时所看见的情况是："浙、闽海防久隳，战船、哨船十存一二，漳、泉巡检司弓兵旧额二千五百余，仅存千人。"且据巡海道副使柯乔称："沿海旧规设有水寨五，每寨有把总一名，名存实亡，反导寇本职。""五水寨把总五员，尚差姓名二员。"福建五水寨的情况竟然堕落至此，可见嘉靖时沿海防务的窘迫。朱纨虽曾添设水寨，但因其之死而基本废弛。

嘉靖四十三年（1564年）年底，谭纶被任命为右金都御使，巡抚福建。到任后，他即着手恢复明初的海防体系，恢复五水寨旧制。在《谭襄敏奏议·倭寇暂宁条陈善后事宜以图治安疏》中，谭纶建议恢复水寨，以扼制外洋："照得八闽之地，西北阻山，东南滨海，海中诸国独日本最为狡狯，籍我奸民乘间内侵，不但此时为然，盖自洪武迄今皆尝受其患，查自福宁南下以达漳泉……又置水寨，以防之于海……外威内固，有自来矣。法久人玩，武备渐弛，倭患突登，旧制尽失。为今之计，亟宜查复五水寨之旧，每寨设兵船四十只、兵三千名，五寨通计用船二百只，用兵六万五千名，以五把总总领之，定为五大艍。内以旧设烽火门、南日山、浯屿三艍为正兵，增设铜山、小埕二艍游兵，而又为之分信地，明斥堠，严会哨。"

福建五寨经过谭纶的整顿，渐渐恢复了旧有的制度，并以烽火门、南日山、浯屿三水寨官兵为正兵，铜山、小埕两水寨官兵为游兵。每个水寨负责防御一片海域，也就是"信地"，只有在"汛期"时，才会分派兵船至"汛地"防守，所以称其正兵。至于游兵，则专管协助水寨所派至汛地的兵船，所以称其为游兵。水寨与游兵之间互相往来巡守，在沿海筑成了一道绵密的防御网。《石仓全集》中记载了福建各水寨的汛地：

> 烽火门水寨：在汛期时，右、后二哨防北，则泊斗米、礵山；前、左二哨防南，则泊芙蓉、马砌。
>
> 小埕水寨：哨官四员。前哨大小西洋逻、北芝、前澳诸处；左哨下木逻、黄崎、蛤沙诸处；右哨上木逻、上下竿塘诸处；后哨白大逻、磁澳东西路诸处。
>
> 南日水寨：哨官五员。前后二哨合守旧南日、东滬诸处；右后二哨合守南哨贼澳、大小祚、香鑪屿诸处；中哨则专守鸟垍。
>
> 浯屿水寨：哨官四员。前左守崇武、大祚、龟屿、獭窟诸处；右后守料罗、雾壑、佛堂、东埔、围头诸处。
>
> 铜山水寨：哨官四员。前后合守镇海、前啚壳、东碇、鸿江诸处；右后合守井尾、沙洲、甘菜、将军澳诸处。

对水寨官兵的会哨与巡守，明廷有着严厉的规定，其中最有名的即《寨游号令五条》，其大意为：

一、水陆的总哨官负责约束水师中的官兵，不许其随意登岸。如果有擅自离船的人，就把船长捆打60棍，船上的士兵捆打40棍。如果是船长纵容其离船，那么船长则与擅离者同罪。如果遇到敌情有人不战而逃，那么就由把总负责将此人解绑军门，依照军法处置。如果总哨官有失察或纵容之责，将分别依法治罪。

二、寨、游的兵船需要遵守制定好的日期依期分布信地防守，往来巡逻。继续派鸟船、快船、唬船出外洋探查敌情。如不派船只探查敌情，那么就把哨官、船长各捆打60棍；若不去执行较远的哨探任务，躲在港内偷安，那么就把船长捆打60棍；如果没有探到远洋贼船潜入，导致贼船逼近信地，那么就捆打100棍；如果因此导致战事失利，那么则将责任人斩首。

三、遇到敌人不分下雨还是夜晚，立即督率兵船追剿，如果退缩导致敌人登岸，将领以军法处置；如果敌人的船只只有三四只，而负责该信地的船只足以抵挡住敌人，各员应尽义务奋勇截杀；如果敌人的船在5只以上，那么相近的哨船就要过来支援策应，如果有观望不援者，就把哨官以军法处置；如果遇到大股敌人舰队，各兵船要听从道臣和指挥官随时调度，各寨游需前去支援，如果逗留不赴援者，就把把总按军法处置。

四、如果旗舰已经下令行军，而部下船只不跟队伍前进，退缩滞后者斩；船长行动迟缓绕路导致跟不上队伍的，就斩其船长；如果因为舵工的原因而触礁不能跟上队伍，就斩船长和舵工；如果因攀招手没有望见浅滩和礁石的，则斩攀招手；船只虽然率先赶到，但使风、掌舵不善，导致敌人接舷登船的，就斩舵工、缭手。

五、到汛期以后，商船、渔船不许出洋，只允许其在港内从事生产贸易活动，如果有潜藏在外洋，来往各海岛的，就捉拿问责；如果有人装载米粮、军器、硝矿、樟杉板、木麻、铁钉、油，扮作商船和渔船出海通敌者，则令寨游官兵及巡检司弓兵捉拿，在审理属实后量以重刑，如果有拒捕之人，则当时格杀勿论，受贿私纵这些犯罪行为的士兵都要以军法处置。如果可以拘捕捉拿，则将船上的赃物除火药军器外，全部赏赐给负责捉拿的士兵。

如果将上述《寨游号令五条》简略缩写，则为：一、官兵不准私自离船。二、寨、游兵船需依期巡守、哨探。三、各将领、哨官、士兵需奋勇杀敌，不得畏缩不前、望而不援。四、船上各职位人员需要听从号令，并互相配合。五、发汛后，商渔船不得出洋。

经过谭纶整顿后的水寨，制度更加完善，实力得到很大的增强。寨、游之间相互支援，各个职位的将领和士兵也都奋勇杀敌，在海上御倭中发挥了很大的作用，取得了许多的胜绩。时人吴桂芳在请设广东水寨时评价闽、浙水寨云："浙有六水寨，闽有五水寨，每寨兵各数千，楼船各数十，既朝除把总官分领之，复参将总兵官总统之，此闽浙海上奸人所以无所容也。"吴桂芳所说的"楼船"即指的是当时的福船，福船在当时主要负责在外洋冲犁贼船，直接将倭船碾沉。在《谭襄敏奏议》中记载了许多寨、游军兵通过海战击败倭寇的事例。如嘉靖四十二年（1563年）五月三日："据福州兵备道副使汪道昆呈称，二十六夜，贼闻平海倭贼剿灭，不候风潮，潜自开遁（遁），水寨官兵船瞭见，举火为号，二支齐起，四更时分追至东涌外洋，捕盗黄怡等四船，首挫贼锋，冲沉倭船四支，生擒真倭二十七名，斩获首级二十颗，夺获被掠人口一十名。"

该书中也载有嘉靖四十二年（1563年）烽火门寨出击战胜敌人的例子，《倭船一十三支驾到台山海洋》载："本年（嘉靖四十二年）十月二十三日，倭船一十三支驾到台山海洋，烽火门把总朱玑督哨官千户陈聪兵船犁沉绣鞋船一支，本总追至东北外洋，犁沉大倭船一支，焚溺倭贼二百余徒，捞斩倭级一十一颗。又倭船十余支，驾到官澳海洋，傅应嘉督哨官粘席珍兵船追至东礁外洋，犁沉倭船一支，焚溺不计。"

《世宗实录》中也有许多在海上战胜倭寇的例子，如嘉靖三十八年（1559年），福建永福等倭驾舟开出梅花洋，参将尹凤、备倭指挥张侨等，以舟师分成几路同时出击，斩首107人，生擒9人。

通过上面几个例子，可以看出寨、游的兵船出击，在海上截击倭寇。多数都可以取得胜利。《世宗实录》载："（倭寇）长于陆战，短于水斗，以其船不敌，而火器不备也。在我宜用所长，弃所短，则莫若恃海船。"这是因为当时的倭寇造船技术落后，倭寇所乘的日本船并无肋骨和水密隔舱，船体强度十分脆弱，如果没有走私者的帮助，明军只要乘福船乘风下碾，倭船即碎。水寨官军只要利用军船优势，便可屡屡在海上击败倭寇。

除了重建水寨这一海上防线外，各地的将领和官员还兴起了一场筑城运动，在沿海要害和府县筑造了大量城池。在嘉靖以前，闽、浙沿海地区承平日久，许多府县不知兵事，并没有修筑城墙。嘉靖三十一年（1552年），明廷派都御使王忬巡抚浙江，结果见许多府、县未修城池，于是倡议各筑城池，"行视诸郡邑未城者，计寇缓急，次第城之，凡三十余所"，开始在沿海地区修筑城池三十余座，但唯独慈溪县士人认为筑城不便，不肯修筑。不久，倭寇大举进犯，凡是修筑了城池的府、县均未遭受大的损失，唯独慈溪县遭到倭寇的焚烧、掠夺。自此各地便均以慈溪县为戒，大量修筑城池。

除了府县的城池，沿海大量的卫城、所城也被加强。嘉靖三十五年（1556 年），总兵官卢镗为了防御倭寇入犯，临时在宁波的观海卫城上"置木栅于城上"，以作雉堞①用。同年在龙山所城，卢镗同样也在城上置木栅作雉堞。嘉靖三十六年（1557 年），指挥使孙荣重新疏通观海卫城的濠池，加深 5 尺。嘉靖四十年（1561 年），海道副使谭纶增筑舟山城，筑造敌台 20 处。除了上述卫所城池外，其他修筑的城墙还有许多，其中最为险要的当属定海卫与威远城。

定海卫位于宁波府东北甬江出海口处，负责保卫宁波府并防止倭寇窜入甬江。定海卫城墙高 2 丈 4 尺（7.4 米），城墙底部厚 1 丈（3.1 米），顶部厚 8 尺（2.4 米），周长 1288 丈（4005 米）。卫城设有城门 5 座、水门 1 座，城门上建有敌楼，各门设有吊桥，门外有瓮城。城上建有敌楼 10 座、雉堞 2815 个、警铺 39 座，城外自东至西设有壕沟，城内设有总兵府、军器局等。城东招宝山上筑有威远城。

卫城东北的招宝山扼甬江口，与竺山相互对峙，地势险要，时人形容其为"江

▲《宁波府志》中的定海县治图。左侧即为定海卫城，右侧的山上即为威远城

---

① 古代城墙上掩护守城人用的矮墙。

海之咽喉，郡冶之门户"。嘉靖三十三年（1554年），时任参将的卢镗奉命分守浙东沿海诸郡。卢镗来到此地，认为从招宝山可以俯瞰县城，相隔不过数十步，一旦倭寇登上招宝山，置火炮于山顶，县城将不攻而破。如果倭寇群起攻入镇海关，官军根本无法阻止。所以，守城非据险要处不可，而据险要处非建城不可。于是，卢镗与时任海道副使的谭纶共同请示总督胡宗宪，在招宝山顶筑建威远城。城高2丈2尺（6.8米），厚1丈（3.1米），周长200丈（620米）。于山麓西南方筑靖海营堡，周围240余丈（约750米），堡内建屋40余间，以供平时校阅军士。并在威远城上及招宝山四周置重5000斤的铁发熕4门、300斤的铜发熕100余门。从嘉靖三十九年（1560年）《宁波府志》中的定海县治图可知，在招宝山和竺山底部东侧均设有发熕厂（炮台），招宝山与竺山位于甬江出海口两侧，互为犄角，在这两处设置发熕厂（炮台）架放发熕，可以用火力封锁甬江出海口附近洋面，形成"于大小浃口，分布战舰，以严扃钥。置铁发熕五千勋者四座，铜发熕三百勋者百余座，诸战守器械，靡不毕具，夷人即鸟举不能度也"之势。

发熕铳当中有4座重5000斤（2984千克）的铁发熕，可能是16世纪中国最大的火炮。定海铁发熕的具体长度、口径难以估计。如果参考崇祯十六年（1643年）款"神威大将军"铸铁炮，铭文写有"重五千斤"字样，实测为通长2.66米、口径为10厘米，这种重型的火炮威力强劲，以当时倭寇所乘之草撇船根本无法抵挡。

经过嘉靖时的增筑后，定海卫城北临大海，东连招宝山，南环甬江，西距宁波府62里，为水路进出宁波府的门户，地理位置重要。其城东侧新筑的威远城筑于招宝山的山巅之上，设发熕百余门，形势巍峨，火力猛烈。卫城之外的港口处又筑有靖海营堡，与卫城成犄角之势。其设计与施工均由久经战阵的名将完成，为明朝浙东地区极为重要的海防卫城。

虽然府县与卫所都修筑了城池，但其防御范围并不能扩大到广大的乡村地区。为此，在嘉靖年间，明政府还鼓励沿海百姓自筑堡寨以防御倭寇。《天下郡国利病书》中写道："（土堡）旧时尚少，惟巡检司及人烟凑集处设有土城。嘉靖辛丑年以来，倭寇生发，民间围土城、土楼日众，沿海地方尤多。"

土楼、土堡的建立，使得偏远乡村地区的军事防御坚实起来。明人林偕春在其《兵防总论》中说："方倭奴初至时，挟浙直之余威，恣戮之荼毒于时。村落楼寨望风委弃，而埔尾独以蕞尔之土堡，抗方张之丑房，贼虽屯聚近郊，迭攻累日竟不能下而去。当是之时，一兵莫援，一镞莫遗，冲橹逾垣，而推陷如破荻蒿，近竭而渠首受伤，虽有天幸，亦缘地胜。自是而后，民乃知城堡之足恃。凡数十家聚为一堡，砦垒相望，雉堞相连，每一警报，辄鼓铎喧闻，刁斗不绝。贼虽拥数万众，屡过其地，竟不敢仰一堡而攻。则土堡足

▲ *17世纪末时的土楼*

恃之明验也。……故土堡诚设，则坚壁清野，贼之至也，将无所掠为食。以攻则难，以守则馁，弗能久居，势将自退。"

倭寇虽然长驱流窜各地，一旦遇到土堡，便束手无策。虽拥数万众，但竟无法攻掠一个堡垒。数十户人家聚在一起建一堡，当倭寇来临时，附近居民躲入堡中，以此作为防御据点，堡民可以通过堡墙上的箭窗攻击外面的敌人，而堡外的倭寇缺乏大型火器，难以对这种堡垒型的建筑构成威胁。

土堡在抗倭战争中起了很重要的作用，明人林爱民在其所著的《赤岸堡记》中说道："嘉靖乙卯，倭自浙入，蹂躏遍州境，秦屿业有土城，倭攻七昼夜，挫衄去……凡沿海奥区，竞起而兴城堡者，无虑二十处。"由于土堡、土楼抵御倭寇的入侵效果十分显著，沿海各地纷纷效仿。土堡、土楼之所以可以大量修筑，这与政府的支持和乡族的力量是分不开的，《广东通志》中载："凡乡夫御海寇有功者，使之互引勇士，立为堡寨，各建社学，统以乡约，教以礼义，而又训练斥堠，以备山海之虞。"

二、抗倭时期的水师

嘉靖时，由于西方殖民者与倭寇的入侵，明政府急需各种类型的大小战船用于海战。从朱纨启用福船开始，沿海的将领与官员开始逐渐对沿海水师中的战船与火器进行系统性分类。中国古代的三大船型——福船、广船、沙船，以及三大船型下属各船型的细分，也是完成于嘉靖年间。

虽然胡宗宪、俞大猷等人都曾编练水师，但对水师的训练最为标准化、最为完

善的当属戚继光。戚继光将其编练水师的事宜全部写入了《纪效新书》中。《纪效新书》又分为十四卷版和十八卷版，其中十八卷版是戚继光于嘉靖三十九年（1560 年）前后在浙江任参将分防宁波、绍兴、台州、金华、严州诸处练兵抗倭时所作。十四卷版成书于万历十二年（1584 年），系作者任广东总兵时重新校订增删的版本。这两个版本中，十八卷版中所记水师的编练方法与明朝其他将领大同小异，

▲ 俞大猷建造的战车样式之一，采自《正气堂集》卷十一

其写的应是朱纨时期的水师配置。而十四卷的版本则充分体现了戚继光的练兵思想，详细记载了水师配备的各种武器。但清廷修《四库全书》时曾对十四卷版本进行删改，其原始版本在朝鲜还有留存。

在十四卷版本中，戚继光并不直呼船名，这是因为在明代相同船只有着多个不同称呼，如福船又可称为"白艚""楼船"等，复杂的称呼使将领指挥船只作战变得困难，号令既不清晰，也不易分辨。《纪效新书》卷十二《舟师篇》中写道："夫舡（船）号最忌名色杂踏不一，不一则号令烦，杂踏则士难辨。"针对这种问题，戚继光将各种战船分为六号。据《武备志》记载："按福建造船有六号：一号、二号俱名福船，三号哨船，四号冬船，五号鸟船，六号快船。福船势力雄大，便于冲犁；哨船、冬船便于攻战追击；鸟船、快船能狎风涛，便于哨探或捞首级。大小兼用，俱不可废。船制至福建备矣。惟近时过于节省，兵船修造，估价太廉，求其板薄钉稀不可得也。欲船之坚，须加工料可也。"

这种分类方法与戚继光类似,戚继光也同样将大型的福船、广船分为一、二号船。

在戚继光的舰队中，选最大的船为中军（即旗舰），指挥舰队作战。其余分为中司、左司、右司、前司、后司，每司由一分总统领，每二三司派一主将统领。每司又分为二哨，每哨涵大小战船 5~10 艘，由哨官统领。每艘战船则由捕盗一名统领若小队，每各小队中拥有 1 名队长和 10 名士兵。

戚继光将每种战船的人员与器械都进行了详细的规范，并在《纪效新书》十四卷版本中进行了详细的记载。

一号船：总共配备 105 人。其中捕盗 1 名、家丁 1 名、舵工 2 名、斗手 2 名、缭手 2 名、碇手 2 名、守舱门兵 2 名、掌号手 1 名、神器手 4 名，此 17 人为必不可少之兵。此外还有士兵 8 队，每队设队长 1 名、士兵 10 名，共 8 位队长，80 名士兵。下面为各个小队的人员配置：

第 1 队：此队在船始终用鸟铳，队长习用火桶。

队长	鸟铳手	鸟铳手	鸟铳手	鸟铳手	鸟铳手
	鸟铳手	鸟铳手	鸟铳手	鸟铳手	鸟铳手

第 2 队：此队在船始终用鸟铳，队长习用火桶。

队长	鸟铳手	鸟铳手	鸟铳手	鸟铳手	鸟铳手
	鸟铳手	鸟铳手	鸟铳手	鸟铳手	鸟铳手

第 3 队：此队在船以长枪手 4 名管佛郎机 2 门。牌手管投掷镖枪，仍用藤牌。射手仍用射。钯手贼远射火箭，贼近举喷筒。队长习用火桶。

队长	藤牌手	长枪手	长枪手	射手	镗钯兼火箭
	藤牌手	长枪手	长枪手	射手	镗钯兼火箭

第 4 队：此队在船以长枪手 4 名管百子铳 2 门。牌手管投掷镖枪，仍用藤牌。射手仍用射。钯手贼远射火箭，贼近举喷筒。队长习用火桶。

队长	藤牌手	长枪手	长枪手	射手	镗钯兼火箭
	藤牌手	长枪手	长枪手	射手	镗钯兼火箭

第 5 队：此队在船以长枪手 4 名管佛郎机 2 门。牌手管投掷镖枪，仍用藤牌。射手仍用射。钯手贼远射火箭，贼近举喷筒。队长习用火桶。

队长	藤牌手	长枪手	长枪手	射手	镗钯兼火箭
	藤牌手	长枪手	长枪手	射手	镗钯兼火箭

第 6 队：此队在船以长枪手 4 名管百子铳 2 门。牌手管投掷镖枪，仍用藤牌。射手仍用射。钯手贼远射火箭，贼近举喷筒。队长习用火桶。

队长	藤牌手	长枪手	长枪手	射手	镗钯兼火箭
	藤牌手	长枪手	长枪手	射手	镗钯兼火箭

第7队：此队在船以长枪手4名管佛郎机2门。牌手管投掷镖枪，仍用藤牌。射手仍用射。钯手贼远射火箭，贼近举喷筒。队长习用火桶。

队长	藤牌手	长枪手	长枪手	射手	镗钯兼火箭
	藤牌手	长枪手	长枪手	射手	镗钯兼火箭

第8队：此队在船以长枪手4名管百子铳2门。牌手管投掷镖枪，仍用藤牌。射手仍用射。钯手贼远射火箭，贼近举喷筒。队长习用火桶。

队长	藤牌手	长枪手	长枪手	射手	镗钯兼火箭
	藤牌手	长枪手	长枪手	射手	镗钯兼火箭

一号船所配备军火器械

火器		
种类	数量	配件、弹、药等
无敌神飞砲	2	每门子砲3门，共6门。火药每子砲1门备药3出①，共18出，每出6斤，共108斤。火绳6条，每条长3丈重5两，每斤以1两为耗，共2斤。合口大石每出1丸，共18出，共18丸。小铁子每门用200丸，共3600丸。每丸重1两，共225斤。药线正副36条，每条长1尺。大木榔头1个，合口木送1个，细土每出1升，共用1斗8升。
佛郎机	8	每门子铳9门，共72门。火药每子铳1门，备10出，每出半斤，共720出。该药360斤。火绳每郎机1门备3条，共24条。每条长1丈，重5两，连耗共8斤。铅子720丸，每丸重5两，共225斤。
百子铳	6	火药每门备24出，每出半斤，共计72斤。火绳每门备3条，共18条，每条长3丈重5两，连耗共计6斤。大铅子每门备24出，每出1丸，每丸重30两，共144丸。共计重270斤。小铁子每门备24出，每出50丸，每丸重5钱，共7200丸，计225斤。
鸟铳	20	火药每门备300出，每出用3钱，共计112斤8两。火绳每门备3条，共60条。每条长2丈重5两，连耗共计20斤。铅子照火药亦备300出，每出1丸，重3钱，共6000丸，计112斤8两。
火桶	20	粗厚碗每桶1只，共20只。木炭每碗2两，备耗2两，共5斤。
喷筒	30	
神机箭	500	

---

① 事先试验出火炮每次发射所需的装药量，每发射一次火药需要一出火药。

冷兵器			
近战兵器			
藤牌 30 面	钩镰刀 10 把	长竹枪 40 支	
腰刀 30 把	撩钩 10 把	过船长竹枪 20 支	
远射兵器			
梨头标 30 支	镖枪 1500 支	飞刀飞剑共 100 把	角弓 10 张
铁蒺藜 2000 个	羽箭 300 支		

二号船：总共配备 81 人。其中捕盗 1 名、家丁 1 名、舵工 2 名、斗手 2 名、缭手 2 名、碇手 2 名、守舱门兵 2 名、掌号手 1 名、神器手 2 名，此 15 人为必不可少之兵。此外还有士兵 6 队，每队设队长 1 名、士兵 10 名，共 6 位队长。60 名士兵。下面为各个小队的人员配置：

第 1 队：此队在船始终用鸟铳，队长习用火桶。

队长	鸟铳手	鸟铳手	鸟铳手	鸟铳手	鸟铳手
	鸟铳手	鸟铳手	鸟铳手	鸟铳手	鸟铳手

第 2 队：此队在船始终用鸟铳，队长习用火桶。

队长	鸟铳手	鸟铳手	鸟铳手	鸟铳手	鸟铳手
	鸟铳手	鸟铳手	鸟铳手	鸟铳手	鸟铳手

第 3 队：此队在船以长枪手 4 名管佛郎机 2 门。牌手管投掷镖枪，仍用藤牌。射手仍用射。钯手贼远射火箭，贼近举喷筒。队长习用火桶。

队长	藤牌手	长枪手	长枪手	射手	镗钯兼火箭
	藤牌手	长枪手	长枪手	射手	镗钯兼火箭

第 4 队：此队在船以长枪手 4 名管百子铳 2 门。牌手管投掷镖枪，仍用藤牌。射手仍用射。钯手贼远射火箭，贼近举喷筒。队长习用火桶。

队长	藤牌手	长枪手	长枪手	射手	镗钯兼火箭
	藤牌手	长枪手	长枪手	射手	镗钯兼火箭

第 5 队：此队在船以长枪手 4 名管佛郎机 2 门。牌手管投掷镖枪，仍用藤牌。射手仍用射。钯手贼远射火箭，贼近举喷筒。队长习用火桶。

队长	藤牌手	长枪手	长枪手	射手	镗钯兼火箭
	藤牌手	长枪手	长枪手	射手	镗钯兼火箭

第6队：此队在船以长枪手4名管百子铳2门。牌手管投掷镖枪，仍用藤牌。射手仍用射。钯手贼远射火箭，贼近举喷筒。队长习用火桶。

队长	藤牌手	长枪手	长枪手	射手	镗钯兼火箭
	藤牌手	长枪手	长枪手	射手	镗钯兼火箭

二号船所配备军火器械

火器		
种类	数量	配件、弹、药等
无敌神飞砲	1	每门子砲3门。火药每子砲1门备药3出，每出6斤，共计54斤。火绳3条，每条长2丈重5两，每斤以1两为耗，共2斤。合口大石子每出1丸，共9出，计9丸。小铁子每出用200丸，共1800丸。每丸重1两，计112斤8两。药线正副18条，每条长1尺。大木榔头1个，合口木送1个，细土每出1升，共9升。
佛郎机	6	每门子铳9门共54门。火药每子铳1门，备10出，每出半斤，共540出。该药270斤。火绳每郎机一门备3条，共18条，铅子540丸，每丸重5两，共计168斤12两。
百子铳	6	火药每门备24出，每出半斤，共计72斤。火绳每门备3条，共18条，每条长3丈重5两，连耗共计6斤。大铅子每门备24出，每出1丸，每丸重30两，共144丸。共重270斤。小铁子每门备24出，每出50丸，每丸重5钱，共7200丸，计225斤。
鸟铳	20	火药每门备300出，每出用3钱，共计112斤8两。火绳每门备3条，共60条。每条长2丈重5两，连耗共计20斤。铅子照火药亦备300出，每出1丸，重3钱，共计6000丸。计112斤8两。
火桶	15	粗厚碗每桶1只，共计15只。木炭每碗2两，备耗2两，共3斤12两。
喷筒	30	
神机箭	400	
冷兵器		
近战兵器		

藤牌20面	钩镰刀8把	长竹枪30支	
腰刀20把	撩钩4把	过船长竹枪20支	

远射兵器

梨头标20支	镖枪1000支	飞刀飞剑共30把	角弓8张
铁蒺藜1500个	羽箭240支		

三号船：船上总共配备70人。其中捕盗1名、家丁1名、舵工2名、斗手2名、缭手2名、碇手2名、守舱门兵2名、掌号1名、神器手2名，此15人为必不可少之兵。此外还有士兵5队，每队设队长1名、士兵10名，共5位队长、50名士兵。

下面为各个小队的人员配置：

第1队：此队在船始终用鸟铳，队长习用火桶。

队长	鸟铳手	鸟铳手	鸟铳手	鸟铳手	鸟铳手
	鸟铳手	鸟铳手	鸟铳手	鸟铳手	鸟铳手

第2队：此队在船以长枪手4名管佛郎机2门。牌手管投掷镖枪，仍用藤牌。射手仍用射。钯手贼远射火箭，贼近举喷筒。队长习用火桶。

队长	藤牌手	长枪手	长枪手	射手	镗钯兼火箭
	藤牌手	长枪手	长枪手	射手	镗钯兼火箭

第3队：此队在船以长枪手4名管百子铳2门。牌手管投掷镖枪，仍用藤牌。射手仍用射。钯手贼远射火箭，贼近举喷筒。队长习用火桶。

队长	藤牌手	长枪手	长枪手	射手	镗钯兼火箭
	藤牌手	长枪手	长枪手	射手	镗钯兼火箭

第4队：此队在船以长枪手4名管佛郎机2门。牌手管投掷镖枪，仍用藤牌。射手仍用射。钯手贼远射火箭，贼近举喷筒。队长习用火桶。

队长	藤牌手	长枪手	长枪手	射手	镗钯兼火箭
	藤牌手	长枪手	长枪手	射手	镗钯兼火箭

第5队：此队在船以长枪手4名管百子铳2门。牌手管投掷镖枪，仍用藤牌。射手仍用射。钯手贼远射火箭，贼近举喷筒。队长习用火桶。

队长	藤牌手	长枪手	长枪手	射手	镗钯兼火箭
	藤牌手	长枪手	长枪手	射手	镗钯兼火箭

三号船所配备军火器械

火器		
种类	数量	配件、弹、药等
无敌神飞砲	1	子砲3门，火药54斤，火绳3条，小铁子1800丸，计重112斤8两，合口大石子9丸，木榔头1把，木送1件，药线正副18条，细19升。
佛郎机	5	每门子铳9门，共45门，火药225斤，火绳15条，铅子450丸，计重140斤10两。
百子铳	4	火药48斤，火绳12条，大铅子96丸，计重180斤，小铁子4800丸，计重150斤。

鸟铳	12	火药67斤8两，火绳36条，铅子3600丸，计重67斤8两。
火桶	20	粗厚碗每桶1只，共计20只。木炭每碗2两，备耗2两，共5斤。
喷筒	20	
神机箭	300	

冷兵器			

近战兵器

藤牌12面	钩镰刀6把	长竹枪20支	
腰刀12把	撩钩4把	过船长竹枪10支	

远射兵器

镖枪600支	角弓6张，箭180支	铁蒺藜800个	

　　四号船：船上总共配备57人。其中捕盗1名、家丁1名、舵工2名、斗手2名、缭手2名、碇手2名、神器手2名、掌号1名。此外还有士兵4队，每队设队长1名、士兵10名，共4位队长、40名士兵。下面为各个小队的人员配置：

第1队：此队在船始终用鸟铳，队长习用火桶。

队长	鸟铳手	鸟铳手	鸟铳手	鸟铳手	鸟铳手
	鸟铳手	鸟铳手	鸟铳手	鸟铳手	鸟铳手

第2队：此队在船以长枪手4名管佛郎机2门。牌手管投掷镖枪，仍用藤牌。射手仍用射。钯手贼远射火箭，贼近举喷筒。队长习用火桶。

队长	藤牌手	长枪手	长枪手	射手	镋钯兼火箭
	藤牌手	长枪手	长枪手	射手	镋钯兼火箭

第3队：此队在船以长枪手4名管百子铳2门。牌手管投掷镖枪，仍用藤牌。射手仍用射。钯手贼远射火箭，贼近举喷筒。队长习用火桶。

队长	藤牌手	长枪手	长枪手	射手	镋钯兼火箭
	藤牌手	长枪手	长枪手	射手	镋钯兼火箭

第4队：此队在船以长枪手4名管佛郎机2门。牌手管投掷镖枪，仍用藤牌。射手仍用射。钯手贼远射火箭，贼近举喷筒。队长习用火桶。

队长	藤牌手	长枪手	长枪手	射手	镋钯兼火箭
	藤牌手	长枪手	长枪手	射手	镋钯兼火箭

四号船所配备军火器械

火器		
种类	**数量**	**配件、弹、药等**
无敌神飞砲	1	子砲3门，火药54斤，火绳3条，小铁子1800丸，计重112斤8两。合口大石子9丸，木榔头1把，木送1件，药线正副18条，细土9升。
佛郎机	4	每门子铳9门，共36门，火药180斤，火绳12条，铅子360丸，计重112斤8两。
百子铳	4	火药48斤，火绳12条，大铅子96丸，计重180斤，小铁子4800丸，计重150斤。
鸟铳	12	火药56斤4两，火绳30条，铅子300丸，计重56斤4两。
火桶	20	粗厚碗每桶1只，共计20只。木炭每碗2两，备耗2两，共5斤。
喷筒	10	
神机箭	200	
冷兵器		
近战兵器		
藤牌10面	钩镰刀2把	长竹枪10支	
腰刀10把	撩钩2把	过船长竹枪10支	
远射兵器		
镖枪500支	角弓6张，箭180支	铁蒺藜800个	

五号船：船上总共配备44人。其中捕盗1名、家丁1名、舵工2名、缭手1名、碇手1名、招手1名、掌号1名。此外还有士兵3队，每队设队长1名、士兵10名，共33人。下面为各个小队的人员配置：

第1队：此队在船始终用鸟铳，队长习用火桶。

队长	鸟铳手	鸟铳手	鸟铳手	鸟铳手	鸟铳手
	鸟铳手	鸟铳手	鸟铳手	鸟铳手	鸟铳手

第2队：此队在船以长枪手4名管佛郎机2门。牌手管投掷镖枪，仍用藤牌。射手仍用射。钯手贼远射火箭，贼近举喷筒。队长习用火桶。

队长	藤牌手	长枪手	长枪手	射手	镗钯兼火箭
	藤牌手	长枪手	长枪手	射手	镗钯兼火箭

第3队：此队在船以长枪手4名管百子铳2门。牌手管投掷镖枪，仍用藤牌。射手仍用射。钯手贼远射火箭，贼近举喷筒。队长习用火桶。

队长	藤牌手	长枪手	长枪手	射手	镗钯兼火箭
	藤牌手	长枪手	长枪手	射手	镗钯兼火箭

五号船所配备军火器械

火器		
种类	**数量**	**配件、弹、药等**
佛郎机	3	每门子铳9门，共27门，火药135斤，火绳9条，铅子270丸，计重84斤6两。
百子铳	2	火药24斤，火绳6条，大铅48丸，计重90斤，小铁子2400丸，计重75斤。
鸟铳	8	火药45斤，火绳24条，铅子2400丸，计重45斤。
喷筒	10	
神机箭	100	
冷兵器		
近战兵器		
藤牌10面	钩镰刀2把	长竹枪10支	罟网①120手
腰刀10把	撩钩2把	过船长竹枪10支	
远射兵器		
镖枪400支	铁蒺藜800个		

六号船：船上总共配备29人。其中捕盗1名、家丁1名、舵工1名、缭手1名、碇手1名、招手1名、掌号1名。此外还有士兵2队，每队设队长1名、士兵10名，共22人。下面为各个小队的人员配置：

第1队：此队在船以长枪手4名管佛郎机1门、百子铳2门。牌手管投掷镖枪，仍用藤牌。射手仍用射。钯手贼远射火箭，贼近举喷筒。队长习用火桶。

队长	藤牌手	长枪手	长枪手	射手	镗钯兼火箭
	藤牌手	长枪手	长枪手	射手	镗钯兼火箭

---

① 罟网即渔网，挂在船边以防敌人跳入。

第2队：此队在船以长枪手4名专放鸟铳。牌手管投掷镖枪，仍用藤牌。射手仍用射。钯手贼远射火箭，贼近举喷筒。队长习用火桶。

队长	藤牌手	长枪手	长枪手	射手	镗钯兼火箭
	藤牌手	长枪手	长枪手	射手	镗钯兼火箭

六号船所配备军火器械

火器		
种类	数量	配件、弹、药等
佛郎机	3	每门子铳9门，共27门，火药135斤，火绳9条，铅子270丸，计重84斤6两。
百子铳	1	火药12斤，火绳3条，大铅子24丸，计重45五斤，小铁子1200丸，计重37斤8两。
鸟铳	6	火药33斤12两，火绳18条，铅子1800丸。
喷筒	8	
神机箭	100	
冷兵器		
近战兵器		
藤牌10面	钩镰刀2把	长竹枪10支	罟网50手
腰刀10把	撩钩2把	过船长竹枪10支	
远射兵器		
镖枪200支	铁蒺藜800个		

七号、八号船：每船舵工1名，即兼捕盗之政。家丁1名、缭手1名、守船1名、兵1队，大约不出20名。与上述一至六号船不同，七、八号船是叭喇唬船等小型划桨船，行军时照此人数，临战时需要从大船上抽调40人。每人1桨1鸟铳，帮驾对敌。下面为各个小队的人员配置：

第1队：此队在船以长枪手4名兼鸟铳手。牌手管投掷镖枪，仍用藤牌。射手仍用射。钯手贼远射火箭，贼近举喷筒。舵工习用火桶。

舵工兼捕盗	藤牌手	长枪手	长枪手	射手	镗钯兼火箭
	藤牌手	长枪手	长枪手	射手	镗钯兼火箭

七号、八号船所配备军火器械

火器		
种类	数量	配件、弹、药等
佛郎机	1	每门子铳9门，火药45斤，火绳3条，铅子90丸，计重28斤2两。
鸟铳六门	6	火药33斤12两，火绳18条，铅子1800丸，计重33斤12两。
喷筒	4	
火箭	100	
冷兵器		
近战兵器		
腰刀4把	藤牌8面	长竹枪4支
远射兵器		
药弩4张、箭100支	镖枪40支	灰罐30个	烟罐60个

综合上述材料可以看出，虽然船只分为一至八号，但其实船上的队伍分类只有两种：一种为鸟铳队，此队由1名队长与10名鸟铳手组成，共11人。队长负责用火桶，队员专管打放鸟铳。一种为杀手队，此队由1名队长、2名藤牌手、4名长枪手、2名射手、2名镋钯手组成，共11人。敌人距离远时，4名长枪手负责打放佛郎机、百子铳、鸟铳等火器，2名镋钯手点放火箭。不同大小的船只，其船上的人员配置也只是将这两种队伍人数加减，所以船上负责作战的士兵永远是11的倍数。如一号船上配备士兵8队共88人，其中有2支鸟铳队与6支杀手队，二号船上则配备士兵6队共66人，其中有2支鸟铳队与4支杀手队。其余的船只也与此类似，都是由不同数量的鸟铳队与杀手队组成。

当敌人靠近时，藤牌手负责投掷镖枪，射手负责用弓弩射击，镋钯手则点放喷筒。最终到接舷战时，藤牌手用腰刀与藤牌，长枪手用长枪，镋钯手用镋钯，与敌人展开白刃战。《纪效新书》中还记录了当时训练的方法："贼船约在二百步内，举号砲一声，喇叭吹天鹅声，先举郎机、鸟铳俱不用铅子，火箭另做小起火代用，分班打射。再近，三十步内，举号砲一声，喇叭吹天鹅声，鸣锣击鼓，放喷筒、射镖枪兼毒弩与铳矢齐发，喷筒只放一个，镖枪取干柴、木棍、荆枝极贱者代之，量用十余支。弓张空势，铳无铅子，再近船边，船上用火桶、喷筒及掷滑湿之物，上斗，上船尾者用犁头镖掷贼舟，镖用细竹木以纸绵缠其顶代之，庶免伤人。火桶用空木桶以一细长绳悬之系于船女墙，掷下，战毕又可取回，不为漂流。火箭如前，用起火小镖，用小细竹纸裹头代之。"由此可以看出当时明军水师各种兵器的接战顺序：当贼船距离己船300米内时，发射郎机、鸟铳、火箭；再近至离己船45米时，镖枪、弓弩等铳矢齐发；当两船接舷时，在斗上和船尾的士兵用犁头镖投掷敌舟。

在规范完船只的型号与人员后，戚继光又将水战中所用的火器进行创新、改进，并将其标准化。将明代中期的将军炮改造成"无敌神飞炮"，将虎蹲炮装备到船上并改称为"百子铳"。其中神飞炮是专门针对水战中缺少大型火炮的情况而制造的。当时明军火器中大型火炮只有将军炮与发熕炮，这两种火炮都有各自的缺点，并不适合作为战船的舰载炮。戚继光在《纪效新书》中写道："国制大二三将军，试放多炸破伤人，虽制造欠精，亦放之无法，用药太多，土石筑之，将药结实，内无转力，遂乃横攻。今须用药仅约至大腹之半，木马长三寸，下至药上，虚其内二三寸，使药有转旋之空，上用一窝蜂大小子数百，外用一合口大石子压之，若无大石子压口，小子如栗，出口便落，不能远中，惟其腹之虚也，故火发向虚，一攻而出则不横及矣。但此器发后要取起直立，再装，一不便也；一二三发后，体热铜软，再发必碎，二不便也。只可守城以御聚攻。发熕等器，传自番夷，体重千余斤，船内狭窄，身长殆丈，难于装药，预装则日久必结，临时装则势有不及，一发之后再不敢入药，又直起不得，转身不得，非数十人莫举，船中无地可措。而番贼每将船帆用蕉叶盖浸，船上覆以沙，火箭不能燃，火器不能焚。"

针对上述问题，戚继光将明代前期的前装将军炮改为后装，型似佛郎机。无敌神飞炮相对于明代传统的火炮好处有四：一、其子铳以熟铁锻造而成，不易炸裂；二、装药时只需将子铳取出并换上新的子铳，不需要动及炮身，便利快捷，只

◀ 大将军炮，采自《四镇三关志》之《建置》

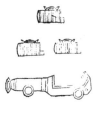
◀ 《纪效新书》中所绘无敌神飞炮

需1~2人就可以操作；三、铳上设有准星、照门，方便瞄准；四、母铳乘坚木小车或铳床，放炮时可以减轻后坐力，也可以使母铳转移更加方便。《纪效新书》中载："无敌神飞炮体若佛郎机，亦用子铳三个，轻可移动，且预为装顿。临时，只将大母体按照高下，再不取起，只是入子铳发之。发毕，随用一人之力，可以取出，又入一子。每铳一发一二百子，击宽二十余丈。大子可以洞堵，艨艟巨舰一击而粉。"

无敌神飞炮的作战对象是敌人的大型船只，戚继光说："舟中木力有限，器大势重，缘用此为击碎贼舟，非欲只伤单人也，可以不用小子，只用合口大石子一丸，且力轻而不振我舟也。"按戚继光所说，神飞炮在船上使用时，多只针对敌方船只，可以使用大石一丸，并不使用散弹，这样做不仅可以增加大石子的威力，还可以减轻火炮后坐力对船只的伤害。

针对敌船上的敌人，戚继光还创制了百子铳。嘉靖时，百子铳即指虎蹲炮。虎蹲炮形似猛虎蹲坐，因形得名。戚继光在沿海抗倭时，发现明朝的传统火器并不适合南方战场环境，而新制的鸟铳虽准，但力小，难以防御敌方大队；佛郎机虽利，但铁重难行，而南方又多丘陵、稻田并且缺少马骡，难以机动。因此，戚继光新制虎蹲炮，长2尺、重36斤，口容百子，前有两爪，放炮时将其钉到地上，以防炮身因后坐力而后跃。虎蹲炮的重量轻，适合在南方多稻田的战场环境中机动。而且虎蹲炮口容百子，"一发横去数丈"，可以阻止大队敌人冲锋，压制敌人士气。虎蹲炮还可以置于舟上，在船边女墙木上"开眼"，将铳架插入其中，并安机使其可以转动，用以射击敌方船上人员。日本学者有马成甫还藏有虎蹲炮的实物，此炮长53厘米、口径4厘米，铭"崇祯四年十月虎蹲炮第二十位重四十九斤足重四斤六两"。

在水战中，百子铳专门用以攻击敌船上的人员，并不针对敌方船只。百子铳可以与神飞炮相配合，对敌船及船上的人员进行全方位的打击。

除了创制新火器外，这时的明军逐渐将弹药与发射药定量化，每一次火炮发射所需的弹药与火药均为"一出"，发射时只需要将一出的弹药和一出的火药送进炮膛即可。这样做可以避免在火炮发射时，士兵因忙乱多装或少装药。多装药可能使火炮炸膛，少装则使火炮的威力与射程降低。

▲ 崇祯四年（1631年）的虎蹲炮

三、大倭乱的终结

经过胡宗宪、谭纶等人对沿海海防的整顿，戚继光、俞大猷等将领编练舟师、制造火器，明军实力得到大幅增强。到了隆庆年间，沿海的倭寇基本被剿灭，残余的倭寇与海盗投奔了当时最大的海盗集团头目——吴平。

海盗吴平，福建诏安县四都人，嘉靖年间与倭寇相互勾结横行于福建、广东沿海地方，汪直、徐海覆灭后，其势力最大，号令群盗。《诏安县志》载：

> 剧贼吴平，四都人。为人短小精悍，有智略，为儿与群儿牧，即部署诸将皆如法，群儿已号畏服之，往往多奇异。已为人家奴，厌之，去为盗。盗掠其主人，德主人翁善遇之；其母尝苦平，平令贼以水壶系其两乳，令裸身磨米，身动则水摇，以为乐。
>
> 平既为盗，不肯居人下。先后巨贼如许朝光、林道乾、曾一本皆骁勇，胆力过人，然必推平，平亦偃然居群贼上。

从上述资料可以看出，吴平为人短小精悍，自幼聪明好兵，长大后曾为人家奴，后出海为寇，并劫掠、报复曾经欺负自己的主母。出海为盗后，吴平不甘居于人下。与之同时的海盗头目许朝光、林道乾、曾一本等人，皆骁勇善战，胆力过人，但谋略却不如吴平，于是共推吴平为首领。

吴平出海为盗时，手下不过数十人，只能先跟随倭寇，劫掠广、潮等地，后入侵闽地的倭寇被明军击败，吴平于是勾结党羽自立，并统领倭寇的残党，"自潮城渡江劫掠而上，设三城海上，纵横南澳、浯屿间"。嘉靖四十一年（1562年）六月，吴平率船队攻诏安县，陷悬钟所城，俘捉百户罗伦等人，杀千户周华。四十三年（1564年）吴平带领残存的倭寇劫掠惠州海丰县，转攻潮阳县（今朝阳市），攻陷神山、古埕诸村。又流窜劫掠惠来、扎蕨、竹埔、双溪，与降贼黄真合谋夜袭县城，被巡检朱景击败，吴平逃走。当时吴平所过之处，皆焚掠一空。

十一月，广东总兵俞大猷在潮州招抚吴平，让他"剿倭赎罪"，但吴平借招抚之机，占据福建诏安县梅岭堡。

梅岭辖属吴平家乡四都，地处诏安海湾西北，为漳州海船出洋"通番"海口，随着走私贸易的发展，梅岭逐渐成为一个走私港口。而且梅岭的地势险要，"岭径数十里，四面环水，有二口通大海，仅容两舟。内有三土城相连"，可谓"进可攻，退可守"。吴平在此地创立武场，日习兵事，造舰船数百艘，泊在港中。聚众万余，名为归顺，实则招纳亡命之徒为己效力。梅岭逐渐成为一个规模庞大的海盗基地，以至于当时漳、潮的"乱民""土贼"纷纷归附吴平，并屯居梅岭。又有土贼江潮、林田等率千余人至诏安土桥，欲归附吴平。

明廷见吴平在海上势力日盛，急令江、广、闽三镇抚与俞大猷会剿吴平。

福建巡抚汪道昆檄令总兵戚继光统领官兵攻剿吴平。戚继光进驻漳平，派人到梅岭传话，要吴平追捕逃入诏安深山的残倭，并缚送土贼林田。吴平按照戚继光的要求，捕缚了林田，并将逃入山林的残倭抓获，解送倭寇20人赴俞大猷军营，解送倭寇79人赴戚继光军营。戚继光见吴平虽然协助追剿残倭，但其不肯"束身投诚"，便与俞大猷相约出兵，联合进攻梅岭。吴平得知消息后，率众转移到了南澳。据《明经世文编》载："近年海贼吴平曾据以叛，造居室，起敌楼，于娘娘宫澳之前，泊艨艟巨舰于澳前深处，我师攻之不克。"吴平占据南澳时，共有舰船400艘，贼徒万余人，"结巢于海盗深澳，半在寨，半在船"，随时可以迎战官兵或出逃。

嘉靖四十四年（1565年）初，吴平率众南攻广东梅州；六月，出动舰船百余艘、部众万余，攻诏安县。戚继光命都司傅应嘉及把总朱机、协总王豪统领舟师分泊悬钟澳等处。正当官兵要出之时，吴平率海贼舰队赶来，围官军数重，傅应嘉退回铜山，吴平率众冲入悬钟澳，房获官军战船13艘。经此一战，吴平势力大增。

八月，戚继光进入诏安地区，准备攻打南澳，下令征调近海民船，以充当运兵船。并亲自统领官兵渡海抵达南澳岛，命令官兵载石填塞港口，并调战船环烈屿、宰猪、大沙等澳，对南澳岛进行封锁、围困，切断吴平的海上退路，准备独立进攻。戚继光选择离吴平老营约30里，海滩平坦，容易登陆的龙眼沙作为登陆地点，兵分三路，同时登陆，每路又分正兵和奇兵，另设"老营"以督后阵。

九月二十二日，戚继光派兵在龙眼沙登陆成功。立即树栅立营，建立滩头据点。吴平趁明军登岸立足未稳，派兵2000人设伏，以小股部队诱战。但戚继光深知海盗善于伏击，击退小股敌人后并未追击。二十五日，吴平主动进攻龙眼沙。戚继光一面率军迎战，一面在阵前发放"胁从、弃刃不死之檄"的劝降檄文，吴平的党羽纷纷弃械投降，部队陷入混乱，戚继光军趁势猛攻。此时，俞大猷从广东统领舟师兵船300艘赶至南澳岛，两军会师，声威大振。之所以俞大猷比戚继光晚了1个月左右，这是因为闽居东北，广居西南，而吴平作乱的地方潮州在闽广的交界处，在风帆时代，风向的顺逆决定了其航行速度，如果在"闽省发舟，东北风便，不数日可抵于潮"，而"广省舟师，自西南来，逆风而行，须月余乃可到"。吴平见俞大猷到来后明军的攻势凶猛，遂退隐深林，伺机逃跑。十月初四，戚继光、俞大猷两军水陆夹击南澳岛，由俞大猷率水兵攻占各澳口。戚继光率领官军从宰猪澳驶向云澳，分三路发动攻击，直捣吴平据守的木栅，吴平大败，大多数贼徒未及逃走便被明军斩杀，也有许多贼徒走投无路跳海自杀。剩余的人仓促夺船入海，又遭俞大猷水师打击，仅有残寇800名驾舟40艘出海而逃。据统计，此战明军共俘斩贼寇15000人，漳州人因此有言："俞龙戚虎，杀贼如土。"可见战斗之惨烈。之后，俞大猷、傅应嘉、汤克宽等人又率兵船追击，直至广东雷州、广西廉州一带。嘉靖四十五年（1566年）四月，吴平率残部转至安南万桥山，在此遭到明军夹击，终被歼灭。

吴平败逃后，曾一本收集吴平余众，再据南澳，四出劫掠，官军屡战不敌。隆庆元年（1567年），曾一本聚众数万，出入闽广，大肆劫掠沿海各地，并引倭入寇，范围扩及琼崖、高雷、碣石、大埕等地。此时，曾一本势力庞大，其舰队拥有船只200余艘，贼众万余人，沿海的官兵无法抵挡。

隆庆元年（1567年）十一月，对日益猖狂的曾一本，朝廷下令，命福建、广东、广西三省对其进行围剿。这次会剿，明军投入的兵力非常多，为郑和下西洋后最大一次，三省水师战船总共400余艘。其中福建水师由总兵李锡率领，统有新造封舟（"册封琉球过洋极大巨舰"）24艘、大福船80艘、龙艚快船50艘，共战船154艘。俞大猷所统率广西水师有大福船40艘、冬仔船40艘、哨船20艘，共战船100艘。广东总兵郭成、参将王诏率领的广东水师，共大乌船70艘，加上中小型船100艘，共战船170艘。

三支水师中，福建水师战力最强，拥有面阔4丈（排水量可能在千吨以上）的封舟24艘、大福船80艘（排水量在四五百吨上下）、龙艚快船50艘，其中封舟的体型最大，桅杆高达18丈（56米），船长可能在18丈左右，船宽达到了4丈（12.5米），排水量可能在千吨以上。船上的军械十分完备。虽然并无资料直接记载李锡舰队中封舟所配的军械种类和数量，但是我们可以通过万历年间萧崇业的《使琉球录》一书一窥封舟的武备军械："过海防船器械，旧规佛朗机铳二十门、鸟铳一百门、碗口铳十门、袖铳六十门、藤牌二百面、长枪六十支、镖枪一千支、铁甲一百副、盔一百顶、腰刀三百把。"

萧崇业初使琉球的时间是万历七年（1579年），最近制造的封舟就是隆庆时李锡在福建所造的封舟。萧崇业所提及的关于过海防船器械的"旧规"，很有可能指的就是李锡当年征曾一本时的规定。从"旧规"中我们可以看出，封舟的武备要高于当时明军的其他战船，火力也比福船、海沧等战船强上许多，配备的佛朗机铳就达20门，而当时的福船上只配有数门佛郎机；鸟铳也达100门，而即使非常重视战船火力的戚继光，在其水师中的大福船上也只配备了60门鸟铳。除火器外，配备的冷兵器有藤牌200面、长枪60支、镖枪1000支、铁甲100副、盔100顶、腰刀300把，再加上每艘战船上载有220名士兵，其接弦战也丝毫不弱于其他战船（这是因为在当时接弦战中，双方战力的强弱很大程度取决于船只大小、武器装备与人员数量，封舟的体型要比福船大，武器与人员也比福船多，在当时的福船上一般只配备数十名或百余名士兵，而封舟却配备了220名，所以在接弦战中，封舟在当时明军水师中战力也是一等一的）。

在李锡的舰队中，战力在封舟之下的，依次为福船及龙艚快船。其中舰队中福船的武备并没有资料记载，如果按照当时福船的一般配置而言，应有6~8门的佛郎机铳和数十门鸟铳，再加上长枪、镖枪等冷兵器。龙艚快船所指的其实是快船、八桨船之类的小型桨帆船，一般用于载放发熕铳，之所以这样是因为这些船只体型较为低矮，不用调整太大的角度就可以击中敌人大型船只的水线部分。当时的福建巡抚徐泽民还记载了八桨船的炮床："以八桨载放发熕，铺泥于底，实糠泥上，以长木冒船舱为筏，施于糠上，前后即置栏格，护以牢索，筏上置坚木熕床，要之床与筏固，筏与船固。"

在战斗时，明军一般将舰队中最大的船只——封舟置于舰队的最前方作为先锋，冲犁贼船，为此在制造封舟时，还特地为封舟包裹铁甲以增强封舟的坚固程度。而福船、龙艚快船等较小型的船只则为舰队两翼，负责包抄、追击敌人。

战力在李锡舰队之下的，则为俞大猷率领的广西水师。该部队虽然是隶属于广西省的水师，但兵船均是在福建建造的，士兵也是在福建招募的闽兵。与李锡的舰队不同，俞大猷的舰队由福船与冬仔船组成，其中福船面阔3丈的15艘、面阔2丈8尺的25艘，冬仔船面阔2丈2尺的15艘、2丈的15艘、1丈8尺的20艘（冬仔船总共预计建造50艘，后减去10艘，实际建造40艘）。

俞大猷舰队中的福船与冬仔船的武备，在其所著的《洗海近事》中有详细记载。

《洗海近事》记载的福船与冬仔船的武备

面阔 3 丈福船武备			
火器			
种类	数量	配件、弹、药等	
100 斤级佛郎机铳	8	每门子铳 6 件、铅子 800 斤、硝 6 担、磺 120 斤	
鸟铳	20	硝 1 担、磺 30 斤	
神机箭	100		
喷筒	30		
冷兵器			
近战兵器			
藤牌 60 面	透甲枪 40 支	竹篙枪 60 支	钩镰枪 20 支
斩刀 20 柄	撩钩 10 支	割缭刀 10 柄	
远射兵器			
梨头标 30 支	镖枪 1500 支		

面阔 2.8 丈福船武备			
火器			
种类	数量	配件、弹、药等	
100 斤级佛郎机铳	8	每门子铳 6 件、铅子 800 斤、硝 6 担、磺 120 斤	
鸟铳	20	硝 1 担、磺 30 斤	
神机箭	100		
喷筒	30		
冷兵器			
近战兵器			
藤牌 50 面	透甲枪 40 支	竹篙枪 60 支	斩斧 20 柄
斩刀 20 柄	割缭刀 10 柄	撩钩 10 支	
远射兵器			
镖枪 1000 支			

面阔 2.2 丈冬仔船武备		
火器		
种类	数量	配件、弹、药等
100 斤级佛郎机铳	6	每门子铳 6 件、铅子 600 斤、硝 4 担、磺 110 斤
鸟铳	16	
神机箭	80	

喷筒	20	

冷兵器			
近战兵器			
藤牌 30 面	透甲枪 30 支	竹篙枪 40 支	斩斧 12 柄
斩刀 22 柄	割缭刀 10 柄	撩钩 10 支	
远射兵器			
镖枪 800 支			

面阔 2 丈冬仔船武备

火器		
种类	数量	配件、弹、药等
100 斤级佛郎机铳	4	每门子铳 6 件、铅子 500 斤、硝 4 担、磺 80 斤
鸟铳	16	
神机箭	40	
喷筒	15	

冷兵器			
近战兵器			
藤牌 26 面	透甲枪 30 支	竹篙枪 30 支	斩斧 10 柄
斩刀 10 柄	割缭刀 10 柄	撩钩 8 支	
远射兵器			
镖枪 600 支			

面阔 1.8 丈冬仔船武备

火器		
种类	数量	配件、弹、药等
450 斤级生铁发熕	1	只用大石子,硝 4 担、磺 70 斤
100 斤级佛郎机铳	4	每门子铳 6 件、铅子 500 斤、硝 4 担、磺 80 斤
鸟铳	14	
神机箭	40	
喷筒	10	

冷兵器			
近战兵器			
藤牌 22 面	透甲枪 25 支	竹篙枪 25 支	斩斧 8 柄
斩刀 8 柄	割缭刀 8 柄	撩钩 10 支	
远射兵器			
镖枪 400 支			

我们从上面几个表可以看出，俞大猷的福船配备火器较少，只配有佛郎机8门、鸟铳20门以及少许的神机箭和喷筒，虽然其战略思想以"以大船胜小船，以多铳胜寡铳"著称，但其福船上装备的火器远不如戚继光（戚继光福船比俞大猷多装备了2门重千余斤的神飞炮与6门百子铳），而其战船上所配备的冷兵器却要比戚继光所部福船上要多。这是因为当时明政府的重金砸在了李锡所率的福建水师上，相对于福建，拨给时任广西总兵俞大猷的造船经费就显得捉襟见肘了，俞大猷不得已只能采取妥协的办法，削减火器的数量，增加冷兵器的数量（施放火器需要大量的火药和铅弹，所需经费要比传统的弓箭、镖枪高上许多）。

三支水师当中最弱的，当属广东总兵郭成、参将王诏率领的广东水师，虽然其船大、量多，但是船上的军械武备不足，且士兵多是民兵，缺乏训练，战力低下。俞大猷在其《洗海近事》中也记载了这种情况："王诏议造大乌船七十支，今又加中小船，凑共一百七十支，其势亦不为不厚。但彼船虽大且多，彼军器甚少，兵甚弱。"

隆庆三年（1569年）三月，李锡与俞大猷准备在浯屿合营，但因逆风不便，只能停靠在铜山港等待东南季风的到来。六月四日，曾一本见明军屯在港口，率大船50艘、小船50艘，直冲港内的明军战船。但此时明军的封舟停泊在港口，封舟的体型庞大，排水量达到千余吨，并且船外包裹铁甲，而这时曾一本最大的船只为乌船，虽然对上福船不一定有事，但如果对上这种巨舰便无可奈何了。曾一本用乌船等袭击港口，也正应了福建巡抚徐泽民以巨舰（封舟）制乌船的策略，即："乌船高大坚固，边施横梁，旋逼福船，动为所碎击。此之法量度彼制更为高大坚固巨舰以制之前后左右，施枝柱撞梁，边列拍竿，船高大则能俯瞰而骑犁，船坚固则遇挨磕而不坏，旁有枝柱撞梁，则旋转可碎彼舟，而贼舟不得近。边施拍竿，则一经敌舟，转机放发，足以粉敌舟而糜敌骨。贼之乌船，不足虑也。"

巨舰（封舟）"器械俱备"，火器众多，福建水师光火药就有9万余斤（约合50余吨），各种火器居高临下地发射，曾一本损失惨重。这时，在内港的俞大猷率舰队摇橹逆流而上，支援李锡的舰队，本来就不占上风的曾一本，面对李锡与俞大猷的合力围捕，大败而逃，部众死伤千余人，头目死伤过半，只能趁着潮水退却的时候脱身。

六月十二日，李锡与俞大猷的联军追至柘林，明军的船队直冲入港，曾一本大败，其贼徒死伤溺水者不计其数。李、俞两军四散追敌，总共斩首贼徒约600人。曾一本原本百余艘战船的舰队，被明军击沉、焚沉，只存大中型船只10艘、小船

20 艘，驶出外洋，天晚后逃入莲澳。

六月十八日，明军开始进攻莲澳，但因无风，明军只好摇橹攻打敌船，血战一整天，但在与贼的接舷战中，并没有夺获贼船。不得已，明军只好用火器击沉、焚沉敌船（当时的军功是按所获敌人首级的多少来确定的，因此明军在海战中偏好通过接舷战来夺获敌人船只，如果用火器将敌船击沉或焚毁，那么敌人的尸体也会随船只烧毁或沉入海底，这样的话就无法获得相应的军功和赏银了）。经过这三场战斗后，曾一本的贼徒已经死去四分之三，头目无一存。

六月二十四、二十五日，广东总兵郭宝山、参将王诏率水师赶来。六月二十六日与贼交战，郭宝山、王诏率广东水师分为三哨，向曾一本的舰队进攻。曾一本驾大舟力战，被明军以大炮将其舟击沉。最后明军生擒曾一本及其妻郑氏并族党，斩首五百余级。

曾一本在与明军的交战中犯了一个致命的错误，即以乌船等船主动进攻停泊在港口的明军舰队。这样的做法抛弃了乌船的机动优势，反而让明军笨重的封舟可在港口"守株待兔"，使得明军封舟体型大、火力强的优势得以充分发挥。俞大猷曾评价此战："巨舰据港，贼船冲入就之，诸色长技得施，贼乃大败。若先出港与贼战，巨舰无风难行，其事未可知也。"

曾一本伏诛后，沿海的大型倭乱彻底平息，但海盗与倭寇并未尽绝。隆庆开海后，随着海外贸易的兴起，下洋船只不断增多，海贼已经不再频繁上岸进攻城池或村庄，转而将目标锁定为海上的贸易商船。

另外，虽然大倭乱平息，但一场与倭寇有关的大战却在二十多年后爆发在明朝的藩属国朝鲜的国土上，明军作为主力军队参加了这场抵抗侵略的战争，一场明军水师大显神威且足以影响巨大的大海战——露梁海战即将爆发。

四、露梁海战

露梁海战作为一场明朝水师抗日援朝的海外战争，其背景还得从发动战争的日本侵略者说起。

万历十年（日本天正十年，1582 年），日本发生"本能寺之变"，不久之后，丰臣秀吉接替织田信长，成为织田氏实际上的掌权者。万历十五年（天正十五年，1587 年），丰臣秀吉征服日本九州，统一日本。他企图以九州为基地，首先征服朝鲜，进而征服中国。为此，丰臣秀吉还特地向海盗汪直的遗党询问当时中国的情况。据朝鲜《宣祖修正实录》记载："琉球国遣僧入贡，关白（丰臣秀吉）赐金百两，嘱之曰：'吾欲远征大唐，当以汝琉球国为引导。'既而召曩时汪五峰（汪直）之党问之，汪五峰者，以中原人尝导犯江浙者也。对曰：'吾等曾以五百余人自南京劫掠横行，下福建，过一年，全甲而还，唐畏日本如虎，灭大唐如反掌也。'关白曰：'以吾之智，以吾之兵，如大水崩沙，利刃破竹，何城不摧，何国不亡，吾帝大唐矣。'"

听了汪直遗党的回答后，丰臣秀吉信心大增，积极备战，并颁布船舶征发令，在日本各地征召船只和士兵，并联合在日本的基督教势力，以允许传教士到朝鲜、中国传教为条件，换取西洋人的火绳枪、火药等军事物资。此外，在日本从事奴隶贸易的葡萄牙商人也十分支持丰臣秀吉的战争行为，因为随着战国乱世的终结，葡萄牙商人捕获日本奴隶越来越难，他们迫切地希望将朝鲜变为新的奴隶来源地。这些商人向日本人许诺，他们可以用朝鲜战俘来交换硝石、火药等物资。

丰臣秀吉之所以发动侵朝战争，不仅是为了借道朝鲜入侵中国，还有一个非常重要的目的——借战争之机，将日本国内的基督教大名派往战场，通过战争削弱基督教大名的实力。16 世纪末，耶稣会的势力在日本异常庞大，九州的大友宗麟、有马晴信，甚至丰臣秀吉的家臣小西行长、高山右近等都是基督徒。至万历二十年（1592 年）朝鲜战争爆发前夜，在日本的基督徒数量已经达到 20 余万人。基督教所宣扬的教义与丰臣秀吉所宣称的日本为"神国"，推崇"个人神化"格格不入，因此成为丰臣秀吉的心腹大患。

万历二十年（1592 年）三月，丰臣秀吉派十余万大军入侵朝鲜。朝鲜之役正式爆发。丰臣秀吉很快就占领了汉城、开城和平壤，朝鲜危在旦夕。于是朝鲜国王李昖遣使向明朝求援。明朝政府早已看透日本的意图，为御敌于海外，同时拯救处在水深火热中的藩属国，明廷决定发兵援救朝鲜。十二月二十三日，

▲ 明军正在用虎蹲炮轰击平壤的日军

李如松率领明军入朝参战。

早在战争爆发前夜，有关日本的情报就已经传入明朝，明政府便着手在海防方面大规模修整战备，以防御日本人的大举进犯。万历二十年（1592年）正月，明政府调陈璘为神机七营参将，次年，又充任"统领蓟、辽、保定、山东等处防海御倭副总兵"，负责蓟镇、辽东、保定、山东四个地区的海防。

起初陈璘虽然任防海御倭副总兵，但他主要负责防御辽东、山东沿海地区，并无赴援朝鲜的打算。万历二十五年（1597年），明军在朝鲜与日军陷入胶着状态。次年，陈璘被任命为"御倭总兵官"，奉命自广东招募水兵5000人，乘沙船、苍船前往朝鲜战场。

万历二十六年（1598年）四月，陈璘抵达朝鲜水师名将李舜臣据守的古今岛，成功与李舜臣会师。明军水师的到来极大地增强了中朝联军在海上的军事力量。七月，中朝联军便攻下折尔岛，成功将日军围困在蔚山、顺天、泗川等地。八月，丰臣秀吉病死。丰臣秀吉死后，德川家康秘不发丧，于十月下达撤军命令，在朝鲜各地的日军开始准备由海路撤回日本。

陈璘在得知日军要撤退的消息后，将联军的营地从古今岛移至左水营，占领猫岛，封锁光阳湾，并派遣水师在露梁津海峡及其以东海域巡逻，基本控制了朝鲜西南部海域。九月，陈璘与副总兵刘綎商议水陆并进，夹攻曳桥倭城。二十一日，陈璘令全军进攻倭城下的水栅，但刘綎并未出兵。二十二日，陈璘继续进攻，斩获颇多。但这时刘綎刚刚开始制造攻城器械，要等到攻城器械造好之后，才能发动进攻，为此，陈璘等待了数日。十月一日，陈璘终于坐不住了，与刘綎约见，刘綎托词说其云梯、冲车并未造完，且援军未到，要等到万事俱备时再发起进攻。陈璘对此十分气愤，认为大军已经暴露，不如速战，便与刘綎约定十月三日发兵，水陆俱进，水师趁涨潮发起进攻。

十月二日，陈璘便已经开始向日军进攻。三日，陈璘与李舜臣的水师趁涨潮，向日军发起总攻，但刘綎并未如约进攻，只是让军士敲锣打鼓，陈璘在听到鼓噪声后，以为陆军已经开始攻城，进攻更加英勇。此时，李舜臣提醒陈璘潮水将落，但陈璘此时战意正酣，欲杀尽倭寇。不久，潮水退落，明军的沙船、苍船等23艘船均在浅滩搁浅，日军因船只吨位小，所以依然可以在浅滩航行，遂将陈璘率领的明军船队重重包围。此时明军用刀枪下戳，戳死大量的日军。明军同样也损失惨重。直到朝鲜军队在"暗中"用片箭（箭杆比一般的箭短，要用辅助工具发射）射击日军，明军才趁此脱离险境。

因刘綎不出兵而导致军队损失惨重，还险些酿成大祸，陈璘十分恼怒，他冲进刘綎营中，撕毁了刘綎的帅旗，骂刘綎"心肠不美"，认为如果刘綎及时出兵，则倭城可以攻下，水军也不至于损失惨重。此后陈璘便放弃攻城，继续围困日军。

万历二十六年（1598年）十一月十一日，西路日军集结松岛，准备逃脱，但被在猫岛的联军所阻挡。小西行长便在日军中挑选精兵，组成冲锋队，企图强行突围，但均被中朝联军击退。见突围不成，小西行长便向陈璘乞和，被陈璘、李舜臣拒绝。无奈之下，小西行长向岛津义弘求援。岛津义弘率战船500余艘、士兵1万余人，约同附近的日军水师，于十八日夜分头赴援。

中朝联军在侦察到日军的援军后，陈璘决定改变原来的计划，不再围困日军，转而优先进攻援军，派副将邓子龙率兵1000人，乘巨舰3艘，协同李舜臣为前锋，进攻日军。

二十四日，日军舰队在观音浦停泊。陈璘率船队冲进日军战队，与日军进行白刃战。战斗中，日军战船鳞集，包围了李舜臣的座舰。陈璘见李舜臣被围，便换乘朝鲜船，冲入日军的包围圈，奋力救援李舜臣，但日军势众，不久又将陈璘的战船包围。这时，两名日军跳上船头，被明军用镋钯刺中胸膛，跌落水中。陈璘令明军发射火炮，射击船舷两旁的敌舰。日军见此仰放鸟铳，企图攻击船上的明军。陈璘又令明军将身体躲在挨牌之后，等到日军靠近，便起身用长枪俯刺，刺死日军千余人。战斗中陈璘突然鸣金收兵，日军不解，稍稍退后。陈璘命人在船只高处放喷筒点燃日军船只，由于此时正值大风，火势异常猛烈，周围的敌船皆被点燃，大量日军被烧死，海水尽赤。此时，李舜臣成功突围，前来与陈璘会和，在途中射死一名

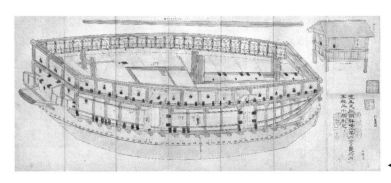

◀ 日本战船

▲ 日军安宅船战朝鲜龟船

▲ 李舜臣之死

金甲倭贼，日军稍退。明军老将邓子龙率壮士200人，登上朝鲜船，奋勇杀敌，其船不幸被其他船所放的火器点燃，日本人趁机登船，邓子龙力战而死。陈璘与李舜臣会和后，令中朝联军发射大炮，轰击倭舰。被炮火覆盖的日军舰队多艘船只沉入海底，日军逐渐失去战斗意志，开始向南方溃逃。李舜臣趁势追击，但被日本人的火绳枪射中胸口，不幸阵亡。临终前李舜臣命令麾下将士秘不发丧，继续追击日军，烧毁倭船200余艘。岛津义弘率领残余倭船百余艘遁入外海，经过中朝联军一天的追击，只剩下50余艘船狼狈逃走，其余倭船均被联军烧毁，万余日军尽数沉入海底。小西行长趁海战之际，率军成功逃脱。至此，露梁海战结束，中朝联军获得大胜。

露梁海战后，陈璘继续追击残存的日军，日军撤退到锦山，坚守不出。不久，日军又渡海躲藏到乙山，乙山悬崖深邃，道路艰险，明朝陆军不敢前进。于是陈璘率部在晚上悄悄潜入，包围了岩洞。等到天亮，火炮齐发，日军惊慌之下逃往后山，陈璘军恶战日军，日军败退，陈璘奋勇追歼，将敌人一网打尽，共斩获1100颗首级。

露梁海战是当时亚洲规模最大的海战，中朝联军成功截击了从朝鲜返回日本的日军，重创了日本的海上力量，为此后的东北亚局势奠定了基础。此战，中朝联军内部虽有矛盾，但不至于不可化解，也没有影响战争最后的胜利。

对海外作战的明军水师而言，露梁海战的胜利得之不易，他们不仅要面对有备而来的强大敌人，还要在异国陌生的土地上作战，这充分显示了明军水师的实力，同时也壮大了明朝水师的声威。

第六章

荷兰人的东来与郑氏的崛起

荷葡间的争斗

　　万历八年（1580 年），葡萄牙被西班牙兼并，西班牙人控制了里斯本的市场，英格兰及反叛的尼德兰商人无法再自由地与葡萄牙人贸易。如果英国人与荷兰人想要取得他们餐桌上的香料和身上所穿的丝绸，那么就必须转向中立的投机者以高价购买或由他们亲自去原产地收购。

　　相对于英国人，荷兰人更早到达东方，16 世纪末便不断地派战船与商船交替前来。万历二十四年（1596 年），荷兰人将葡萄牙人从万丹驱走，抢夺并售卖葡萄牙人的商品。万历三十二年（1604 年），荷兰人首次企图与中国贸易，但被澳门当局阻挠，没有成功。万历三十五年（1607 年）再度尝试也获得了同样的结果。此后，荷兰人转而通过在平户和爪哇的走私商人购买中国的商品。天启二年（1622 年）五月，莱尔森（Cornelis Reijersen）率领舰船 15 艘进攻澳门，但被葡方击退伤亡近 300 人。

▶ *战斗中的荷兰船只*

▲ 荷兰士兵

一、明荷冲突

在进攻澳门失败之后，莱尔森便率领由海船 8 艘和船员 1024 人组成的舰队前往中国。六月，该舰队占领了澎湖岛，并在澎湖筑起了一座城堡，即风柜城。还遣人请求与明朝互市，但因其事先已经占领了澎湖，明朝并未准许其请求。由于企图落空，莱尔森舰队于是驾 5 艘舰船进犯六敖（位置在漳浦附近），被把总刘英用计沉其艇 1 艘，俘斩十余人。之后荷兰人转泊旧浯屿，此地靠近中左所（厦门）。中左所为海澄县的门户，出海的商人聚集于此，荷兰人对此地垂涎已久，加之又有奸民指引，遂于天启二年（1622 年）十二月二十五日以舰船 5 艘突入厦门港，并有士兵百余名乘小舟登岸，枪炮铳弹齐发，朝廷官兵溃散，总兵徐一鸣亲自督战，官兵于是奋勇攻击，荷兰人不敌，暂时撤退。二十六日，荷兰人再次乘舰船 5 艘攻入中左港，将船泊在教场旁边，离城咫尺，官兵潜逃，士民鼠窜，总兵徐一鸣与荷兰人互相炮击至夜里，互有损伤，荷兰人将舰队移至鼓浪屿，抢夺商人财务，焚毁房屋与船只，强掳渔民，明军与其交战，内外夹击，杀其 2 人，其余多被明军所伤。

▲ 在巴达维亚的荷兰船只

荷兰人开始撤退，所过海沧、厦门、鼓浪屿均有明军严加把守。《明熹宗实录》载："皆即时堵截，颇被官兵杀伤，进无所掠，退无所翼。"荷兰人见无机可乘，遂向明朝求和，并释放所掳渔民，再次请求与明朝互市。

荷兰人到来时，还携带着一种新型火器，这种火器源自荷兰，明人称荷兰人为"红夷"，因此称这种新型火器为"红夷炮"，这种火炮是一种前装滑膛炮，与明朝之前的佛郎机、将军炮等火炮相比，有着明显不同。其身常常重达数吨，可发射重10斤甚至20斤以上的实心铁弹。其身型经过巧妙的设计，炮身很长，管壁从炮口到炮尾逐渐加粗，符合火药燃烧时膛压由高到低的原理。在炮身的重心处两侧有圆柱形的炮耳，火炮以此为轴可以调节射角，配合火药用量改变射程。设有准星和照门，可以依照抛物线来计算弹道。这种科学的设计使得红夷炮相对于明朝传统火炮威力更大，射程更远，准确度更高。这种火炮的威力给当时明人留下了深刻的印象，大学士叶向高就说："其人皆深目高鼻，髭发皆红，故称红夷。其所乘舟高大如山，板厚三尺，不畏风涛。巨铳长丈余，一发可二十里，当者糜碎，海上舟师逢之，皆辟易莫敢与鬪（斗）。"

此时在亚洲海域出没的荷兰船只，大者装有7~8门重4000磅左右的大蛇铳（whole-culverin），可发射约18磅重的铁弹，此外，还有十多门重3000磅左右的半蛇铳（demi-culverin）可发射约9磅重的铁弹，以及20余门重3000磅以下的各式火炮；有时还装配重达5000~6000磅的半鸠铳（demi-cannon），可发射约25~30磅重的铁弹。

1623年1月10日，荷兰舰队的指挥官莱尔森在厦门会见总兵徐一鸣，随即与上级商务员Jan van Meldert前往福州，于2月11日面见福建巡抚商周祚，明政府因"盖夷虽无互市之例，而闽商给引贩咬留吧①者，原未尝不与该夷交易"。其大意就是说，虽然当时明朝与荷兰并没有官方贸易，但明政府已经准许明朝民间的商船至咬留吧贸易，并发给其船引（准许出航的凭证），而到达咬留吧的明朝商人已经和荷兰人开始了贸易。所以明政府采取"今计止遵旧例，给发前引原贩彼地旧商，仍往咬留吧市贩，不许在我内地另开互市之名，谕令速离澎湖，扬帆归国"，即遵循旧例，仍然发给去咬留吧和荷兰人做生意的商人船引，但不准许荷兰人在内地互市，令其

---

① 中国人对巴达维亚的旧称，即今雅加达，当时为荷兰的殖民地。

迅速离开澎湖，扬帆归国。

虽然明朝这么要求，但荷兰人的目的在于占领殖民地并独占与中国的贸易，并不想将贸易的利润让给到咬留吧贸易的中国商人，所以，莱尔森声称其并无权做主，遂决定由中方直接派人员与荷兰东印度公司驻巴达维亚的总督交涉。12 月 21 日，千总陈士瑛率领特使船队抵达

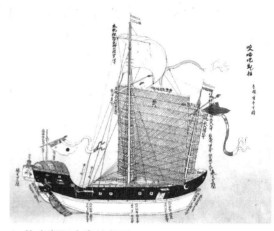

▲ 从咬留吧出发的船只

巴达维亚，与其同行的还有一名叫 Hongsieuson 的低阶官员，《巴城日记》1624 年 4 月 1 日详细记载了此行的经过。摘录如下：

> 福建省巡抚派来巴城面见总督的两位特使黄合兴和陈士瑛被迎接入城，二人均为地方官员。二人后来被引见给总督，恭敬地递交了福建巡抚写给总督的信件。大意是：如果我们有意促进中国与巴达维亚和其他地方的贸易，必须离开中国行政管辖区域，不然后果将不利于巴城。但如撤出澎湖，并对前往巴城的中国人以礼相待，并不再派船来中国，定有无数中国人前去咬留吧贸易。
>
> 此外二人出使巴城，意图是想调查清楚总督是否得到司令官莱尔森在中国沿海所采取的一系列行动的确凿报告，以及上述司令官在中国行政区域澎湖修筑工事是否受命于尊贵的总督先生。接下去他们讲述，司令官如何要求在澎湖进行友好贸易，而中国官员依法拒绝之后（中国法律禁止任何外夷人在中国行政区域驻扎，进行贸易），掳掠并烧毁中国船只，捉走中国无辜百姓，并屡次在中国大陆扫荡。后来司令官亲自到福州与福建巡抚签订停战和约，再次请求在澎湖进行友好贸易，巡抚答应了他的请求，条件是他率船撤离澎湖，到中国行政管辖范围之外驻扎。
>
> 据 1 月 23 日记载，两位使者应邀参加总督的午宴。之后，总督向他们说明，近日内将有两艘海船返回荷兰，因此希望该使节就中国贸易之事提出建议，以禀报荷兰王子。使者向总督先生介绍了司令官莱尔森与前任福建巡抚在何等条

件下达成协议：允许荷兰人在澎湖等待总督的具体指令，期间带领船只到大员（台湾古称）停泊，然后将准许他的人前去与荷兰贸易并提供各种必需品；将禁止船只航往马尼拉；同时将派两名使者前往巴城与总督阁下商谈，就撤离澎湖选择其他贸易地点达成协议，而且补充说，若总督先生愿离开澎湖，可去大员及附近地方驻扎……在这些条件下，中国人将前去与荷兰人贸易并不再航往马尼拉。

总督答复，荷兰并非觊觎澎湖，只为公司在中国沿海船只众多，需要地方停泊，绝非干涉中国行政管辖，仅为要求贸易而派往那里，一旦有其他适合的地方可供驻扎，情愿离开澎湖。这正中使者的下怀，也正是巡抚所要求的。随后，总督向他们讲述，荷兰人在中国沿海已有22年，曾再三要求贸易，而中国官府置之不理，没得到任何收获而被拒之门外。现在，上述荷兰人再次返回中国沿岸，重重地敲打中国的大门，意在使中国人听到我们的要求，准许我们与中国贸易。总督质问中国使者，为何巡抚对莱尔森司令官背信弃义，中国人为何不到大员贸易，更有甚者为何仍发放执照允许船只航往马尼拉和其他地区？中国人回答，上述巡抚和都督均已退职，而新上任的官员必须更严格地处理各种事务，但原因并不在于此；人们不必这样认为，前任巡抚的许诺仍应保持有效并付诸行动，因为上述巡抚做出的决定并非出自他自己的想法，而是受命于或事先禀报皇宫，所以这些决定来自于他的上级。总督先生后来问及，是先开放贸易还是先撤出澎湖，使者认为这不是问题所在，因为如果贸易不开放，荷兰人可重新占据上述岛屿。

总督先生讲，如果中国人先开放贸易，也不会失去任何利益，因为中国人供货，荷兰人出钱。经商定，如果荷兰人占据澎湖不动，中国人仍可禁商以示制裁。使者点头称是，料巡抚也不会有异议，先在另一地点开放贸易，况且中国人没有任何理由另开他径，对中国人来说只能是有大利可图，远比在海上冒险颠簸有利得多，去马尼拉每年至多航行一次，而大员可航行五次，又不必冒很大的风险。两名使者之一说，如果荷兰人今年在马尼拉附近没有截击中国帆船，来年可有10条帆船航来巴城，而今年恐怕只有两三条，因为在马尼拉截船捉人引起了人们的反感。

总之，双方得出结论，一切会更好地继续下去，圆满地达成协议。同时荷兰人向巡抚做出详尽的解释，料想巡抚也会满意，继而开放贸易，特别是在他获悉我们在开放贸易的前提下准备撤出澎湖。

通过《巴城日记》的记载，可以看出荷兰人的主要目的是要垄断中国的对外贸易，并阻止中国的商船航向吕宋。并且哄骗明朝的地方官，以开放贸易"远比在海上冒险颠簸有利得多"的荒唐逻辑，企图让福建巡抚禁止中国商船去海外贸易。这种可笑的逻辑立即遭到明朝使者的反驳："如果荷人今年在马尼拉附近没有截击中国帆船，来年可有 10 条帆船航来巴城，而今年恐怕只有两三条，因为在马尼拉截船捉人引起了人们的反感。"使者道出了荷兰人的海上抢劫行为，直接导致了明朝商船航向巴达维亚的船数减少。

▼ 荷兰东印度公司总部

为了维护主权（因为荷兰人在中国的行政区域澎湖修筑工事）与本国商人的利益，并保护沿海的百姓不被荷兰人劫掠，福建地方最高官员并没有受到荷兰人的影响，依旧禁止所有中国人到澎湖和大员与荷兰人贸易。

荷兰人到中国绝不仅仅为了贸易，更是为了在被入侵国家建殖民地，修筑堡垒。荷兰人急缺劳动力，对此的解决办法就是在殖民地强掳当地的居民充作奴隶。据中国史料记载，红毛夷"掠渔舟六百余，俾华人运石助筑"。这些被荷兰抓走的沿海居民

▲ 卖给荷兰东印度公司的奴隶

结局都非常悲惨，据荷兰人记载："我们在澎湖的人共捉获 1150 名中国人，其中有一半因水土不服和劳累过度而死亡，有 571 人由 Zirickzee 运往巴城，结果 473 人未免厄运，到达这里时只剩 98 人。另有 65 人由饮水中毒而丧生，这一批人最终只有 33 人免于死亡。"

天启三年（1623 年）二月，南居益替代护疆不力的商周祚担任福建巡抚，因"愤红夷之窃据彭（澎）湖，荐食疆土"，遂于八月疏劾分守福建南路副总兵张嘉策："总兵徐一鸣冒矢石督战，中左所副总兵张嘉策闭城自守，不肯应援。身不至海上，诡言红夷恭顺，欺瞒旧抚。"将其革职，并获准起用旧将俞咨皋（俞大猷之子），授予他专剿之责。

十月二十八日，高级商务员佛兰森（Christiaen Fransz）率领海船 Groningen、De Sampson、Muyden 和 Erasrnus 前往漳州湾，并停泊在旧浯屿，新任总兵谢弘仪用计诱其登岸，在厦门"签订协议"，招募敢死之士将下有毒的牛肉、酒送到荷兰人的船上，使之吐泻不止。并用火船将 Muyden 和 Erasrnus 号包围，最终将 Muyden 号焚沉，并

生擒佛兰森等 52 人，斩首 8 人。

天启四年（1624 年），福建巡抚南居益令守备等诸将起航攻澎湖。这时，荷兰人在澎湖所筑的风柜城已经相当完备，是一座方形的堡垒，边长约 48 米，原设计有 4 个棱堡，各架设 6 门大炮（其中 2 门铜炮发射 18lb 铁弹，其他的则发射 6lb 和 12lb 铁弹），但最后则配置了 29 门大炮。除此之外，荷兰人还有停泊在澎湖的舰船 13 艘。其所装备的火炮可能有百门之多，可以说处于进攻方的明军并无什么优势。

天启四年（1624 年）正月初二，明军在镇海港登陆，并垒石筑起一座营堡，以此步步推进。经过多次出击，荷兰人不得不退守风柜城。同月，南居益派遣都司顾思忠率舰队与镇海的明军会合，合力攻打风柜城，但荷兰人依旧坚守。四月，南居益领漳、泉两道明军前去接应澎湖的明军。五月七日，副将俞咨皋、游击刘应龙

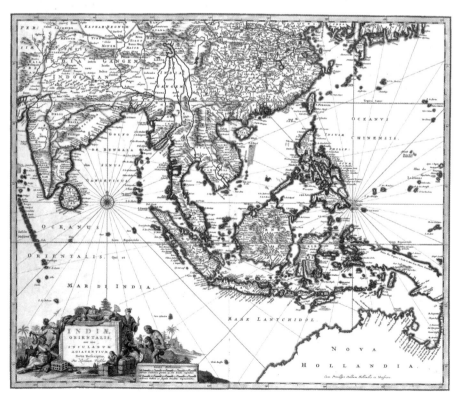

▲ 荷兰亚洲贸易地图

抵达澎湖。五月二十八日，南居益令海道孙国祯督同水标游击刘应龙及澎湖把总洪际元、洪应斗率舰队到达妈祖宫前，观察风柜城的地势，即"相度夷城地势，风柜三面临海，惟峙上屿一线可通"，于是决定在风柜城外挖掘深沟，率先攻打海上的荷兰舰船，最后再进攻风柜城。六月十五日，明军誓师攻城，此时的明军已达3000人。荷兰人担心其掳获的中国商民会成为明军的内应，遂尽数放还。南居益调遣火炮、火药登陆，令守备王萌熊在中墩扎营，并断绝荷兰人的补给线，防备船上的荷兰人登岸，并用火炮轰击风柜城及海上的荷兰船只。又令把总洪际元等将兵船停泊在镇海营前面的洋面，直逼荷兰的舰船。七月二日，荷兰人由于饮用水被明军切断，遂派通事去镇海营求明军网开一面，孙海道同刘游击则斥责荷人，并催促其"速还信地，迟则攻剿无遗"。三日，明军兵分三路，直逼风柜城。荷兰人见大势已去，遂树起白旗，并于十三日将风柜城拆毁，驾船而去。

在明荷的谈判交流中，有一位商人充当缓解冲突的调停人，此人即是李旦。李旦出身马尼拉，主要经营日本到中国与东南亚各地的贸易，其船队中以台湾为主要目的地者即有11艘，是当时经营台日贸易最主要的商人，而澎湖则是他获得中国货品的重要转运站。由于荷兰人对台、澎的侵略，直接冲击到他的事业，所以李旦积极介入明荷之间的交涉，并寻找发展契机。

二、明人武备的加强

在荷兰人撤离澎湖之后，福建的地方官员就准备开始加强福建沿海及澎湖地区的防务，并上疏提出十条策略，建议要"以靖全擘，以永奠南陲"。除筑城、增兵、加饷、屯田等措施外，还主张建造铳台，《条陈澎湖善后事宜》残稿中载："议筑铳台。查得彭（澎）岛浮于海上，佟称天堑，其地平坦逶迤，有类蛇势。岐港零屿甚多。其汪洋空阔，可以稳泊巨艘。惟妈宫、暗澳澳口，两山对峙，左为风柜仔，右为西安，计水面相距止五百七十余丈。而案山鼎立。其中最称要害。此夷向日据此，以与我争者也。向为夷之所必争，今为吾之所必守。合无于风柜、西安、案山三处各筑铳城一座。今风柜业有旧址，修之可用。并西安、案山新筑二座，约共费银三百余两。设有异色等船，睥睨扬帆，三处巨铳一齐俱发，而岸上陆兵，持满横槊，以相犄角，此万全之策也。"

铳台防御能力的强弱，关键还得看其所配备火炮的数量与威力。为此，明人还铸有数千斤的火炮与铳台相配合，《条陈澎湖善后事宜》残稿载："夷人所恃坚舟，若用大铳重四五千斤，发弹十余斤者击之，未有不破。故夷望有铳城，即扬帆远去，不敢相近。则沿海堪泊大舟处所，各筑铳台，照夷式造大铳数十门，分发防御，在在可称金汤。"这时的火炮由俞咨皋负责铸造，幸运的是，经过数百年的风雨，这批火炮依然有两门存世。其中一门收藏在福建省泉州海外交通史博物馆，此炮的前半截已经被锯掉，留存下来的铁炮尾部有比较清晰的铭文："天启四年仲冬立钦差福浙都督（俞）造匠□□（缺失）。"这门炮残长 226 厘米，口径 14 厘米，经推算此炮全长应为 310 厘米，如果按 310 厘米计算，此炮完整时的重量应为 3100 千克，约合明代 5200 斤，正好与《条陈澎湖善后事宜》残稿所载"若用大铳重四五千斤，发弹十余斤者击之"相一致。另外一门则保存在厦门郑成功纪念馆，全长 313 厘米，口径 14.5 厘米，铭文刻曰："天启□（缺失）年仲冬，钦差福□□（缺失）督俞。"此两门炮的铸造精良，经金相分析，均为灰口铁铸造。

澎湖之战后，像红夷炮这种大型火炮，不仅装备在铳城中，还被配备于战船之上。在嘉靖、万历年间，明朝的战船上一般只配备数百斤的火炮，至多也只配千余斤的神飞炮。而在荷兰人东来之后，随着红夷炮的传入，重数千斤的火炮也开始被装备在战船上。天启四年（1624 年），沈铁上疏建议使"红夷不敢居住彭（澎）湖城，诸夷不得往来彭（澎）湖港"，其中有一项措施即为"造大船，制火器，备用防守"，他说："大铳、大舡（船）尤不可少者。宜造大舡（船）十余只，安置大铳十余门，布列港口，俟寇至夹攻之。夷酋惮我长技，不惟不敢侵我疆土，且远遁无敢再出矣。"此处所提及的"大铳"，应该就是指当时的红夷大炮。

到了崇祯年间，随着时间推移，战船火力逐渐加强。南直隶巡江御史陈学伊提议建造铳船，工部郎中董鸣玮奉命制造，其"所造龙骨砲船，其制则仿之闽海一船，可安红夷炮八门，百子砲十门，其制更善"。此船极有可能是按照福船改造而成，船只造成之日，兵部尚书范景文还亲往江上试放，在看完战船的火力后，还发出了"坚稳便利，果如所云，到处炮击，岳谷震惊，毫无摇动，真足寒贼胆而壮声援矣"的感慨。

除此之外，何汝宾在其所著的《兵录》中也曾记载了一种炮船："焚寇之舡（船）莫如火，碎寇之舡（船）莫如炮，大抵舡（船）直极新坚为佳，大固好，亦不必太大，随海上之双桅皆可用也。将此舡（船）下层左右约开铳孔或三十处或二十处，安置红夷大炮每门重二千三四百斤者，用一车轮架乘之便于进退装药，此等大炮每

《兵录》中炮船所载火炮的种类及其数量（重量由"斤"换算而来）

种类	炮身重量	弹重	数量
红夷炮	约重 3017~3148 磅	约 12 磅	6~8 门
发熕	约重 655~1311 磅	5~9 磅	14~22 门
百子、郎机等炮	262 磅及以下	3 磅及 3 磅以下	30 门

舡（船）一只或六门或八门，左右排列，余孔亦列千斤与五百斤之铳，必要五百斤为率者，方沉重不跳，且送弹端直。至上层战坪如用百子郎机等炮，大约一舡（船）要兵百余名，大小铳共五六十门，多多益善。火箭长枪等项数十件。"

从何汝宾所述可以看出，这种炮船的下层甲板载有 6~8 门红夷炮、12~24 门 500~1000 斤火炮，用于攻击敌人的船体，上层甲板布置百子铳、佛郎机等炮，用于攻击敌船上的人员，大致一船用火炮 50~60 门，大大多于明朝以往战船。其船上的火炮种类及数量如下表：

从引文中"海上之双桅皆可用"，可知其火炮配置在当时应用比较普遍，值得注意的是无论是"龙骨炮舰"还是何汝宾所提及的"炮船"，其红夷炮都是放置在下层甲板，而且数量都在 6~8 门之间。

三、郑芝龙的崛起

郑芝龙，表名一官（外文文献中为 Iquan），号飞虹，福建南安石井乡人。18 岁那年，郑芝龙离家出走，投靠在澳门做生意的母舅黄程。在澳门期间，他很快就学会了葡萄牙语，能够从事通事（翻译）的职业，并且在澳门皈依了天主教，以教名"尼古拉斯·加斯巴尔德（Nicholas Gaspard）"接受洗礼。郑芝龙的葡文名字为 Nicholao，Nicholao 为其教父的名字，这名教父待他很好，犹如亲生儿子。因此，在部分文献中也称其为 Nicholao Iquan。

▲ 日本人所绘郑芝龙及其妻田川氏

郑芝龙离开澳门后，往来于东南亚

各地，后辗转于日本平户经商，并投靠大商人李旦，开始从事台湾至日本的贸易，逐渐成为李旦的得力助手，深得李旦的信任与赏识。天启三年（1623年），郑芝龙帮其舅舅黄程押运一批货物至日本贸易，曾留宿当地一位翁姓铁匠家中，认识了这位铁匠的女儿，与郑芝龙同为天主教徒的田川氏，并与其成婚，生下一子，即郑成功。

天启四年（1624年），在明人与荷兰人的交涉中，郑芝龙因通晓多种语言，被李旦推荐担任荷兰人的通事，协助谈判。同年秋，随荷兰人撤入台湾，不久后便离职，转与李旦和颜思齐合作，组织扩大船队。天启五年（1625年），郑芝龙吞并了李旦的一批财产，令其损失惨重，数月之后，李旦便病逝于日本。同年颜思齐因染风寒病逝于台湾。郑芝龙把握时机，将两者势力并为一体，趁势崛起，成为中国东南沿海不可忽视的一支海上武装力量。

天启、崇祯之交，福建灾害频发，匪患频起。《靖海纪略》中载："两年之内，惟去春仅有半收。夏秋亢旱，一望皆赤。至今年三月间才雨。乡村草根、树皮食尽。而揭竿为盗者，十室而五，不胜诘也。"而面对这种复杂的形势，官员的剿抚却多流于形式。然而正是这种复杂的形势，给了郑芝龙机会。天启六年（1626年）春，郑芝龙在金门、厦门树旗招兵，以"劫富济贫"为旗号，招募大量兵士，趁势而起。

郑芝龙的部众中，除了招募的海贼之外，还有一个连队的黑人士兵，这些士兵多是郑芝龙在澳门所招募的，全部都是基督徒。来华的传教士曾记载："官员一官在安海城有一个连队的黑人士兵。这些是他从澳门和其他地方弄来的。这些人是基督徒，有妻子儿女。他们来探望我们。他们的连长叫马托斯（Luisde Matos），是一个聪明、理智的黑人。"这些募集而来的黑人，多曾在葡萄牙人或荷兰人手下充当过武装奴隶，所以郑芝龙多用他们来充当鸟铳手。对此传教士也有记载："上述官员一官手下一直有大量的从澳门来的棕褐色的基督徒为其效劳。他们有自己的连队，是优秀的铳手（arcabuceros）。他最信任他们，用他们护身、充兵役。"

郑芝龙并不像一般海贼一样，他并不强掳、劫掠贫民，相反却给予他们钱、粮，虽然打着"劫富济贫"的旗号，在沿海抢掠前往吕宋的中国商船。但其登岸抢掠村庄，烧杀平民的行为却不多，这与汪直、徐海、杨六等海贼有着根本的不同：前者多抢劫商船，针对的是去吕宋贸易的富商，很少以沿海平民为抢劫对象；而后者则是以登陆流窜，抢掠沿海平民为主。时人曹履泰曾在《答朱明景抚台》中写道："今龙为贼，又与禄异。假仁假义，所到地方，但令报水，而未尝杀人。有彻贫者，且以钱米与之。其行事更为可虑耳。"郑芝龙在劫盗富人之后，并不伤人性命，如果遇到赤贫的人，还赠予其金钱和粮米。这与《水浒传》中替天行道、劫富济贫的好汉形象十分相似。在这之后，郑芝龙还组织了破产的农民向台湾移民，并给予其耕牛与农具，促进了台湾岛的开发。

二月，郑芝龙亲率船队袭击福建漳浦，劫掠金门、中左所（今厦门）和广东靖海、甲子等地，不久又回师福建。再犯泉州、厦门，袭铜山（东山），攻陷旧镇，击败金门游击卢毓英、都司洪先春、福建总兵官俞咨皋等人的进剿，纵横东南海上，所向披靡，官兵疲于奔命，莫可奈何。这时的郑芝龙势力庞大，其"徒党皆内地恶少，杂以番、倭，剽悍三万余人矣。其舡（船）、器则皆制自外番；艨艟高大坚致，入水不没，遇礁不破；器械犀利，铳炮一发，数十里当之立碎"，且"所资者皆彝舰，所用者皆彝炮"，甚至总兵官俞咨皋与海贼许心素联手都不是其对手。天启七年（1627年）十月，郑芝龙攻陷厦门，总兵俞咨皋败逃，许心素被杀，郑芝龙占领厦门，并以厦门、金门、安海等地作为自己的大本营。

崇祯元年（1628年）七月，明廷招抚郑芝龙。郑芝龙表示愿以"剪除夷寇、剿平诸盗"为己任，九月就抚于福建巡抚熊文灿，率部降明，诏授海防游击，任"五虎游击将军"，统辖福建五虎门的游兵。

郑芝龙之所以攻占厦门，是因为厦门有着优越的地理位置。在隆庆年间，明政府

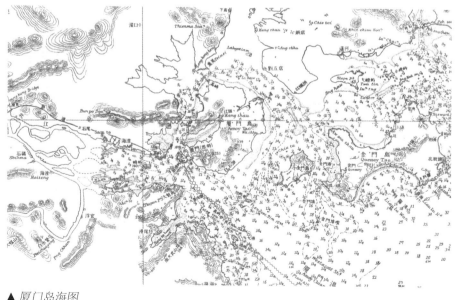

▲ 厦门岛海图

开放对外贸易，准许私人商船在漳州月港出海贸易。福建的月港逐渐成为中国的对外贸易中心。但是月港的航行条件不佳，明代后期，由于九龙江带来的泥沙淤积港口，大船不能直接入港，只能停泊在港口外围，用小船运货入港。它的优势是位置隐蔽，而且距漳州较近，漳州商人走私出海贸易，从月港下海最为方便。早期的月港仅是漳州商人的走私港口，但明代后期的隆庆元年（1567 年），月港商人取得了出海贸易的特权，月港从此成为南方著名的港口，对外贸易之盛，是其他地区不可相比的。

　　然而，月港港口的局限性使其无法容纳过多的港口，因此，许多商船停泊在周围海域。据万历《漳州府志》记载，月港周围还有卢沈港、普贤港、海沧港、东头港、员当港、鸿江港等港，其中海沧港、员当港、鸿江港现在都属于厦门港，由此可知，当时的厦门港已是月港的外港了。

　　相对于月港，厦门岛周围水深港阔，可停大船，外围又有金门、大担、小担诸岛，风浪对厦门港影响不大。厦门位于泉州与漳州交界之处，距离月港非常近，而

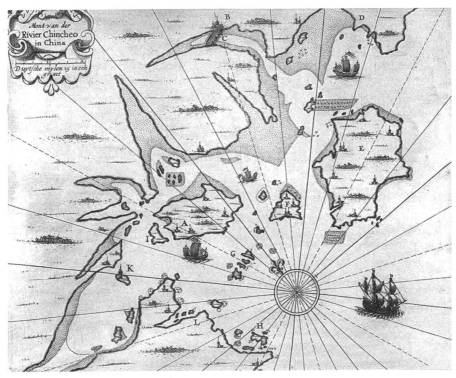

▲ 外国人绘制的1646年的厦门湾

且，港口条件远胜于月港。因此，月港的发展必然要导致厦门港的崛起。

何乔远说："嘉禾为屿，山断而海为之襟带。自国初以来，徙丁壮，实民籍，长子育孙，今而冠带郡右，往往辈出，生齿若一县。其地上硗下卤，率不可田，即田不足食民三之一；则土人出船贸粟海上，下至广而上及浙。盖船以三百余。"晚明来到中国的西班牙人则这样描述："那个港口是壮观的，除了大到能容纳大量的船外，它很安全，水干净而且深，它从入口处分为三股海湾，每股海湾都有很多船扬帆游弋，看来令人惊叹，因为船多到数不清。"他还提到中左所"是一个有3000户人家的市镇"，可见，到了明末，厦门已经成为我国重要的对外贸易港口。

厦门之东，便是金门岛，岛的南面建有金门所城，北依山，东、西、南面皆濒临大海，为洪武二十五年（1392年）江夏侯周德兴所筑。城墙高2丈1尺（连女墙），城墙中间为夯土层，外覆以石条丁顺相砌，墙外环以壕沟，壕深广丈余，周长630丈。墙上设有窝铺36座，城墙东、南、西、北四面各开一城门，城门上设敌楼，其中西、北、南三面设有月城。

金门岛位于福建省东南外海，隶属于同安县（今厦门市同安区），面积约为150平方公里，四面环海，无陆路可通，周围分布大小嶝、烈屿、大小担等岛屿，基本控制了九龙江的出海口。顺海路往北可通福州、福宁、兴化各府海口，往南则为漳、泉二郡的屏障，往东则近台湾、澎湖，一夜即可到达。

明代中后期，福建的海防贸易空前繁荣，从福建开船驶往东、西二洋的航线汇

◀ 从海上瞭望
金门所城

聚在金门及其周边海域。学者向达在其《两种海道针经序》中，对明代的东、西二洋进行了详细的说明："明代以交址、柬埔寨、暹罗以西，经马来西亚、苏门答腊、爪哇、小巽他群岛，至于印度、波斯、阿拉伯为西洋，日本、菲律宾、加里曼尼、摩鹿加群岛为东洋。《顺风相送》多纪西洋及一部分东洋，关于日本的不多。《指南正法》加多了关于日本的记载，而今马六甲以北则不之及。那时候中国到东西洋各地去，多从福建出发，出发的港口有大担、浯屿、北太武、泉州和福州。大担、浯屿、北太武都可以归入金门岛，为这时候最重要的到东西洋去的出口港。从金门出发所到的外国地方，据《顺风相送》《指南正法》记载，有交址、柬埔寨、暹罗、大泥、吉连丹、彭亨、满剌加、咬留吧、爪哇、杜蛮、饶潼等地，属于西洋。有吕宋、麻裹吕、诸葛担蓝、茗维，属于东洋。从泉州出发到渤泥、文莱、杉木（东洋）。从福州出发到交址、暹罗（西洋）。"

根据向达所述，明代从中国到东、西二洋的航路，起始点多自金门、泉州、福州等地。而最为重要的就是金门岛，金门岛包括大担、浯屿、北太武等地，其中大担、浯屿虽然不在金门本岛，但其皆以金门为中心，位于金门附近海域。根据明代中叶针路书《顺风相送》中的记载，从福建航向东、西二洋的航线，经过金门或始自金门的有 11 条。

从《顺风相送》所载的针路可知，明代金门海域的航线繁多，其始发点多在金门的太武山及附近的浯屿岛。隆庆二年（1568 年）开海之后，漳州月港的船只出

《顺风相送》中记载的经过金门或始自金门的航线

针路名（航路）	航路所经过的金门及其附近海域
1）福建往交址（越南）	太武
2）浯屿往柬埔寨	浯屿
3）福建往暹罗（泰国）	太武山
4）浯屿往大泥吉兰丹（在马来半岛东安偏北）	浯屿
5）太武往彭坊	太武
6）浯屿往杜蛮、饶潼（杜蛮在爪哇）	太武、浯屿
7）浯屿取诸葛担篮（加里曼丹西南部）	太武
8）浯屿往茗维	浯屿、太武
9）太武往吕宋（菲律宾）	太武
10）浯屿往麻里吕	太武
11）福建往琉球	太武

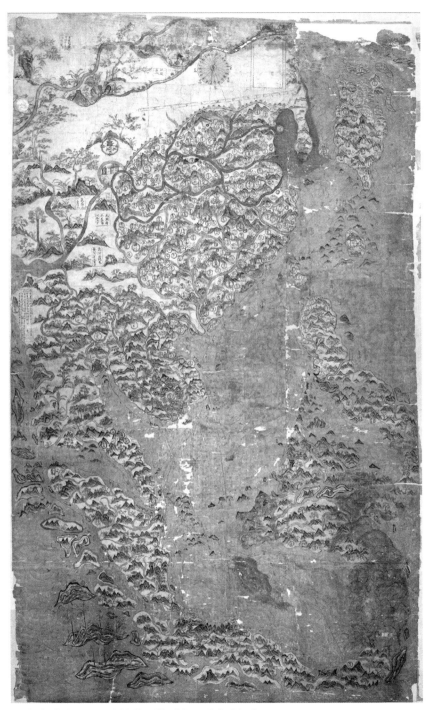

▲ 牛津博德立安图书馆藏明代《东西洋航海图》

洋前多在金门附近整备船只，而金门岛及其附近浯屿、大小担、大小嶝等岛屿亦是通往漳州和泉州的海上门户，进出月港的船只均要途经此地，月港经隆庆开海之后，已然成为明朝最繁荣的对外贸易港口。顾炎武在其所著的《天下郡国利病书》中亦说："闽人通番，皆自漳州月港出洋。"因此明代后期厦门、金门及其附近的海域便成了明代海外贸易枢纽，更是商船出海贸易的始发港。谁控制了金门与厦门，谁就掌控了中国的对外贸易。

在郑芝龙袭击福建夺取厦门时，为了打败俞咨皋和许心素，打造了一支按照"荷兰人的模式"建造的舰队。舰队中的船只不论是坚固程度还是火炮数量均要比一般的战船强上许多。这是由于郑芝龙年轻时曾在澳门打拼，其女婿便是澳门铁匠的儿子。而且郑芝龙还曾替荷兰人劫掠到吕宋贸易的中国帆船。所以郑芝龙可以凭借与洋人独特的关系从澳门和荷兰人那里获得大量的红夷火炮，以至其战船所配的红夷炮数量非一般倭寇、海盗可比。荷兰人曾记载："有人曾说，在这个国家（中国）以前从未有人像一官一样按我们荷兰模式建造庞大精致、装备精良的帆船及舰队，他还在船上装配了一部分能被拖动、带有环栓、置于双层甲板的大炮。"

明政府也有官员登上了郑芝龙的战船，并将其武备记载了下来："阅其战舰，坚原如铁城，每船可安置大铳二十四位。"按上述史料记载，郑芝龙战船的双层甲板均装备带有环栓能够拖动的火炮，其一艘战船上就配备了24门红夷大炮，而当时明军的战船上至多也只有6~8门，郑芝龙战船上的大型火炮数量是明军的3倍以上，这使得明军水师在面对郑芝龙的舰队时很难有抵抗的能力。

郑芝龙的船只大多是从事远洋贸易的大型"洋船"。这里"洋船"指的是从事远洋贸易的帆船，在外文文献中也被称为"戎克船"，泛指中国帆船。这种船只制造精良，体形硕大。据巴达维亚城日记记载，1625年（天启五年）1月24日，一艘驶往巴达维亚的中国帆船途经台湾，其载重达到600吨，乘员达480人，排水量更是一般明军小型战船的数倍。

除洋船外，郑芝龙还有两种专门用于作战的战船——乌尾船和鸟

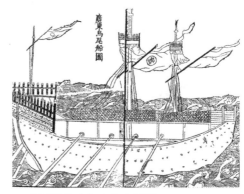

▲《经国雄略》中的乌尾船

船。其中乌尾船体型最大，可承载三四百人，是一种大型的桨帆船，属于广船的一种。长10丈，阔3丈有余，板厚7寸。嘉靖年间，乌尾船虽然体型庞大，木料坚厚，但"外少墙壁、内多栏盖，橹人难立，火攻易燃"，在接弦战中存在很大弊端。到了明代后期，侯国弼针对广船的缺点，将其制改为"底用广船式，上用福船面"，在船体两旁加装了高大的护板，四周还可以悬挂渔网、生牛皮等，以防矢石、铳子、火烧。改制后的广船船头与船尾都设有战棚，高过福船，其两旁多橹，又比福船行动更加快速。时人郑大郁在《经国雄略》中对该船这样描述："广船（包括乌尾船在内），坚而且大，头稍二处，皆有战棚，高过福船。每船可容百数十人。两舷多橹，进上颇捷。但造船材料用铁栗等木，皆广中所产，价值繁重。故浙直地方，莫能做此造用，若两舟相犯，浙福之船触此即碎。惟其木料坚厚，故可用发熕、佛郎机，不畏震损，海中巨舰，自番舶夹板船而下，则广船为第一。"

虽然乌尾船各项指标都十分有益，但是因其造价高昂，数量在舰队之中最少。在冲锋时，多担任先锋冲犁敌船，与敌人接弦展开白刃战。而与敌人在远距离进行火炮对射任务，则是由舰队中的另一种船只——鸟船来承担。

鸟船（形制与快船相同，体型稍大）从嘉靖时的开浪船发展而来，开浪船的船身很小，其以头尖而得名，吃水仅三四尺，四桨一橹，其形如飞，船内只能容三五十人。万历时鸟船逐渐大型化，福建沿海海商经常用此船载货去各地贸易，其"船身长，安两舷，有橹六支，尾后催稍橹两支，不畏风涛，行使便捷"。这时的鸟船船身两

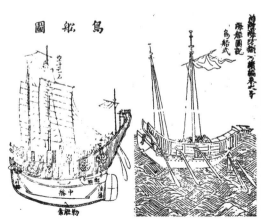

▲ 左图为《兵录》中的鸟船，右图为《两浙海防 ▲ 鸟船模型
类考续编》中的鸟船

旁从4桨变为6橹,尾后也增加了1支橹,其推进力得到增强。也有两旁无橹的鸟船。

到了崇祯年间,鸟船的船体相对于嘉靖、万历时期的鸟船大上许多,其身长已经达到了7丈5尺,而且橹设在船尾,两旁并不设橹。何汝宾《兵录》载,鸟船"头小肚澎,身长体直,尾有两边,催橹两支,有风扬帆,无风摇橹,转折轻便,篷长橹捷,如鸟之飞也"。鸟船的船身虽然庞大,但速度足与沙船、唬船并驾齐驱。

实际上,当时的鸟船分为两类,一类是商人用于贸易的商船,一类是在沿海负责作战,由官府制造的兵船。《兵录》所载鸟船,其实是当时的兵船,并不是商人用于下洋的商船。兵船的载重较轻,吃水浅,船身比较低矮,而速度较快,适宜在近海作战。这种船型一直流传至清末,外国人又称其为"大兵船"。19世纪30年代,法国海军的巴里上尉在珠江口航行时,遇到了一艘中国战船,巴里绘制了这艘船的侧视图、正视图以及甲板布置图。从巴里绘制的图中可以发现,这艘大兵船的体态特征几乎与《兵录》中记载的鸟船一模一样,即"头小肚澎""身长体直""尾有两边"。虽然当时这艘"大兵船"的称呼不一定还为"鸟船",但其特征无疑是沿袭于鸟船。除了巴里所绘的图外,记录这种鸟船的图像,还有1905年所摄的Whang Ho号的照片,这组照片中还有关于船舱内部的图像,这是极其罕见的。

另一种鸟船,在当时多称为"大鸟船",可以拥有单层或双层甲板,船体可长十余丈。这种船只的船身高大,吃水深,载重量要比兵船大得多,

▲ "WhangHo" 号全景图

▲ "WhangHo" 号的官厅内部

▲ "WhangHo" 号的战棚内部

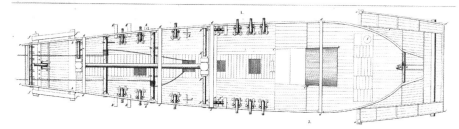

▲ 巴里绘制的鸟船甲板布置图

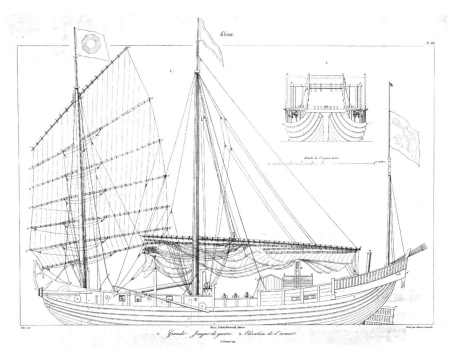

▲ 巴里绘制的鸟船侧视图与正视图

多被闽粤客商用来从事远洋贸易。而郑芝龙舰队中的大鸟船正是这种船只。《明档》载："剧贼郑芝龙等，初踞铜山作窟，知援师渐集，诡而南遁。又集大伙，夺驾粤商大鸟船，分作三只，乘南风盛发。"这种大鸟船有的为单层甲板，有的为双层甲板，因其是商人下洋经商所用，所以其制造都花费重金，并装饰华丽，造价往往倍于官船。但明人对此种船只的图像所绘甚少，即便绘有此种船只，图像也极不清晰。

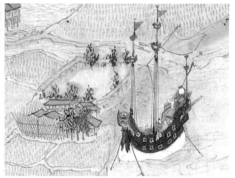

▲《福州城图》中3艘停泊在港内的单层 ▲《福州城图》中的双层甲板大鸟船
甲板大鸟船

幸运的是，在荷兰人所画的《福州城图》中，我们还可以一睹这种大型鸟船的真容。

《福州城图》中所描绘的鸟船是单层甲板的大鸟船。虽然它被称为"鸟船"，但整艘船看上去并不像一只鸟，反而更像一条巨大的怪鱼，船首的前方形似怪鱼的巨口，牙齿长在舌头边，眼睛硕大。桅杆和帆则形似怪鱼的鳍，而高大且向后突出的船尾楼则犹如怪鱼的尾巴。整艘船色彩艳丽，装饰豪华，船头两边牙齿状的东西可能是为防止海贼从船头登船的铁钉，这种在船只薄弱部位设置铁钉的做法，在明代末期比较普遍。《兵录》中就曾记载："舡（船）斗头用板闸使贼不能乘隙而上，其板定用钉钉出头，使贼不得近板，至于舵襟、橹门及便门，至夜，俱用钉板闸盖。"船两侧有数个炮眼，估计可以安放8~11门大炮。除了单层的大鸟船外，《福州城图》中还有一艘双层甲板的大鸟船。该船船体明显要比单层甲板的鸟船大得多，并且为双层甲板，一侧的炮眼就有9个，照此推算，可以装备18门以上的大炮。按《明档》中所载"职犹记粤东与镇臣郑芝龙破刘香时，阅其战舰，坚原如铁城，每船可安置大铳二十四位"来看，郑芝龙所用战舰配备火炮24门，其体型恐怕比《福州城图》中的大鸟船还要大。

以乌尾船和鸟船为主力，郑芝龙构建了一支强大的舰队，打败了许心素等人，夺得厦门海域的控制权，从而控制了中国的对外贸易。面对郑芝龙的舰队，明廷采取了招抚政策。崇祯元年（1628年），熊文灿接任福建巡抚，并在泉州知府王猷的建议下，派游击卢毓英招抚郑芝龙。九月，郑芝龙就抚。就抚后，他被授予海防游击一职，自此，郑芝龙便开始率领明军讨伐沿海的各股海盗。虽然在明军的协助下成功地剿灭了李魁奇、杨六、杨七等人，但海上还有两股更强大的匪徒，那就是海盗刘香和荷兰殖民者。

四、料罗湾海战

刘香，号刘香佬，身材矮小，性格骁勇，勾结无赖为盗，在粤东、碣石、南澳一带劫掠商船，其团伙有万余人。崇祯五年（1632 年）十月，刘香率船百余艘、海贼万余人攻打小埕水寨，准备与郑芝龙决雌雄。听到刘香攻打小埕的消息后，郑芝龙自鼓山双港回援。十月十八日，新上任的福建巡抚邹维琏亲自督战，并令明军北路参将宗睿荫攻贼之后，水标游击张超攻贼之中，郑芝龙率大军攻贼之首，使刘香的舰队"首尾莫顾""应接不暇"。两军相互击战，对持数日。二十五日，北风转南，郑芝龙率部下船只由白犬洋占据上风向。二十六日辰时，明军水师与刘香对阵，双方舰队携带数百门火炮，相互炮击，致使"铳声如雷，山岳动摇，海水飞立，士民登高望者无不震惊"。有史以来，这是中国第一次征战双方使用大量火炮互相炮击的海战。

激战一直持续到晚上，最终郑芝龙取得了这次海战的胜利，将"贼船焚溺与铳毙死者不可胜数，贼尸、货物漂流盈海"。

虽然取得胜利，但这次的战斗非常惨烈，甚至在台湾的荷兰人也听到消息，并将此消息记录在《热兰遮城日志》中："这些商人证实我们于上个月 17 日听到的有关一官与刘香的消息，即他们两方于上个月 4 日在福州河附近都用他们的舰队攻击对方。（根据中国人所说的）那场战斗从早晨一直打到傍晚，一官最后才稳住阵脚，一官的兄弟，名叫 Sisia 的，身上两处受伤，他的部下大部分被杀，因此他大为震怒，立刻冲入刘香的舰队之中，上述海盗刘香及其部下遂将其截击包围。刘香的舰队，每艘戎克船都有一个铁制四爪锚和一条铁链，他们就用以扣住 Sisia 的戎克船，要不是同行的一艘戎克船上的他的队长，还有另一艘戎克船赶来给他解围，他一定会被扣在那里。在这场战斗当中，一官一方死了约有 800~1000 人，刘香一方也死了约相同人数的人。根据上述中国人所说的，从来没有发生过像这样的战斗。到了傍晚双方休战时，刘香和同船幸存的另外约 20 个人换搭一艘戎克船，弃置他那艘广东的沉重的坐船，把这艘船还有其他几艘船都放火烧毁，然后立刻南下飞驰，去追赶他突围的小船，他的小船大部分得以逃脱。追上以后，他急忙在烈屿把部下从那些小的和不合用的船转到大船上来，随即越过漳州河，顺风南下，逃往南方。几天以后，一官也率领他的全部舰队跟着去那里了。以后的情形如何，有待分晓。"

正如跟荷兰人得到的消息一样，在这次战斗中，郑芝龙的损失也很大，邹维琏的奏疏中也提到："芝龙、芝虎兄弟效死，俱带重伤。"经过惨烈的战斗后，刘香侥幸逃脱，向南方逃去，郑芝龙兄弟"矢心灭贼，如猎逐兔，不杀不休"，紧追刘香不放。巡抚邹维琏再发火药、大弹等物资给郑芝龙的舰队提供补给，并令郑芝龙"乘胜长驱，紧追入广"。

崇祯六年（1633 年），郑芝龙与刘香在广东再次交战，关于这次战斗的中文史料较少，但幸运的是，4 月 26 日，一艘戎克船将郑芝龙与刘香交战的消息带到了台湾，并由荷兰人记录在《热兰遮城日志》中："下午有一艘戎克船从漳州河来到此地，载有米、盐和杂物，该船带消息来说，官员一官及他的兄弟于数天前曾在广东河跟海盗刘香战斗。上述海盗失去了约 13 艘大戎克船和 20~25 艘小戎克船，以及数不尽的很多人员，因为退潮，使他的船队搁浅，所有登岸想要逃亡的人都被当地居民杀死。刘香自己则搭上一艘舢板溜下该河（在那里他还剩下的兵力约有 100 艘小戎克船），逃出了该河，向南方退去。一官大概失去约有 1000 个人和七八艘戎克船。当一官前往那里的时候，刘香打算出其不意，趁他们在准备和洗船时去袭击他们，但是一官接获情报，遂令他的兄弟 Sisia 带领一支船队从另一条小溪绕出港外，等他们上来以后从后面追击他们，事情就这样发生了，所有进去那里的人（除了很少几个人以外）都被俘虏或杀死了。"在这场战斗中，双方的损失惨重，刘香损失了 13 艘大戎克船和 20~25 艘小戎克船，而郑芝龙则损失了 1000 人及七八艘船。

早在 1633 年 2 月，时任荷兰驻台湾地方长官的汉斯·蒲陀曼（Hans Putmans）曾返回巴达维亚述职，并寻求夏季增援。他认为这时的郑芝龙忙于对付海盗刘香，无法抽身，公司应该抓住时机，派遣一支强有力的舰队，以武力迫使中国沿海的地方官府屈服。荷兰东印度公司也赞成此提议，于 4 月 30 日决定："对中国发起一场严酷的战争，因而需派去大批人力、海船和快艇，以获得所期望的自由的中国贸易，同时保证公司在东印度的其他事务不受阻碍。"

7 月 7 日，汉斯·蒲陀曼决定要用"最猛烈"的方法对中国作战，攻击、夺取中国人的船只。为此，蒲陀曼将快艇 Bredam 号、Wieringen 号与平底船 Warmondt 号及一艘戎克船部署在南澳下，去烧毁所有泊在岸边或泊在陆地上的船只，并抢

▲ 停泊在巴达维亚的战舰

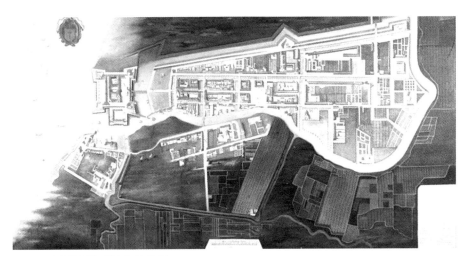

▲ 1627年巴达维亚城市示意图

夺这些船上的货物。完成这个任务之后，上述快艇要各往预定地点，即 Bredam 号要偕同一艘戎克船去好望角；Wieringen 号要偕同一艘戎克船去钟湾（诏安湾）；平底船 Warmondt 号则要去东山，在那里截获中国人及葡萄牙人的船只；而大船 Middelburch 号、快艇 Texcel 号、Weesp 号、Couckercke 号、Catwijck 号、Zeeburch 号、Salm 号、Kemphaen 号及戎克船"打狗"（Tavcoya）号则要前往漳州河及厦门，要去那里以同样的方式攻击烧毁中国人及葡萄牙人的船只。

7 月 12 日，汉斯·蒲陀曼趁郑芝龙在福宁剿匪，突袭了厦门港。其以快艇 Texcel 号作为司令官的旗舰、Weesp 号为副司令官的旗舰，带领 Couckercke 号、Catwijck 号与 Kemphaen 号驶入厦门港道，直接驶往厦门市前方，去攻击所有属于郑芝龙及其他明朝大员们的中国战船。荷兰舰队在进入港道时，悬挂太子旗，迷惑明军，使厦门的明军放松了警惕。这些荷兰船一直进入到郑芝龙的舰队中间才停止前进，而后突然发射炮弹。在发射第一发炮弹的同时，降下太子旗，升起发动攻

▲ 荷兰快艇模型

击信号——红旗，其他 4 艘船只也跟着更换旗帜，一起猛烈炮击厦门港内郑芝龙的战船，直到最后港内的战船均无抵抗之后，蒲陀曼才下令减少射击，命令所有的小船、小艇及 Prauw 船上搭载的人员去烧毁停泊在下风与低潮处的中国帆船，并把泊在上风的那些中国帆船砍破使之沉入海底。

蒲陀曼这次偷袭成果显著，一共摧毁了郑芝龙 25~30 艘战船，这些船都配备完善，架设有 16 门、22 门到 36 门大炮，另外还有 20~25 艘其他小战船。

蒲陀曼在偷袭成功后，指使属下继续劫掠，同时试图与中国官员重启谈判。郑芝龙利用这个形势，用一种模棱两可的许诺，使荷兰船只与己方保持一定距离，并向荷兰人寄发一些假冒的中国官员信函，且在为荷兰人而战的海盗中制造不和，迫使荷兰舰队陷入 7—10 月席卷中国沿海的台风危险之中。

夏末，荷兰舰队因船上的恶劣条件而忙于应付大量出现的病人，7 艘战船在沿海发生台风时被风浪卷走，导致索具装备大量遗失。蒲陀曼为了补充丢失的船上用具，无奈只能撤离漳州湾，率领海船 Texcel、Weesp、Catwijck、Salm、Boucaspel 和 Oudewater 前往漳州湾以南 14 海里处的铜山，命令快船 Couckercker、Bleyswijck、Broeckershaeven 和帆船 Tamsuy 前往南澳，去截击南来的船只，并派出帆船 De Blijde Boodschap、de Balang、Pehou 和另一条名为 Mandorijn 的小船到澎湖的南岛附近水域去监视将从马尼拉驶来的七八条帆船。

荷兰的舰队到达铜山后，发现城下除数艘大小船只外，还有两艘巨大的中国帆船。这两艘帆船是数日前到达这里的，装载的货物包括干胡椒、鲜胡椒、几根象牙、苏木、乌木、小豆蔻等等，尚未卸下船。蒲陀曼为了夺取这两艘船只，派出 De Blijde Boodschap、Boucaspel 和另外 3 条帆船，还有刘香和李国助援助的四五条帆船，攻击并缴获了上述的两艘巨型中国帆船，还将周围为其护航的战船赶走，并扫荡了铜山城前的村庄，抢走了 300 多头牲畜。

为了对付郑芝龙，蒲陀曼派遣 3 名荷兰使者将上述两艘帆船送往李国助和刘香处，转告他们，荷兰舰队决定继续进行与中国的战争，并建议刘香与李国助派出相当的兵力与荷兰人结成联盟，对明朝实施更有力、规模更大的打击，为荷兰与海盗所受的损失予以报复。刘香与李国助欣然接受了荷兰人的建议，并派 56 艘帆船加入了蒲陀曼的舰队。

10 月 6 日，荷兰人再次受到风暴袭击，10 艘船中有 2 艘在台风中搁浅烈屿，被迫投降。几天后，几个海盗队长告诉蒲陀曼，这场暴风在海澄、漳州河、刘五店与排头更为猛烈，造成了更大的灾害，很多房屋被吹翻，树木被连根拔起，停泊在排头、刘五店与厦门的郑芝龙舰队的舰船大部分沉没，很多人溺毙。又说，郑芝龙被罢官，他的损失没有得到任何补偿，他的士兵的薪水也不再支付。荷兰人称这是中国的习俗，即如果有人遭遇严重的意外，他们的权力与待遇立刻会被剥夺，除非他们能设法补偿所有的损失，并用大礼物蒙蔽别人的眼睛，那还有可能保住原来的地位。荷兰人认为郑芝龙已经到了这样的地步，不久就会完全毁灭，因为他不能再控制海洋，以致大官们已经不再重视他。但这条消息不久便被证实毫无根据，只是郑芝龙设下的一个圈套。

10月19日，蒲陀曼收到一封来自于中国海防官员"语气极其傲慢恶毒"的信，信由"中国国家舰队的21个队长签名"，信上写道："狗怎么可以躺在国主的枕头上，我们为什么需要从他们的国家获得好处，如果我们要光明正大地跟他们交战，就到漳州河里来，他们会来，在很多中国大官们面前跟我们交战，因为在海上跟我们交战，大官们看不见。" 荷兰人对信中内容十分气愤，并认为明军将领们是在炫耀自己的力量，随便吹牛说自己一定会取得胜利，他们甚至祈祷："祈求神赐胜利给我们，用以宣扬他的圣明，使我们的繁荣昌盛高过这些无信奸诈的国民。"

荷兰人伙同刘香、李国助等海贼劫掠海上，成了明朝的心腹大患。福建巡抚邹维琏在其奏疏上写道："窃惟红夷一小丑，狡焉。挟市封豕长蛇，荐食闽疆，且勾寇首刘香、萨倭渠魁李大舍合横掠于海上，势同连鸡，岂独八闽一大患，且为中国一大耻。臣琏滥叨节钺，若不堂堂正正声罪致讨，何以生为。福宁闻报即已飞谕文武将吏，不许更谈互市之两字，誓以一身拼死当夷。"为此邹维琏于八月十二日便抵达漳州，调集诸将，集合闽省舟师。因五虎游击郑芝龙手握重兵，部多骁将，船坚器精，所以命其为前锋。以南路副总兵高应岳为左翼，泉南游击张永产为右翼，澎湖游击王尚忠为游兵。标下原任副总兵刘应宠、原任参将邓枢为中军，分守漳南道臣施邦曜、分巡兴泉道臣鲁樱为监军，漳州海防同知吴震元、泉州海防同知陈梦珠负责记录各军功劳，按功赏赐各军。九月十三日，明军舟船渡过海澄，邹维琏誓师督战，诸将歃血为盟，开驾出征。于十五日到达鸟沙头，并在此得知荷兰的9艘夹板船及刘香贼船50余艘正自南北上，在外洋游移。邹维琏会集各路明军舰队，督率各官兵一起立下战书，准备与荷兰人决一死战。十八日，明军舰队逆风航行至围头，荷兰海盗联合舰队亦逆风至料罗。

22日早，明军击鼓进军，各将领自围头出发，直接驶向料罗。这次明军舰队

▲ 17世纪的火船战术，图为索莱湾海战中的荷兰纵火船队

总共有140~150艘战船，其中50艘是大型战船，由乌尾船和鸟船组成。剩下的百余艘皆是中小型战船，其中占大多数的是火船。这种火船体型非常小，每艘船只配水兵5人，船上装载灌油、蓑衣、苇草等物，靠近敌人船只时，将火船钉挂在敌船四周，点燃船上的引火物，引燃敌船。明军将舰队分成两队，一队抢占荷兰舰队的上风向，一队绕到荷兰舰队的后方。尽管明军舰队看起来"配备有相当的大炮与士兵"，但蒲陀曼仍然极富自信，认为自己的9艘夹板船连同刘香的50余艘战船，"在神的帮助下"足以摧毁由150艘中国帆船组成的明军舰队。

蒲陀曼之所以这么自信，也有他自己的道理：第一，荷兰人在之前偷袭厦门、铜山屡次得手，战果丰厚，且过程十分顺利，未遇到明军强烈的抵抗；第二，明军舰队虽有150艘战船，但大型的乌尾船和鸟船只有50艘，其余船只大多数都是只载水兵5人的小型火船，兵力相比荷兰与刘香的联合舰队并不占绝对优势；第三，荷兰人一直认为明军的战斗力是低下的，且士气低落，胆小畏战，不足为惧，以至于蒲陀曼认为自己只要停泊在原地不动就能击溃对方。

蒲陀曼为他的自负付出了代价，他并没有料到明军会直接冲向他的舰队，明军以郑芝龙为先锋，各路水师一齐进发。见此情景，荷兰人急忙向明军开火，"大铳火器齐发"，但明军官兵仍一往无前继续进军。作为回礼，郑芝龙同样对荷兰人展开了炮击，"发铳打死夷贼无数"，并在靠近荷兰船只后与荷兰人展开接舷战。据把总李国辅所报，"郑兵跳过夷船，杀死夷人甚多"，并用火船焚烧荷兰人的夹板船。

明军与郑芝龙的英勇给荷兰人留下了很深的印象，在蒲陀曼眼里，明军成了疯狂的化身。"中国官兵拥了上来，犹如发狂绝望之人，完全不顾性命，对大炮、火枪及火舌烈焰都毫不畏惧。"他在日记中写道，"忽然之间升起高耸骇人的火焰，燃烧得极为猛烈，令人难以置信。"在蒲陀曼眼里这些明军是"疯狂、激烈、荒诞、愤怒"的，当时明军有3艘船同时钩住快艇 Brouckerhaven 号，并试图焚烧此船，蒲陀曼写道："其中一艘完全不顾及己方船只与人员的安危，立刻点火燃烧起来，像那些无视自己生死的人那样疯狂、激烈、荒诞、愤怒，对大炮、步枪与火焰都毫不畏惧，很快该快艇的船尾就燃烧了起来。虽然该快艇还从船头用步枪等火器拼命抵抗，但已经完全没有希望摆脱他们。不久以后，据所能看到的情形，该快艇自行引爆火药，炸裂整个船尾，随即沉入海底。"在蒲陀曼眼中，这样的自我牺牲简直是疯子的行径。"他们仿佛喝醉了酒或丧失了理智，对自己同胞的安全毫不在乎。"大火很快就烧到了 Brouckerhaven 号的船尾，并引燃了其中的火药，船只爆炸之后便带着船上的船员和明军沉入水底。

除了 Brouckerhaven 号被焚毁外，Slooterdijck 号也被明军4艘最大的戎克船钩住，明军跳进船中，虽然荷兰人曾两次将明军打退，但最后还是被接连不断跳进来的人数众多的明军所击破，数十名荷兰人被明军所杀，"打死、烧死、沉死红夷不计"，船上近百名荷兰人被俘虏。据邹维琏的奏疏所报，缴获 Slooterdijck 号的这四艘戎克船分别由哨官张梧、千总郑彩、捕盗黄胜率领。

这时，荷兰与刘香的联合舰队颓势已现，快舰 Kouckercke 号被明军包围，快艇 Wieringen 号见许多明军的大型战船在后追赶，准备焚烧其船只，便拼命向港外航去。蒲陀曼见到明军的众多火船，便率领 Bredam 号、Bleyswijck 号、Zeeburch 号、Wieringen 号与 Salm 号想要逃脱战场。同荷兰人一样，刘香的船只连续被明军击沉，刘香的义子、副将也被明军俘获，损失惨重。郑芝龙写道："夹版焚者，火焰冲天，夷众溺者，尸浮满目。擒斩累累，似足以扬中国之威，而落狡夷之魄矣。"

蒲陀曼与手下惊惶不已，写道："真实的情形是，他们全部舰队都准备成火船，不是要来交锋作战，而是要来钩住我们的船与我们同归于尽，虽然是装备精良的最

▲ 今日料罗湾

好的大战船，也是一钩住我们的船，就放火燃烧起来。"荷兰人认为明军的战船全是火船，其实并非如此，明军最大的战船乌尾船，制自广东，全身由铁力木所制，造价不菲，不可能将其当作火船这种消耗品。蒲陀曼之所以这么说，是因为明军在进攻中焚烧敌船时，风向突然逆转，导致敌船的火势蔓延到了自己的船上。对此情况郑芝龙写道："伪夷王二杯大夹版一只，被千总陈豹乌尾首冲，火器齐发，几乎获矣，不意反风吹火，倏而自焚。"

在明军的追击下，蒲陀曼逃往外洋。郑芝龙差点将其抓获，但因狂风巨浪作祟，未能成功。他在奏疏中写道："伪夷王之船已在掌中，即可坐缚。讵意外洋风狂波涛，粗恶夷船，饫风远洋。"在逆风条件下，荷兰人的船只速度占据优势，郑芝龙与其部下虽继续追赶，但是越追距离越远。

这场战斗，郑芝龙打了一场漂亮的胜仗。他在奏疏中赞扬明军将士同心协力，英勇作战，摧枯拉朽："各路会师前冲者，真如摧枯拉朽，随后者无不乘胜长驱。将士浑身是胆，各效一臂。"

这场战斗缴获了大铳6门、小熕2门、鸟铳13门、番剑11把、铁鍪1顶、铁甲2领、火药6筒、番书7本、海图1幅、颈甲和护心镜共2块。俘虏荷兰士兵84人及"贼妇"2人、小厮1人、海贼10人，斩获首级5颗，杀死、溺死、烧死夷贼不计。

这次胜利打消了荷兰的嚣张气焰，使其对明朝发动战争的计划失败，令荷兰人沮丧不已。蒲陀曼意识到自己的计划已经破产："这场战斗严重削弱了我们的实力，我们因此意识到本季度已无法在沿海地区再有任何作为。"在下个季度，他的上司要求他一定要保持谨慎："除了突围之外，不要从事其他任何军事行动，主力船舰切勿接近中国，也不要涉入险地，以免遭到中国如料罗湾之役那样猛烈顽强的袭击。"

经过这场战斗，郑芝龙名声大噪。许多人都认为只有郑芝龙才能控制住荷兰人和海盗，掌握东南沿海的局势。之前同郑芝龙意见不合的邹维琏对郑芝龙的态度也大幅改观，甚至上奏朝廷称赞郑芝龙。他称郑芝龙虽然一开始并没有认真征剿红夷和海盗，甚至和他们还有来往，但经过他的训诫后，幡然悔悟，改邪归正。他道："芝龙慷慨男子，幡然悔悟，誓天剿夷，破家赏士。其持久之未发，实图谋于万全。虽借力于诸将，已拼死于前冲。劳苦功高，心迹已白。今既能为补过之孟明，臣当如王猛之待邓羌，请加显擢，以酬奇绩。"

实际上，郑芝龙在料罗湾之役胜利后，便派人去台湾同荷兰人讲和。11月，商人 Sidnia 同一艘中国帆船到达台湾，以受到海道委托的名义，向所有航往台湾的中国商船收税，并将一封信交予荷兰的商务员劳牛斯，关于此信的内容，荷兰人写道："（郑芝龙说）长官蒲陀曼是发动这次战争的人，他对此将如何负责？按照中国的制度，他是该死的。此外（郑芝龙）还说了很多空话，都是没有内容的，另用美丽的谎言，嘱咐带信来的那人秘密询问商人 Hambuan 及其他可靠的中国人之后，公开宣称，一官及中国其他大官们都很想要和平，战争使他们非常痛心，如果公司愿意赔偿几艘戎克船，或（于开始交易之后）赔偿其中的一部分，就可再建立坚固的和平关系，进行繁荣的交易，不过长官蒲陀曼必须首先写信去认错认罪。"

不久，郑芝龙便为荷兰人提供通商特权。这正是他一直想做的事，以此避免荷兰成为敌对势力，并分化荷兰人同海盗刘香的联盟。同时，为了增加自己的贸易收入，他还允许荷兰人到沿海通商，并派遣船只到台湾贸易，且鼓励中国商船到台湾贸易，每艘船上皆会悬挂郑氏令旗，以此来收取过路费，每艘船均要收取 3000 两白银。

在安抚荷兰后，郑芝龙便着手彻底消灭海盗刘香，但是刘香虽经料罗湾之败，其势力仍然强大，在崇祯六年（1633 年）年末至崇祯七年（1634 年）年初进攻盐州、厦门等地，屡次击败郑芝龙手下的将领，抢夺了许多船只。崇祯七年年三月，刘香屯兵澎湖，想同荷兰人再次联合攻打郑芝龙，并请荷兰的商务员 Pieterde Nimay 与 Nicolaes Harmansz 到澎湖商议。当荷兰人到达澎湖，看到刘香舰队盘踞澎湖，兵力共有 "43 艘戎克船，即 8 艘大型与 35 艘中型、小型的戎克船；还有约 80 艘其他船，分别停泊在澎湖的南边与北边，也有几艘从中国沿海夺取来的戎克船"。虽然刘香的兵力强大，但荷兰人并没有答应其请求，反而要求刘香尽快撤离澎湖。荷兰人在信中写道："即请他尽快率领他的兵力离开澎湖转往中国沿海，并且要让前来大员跟我们交易的戎克船自由地航行，不得攻击它们，或损害它们，否则，我们就必将把他当作敌人，并去跟一官合作。"刘香对荷兰人的反应感到不解，且相当沮丧失望。荷兰人对此表述道："他（刘香）是为要跟公司联手去攻击一官而专程来到澎湖的，因此他无法理解，我们怎么会这么快就决定要跟一官联合起来。"面对刘香

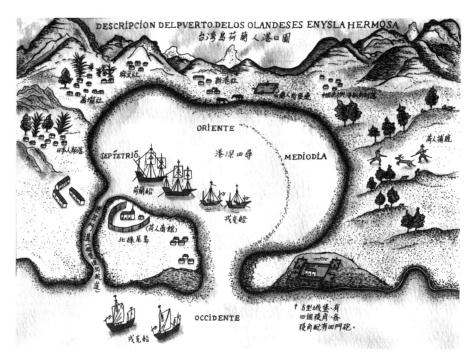

▲ 荷兰人绘制的大员港

的不解，荷兰人安抚说，东印度公司与中国开战只是为了贸易，之后还将和刘香维持友好关系。

刘香见同荷兰人联盟无望，便请求荷兰人帮他修船，并卖给他一些大炮，荷兰人并没有答应刘香的要求，只给了他"2桶火药，每桶50磅，两根好的大梁及五担的铅"。荷兰人的出尔反尔让刘香难以忍受。不久，他便对荷兰人采取了报复措施。1634年4月7日，刘香派8~10艘帆船航至大员附近。蒲陀曼见后，下令热兰遮城做好防御准备。次日夜里，刘香手下的600名海盗开始对城堡发起进攻，他们虽然攻下了荷兰人的两个碉堡，但始终都无法攻下热兰遮城，随即破坏了一批火药，又放火烧了几个窗子。

4月10日，刘香率50艘大船出现在大员北部的浅海区，其中约有七八艘是巨大的战舰。荷兰人之前曾听到消息称刘香准备从热兰遮城拿走所有财宝，并计划将整个舰队派来大员，将热兰遮城一举摧毁。荷兰人发现刘香的舰队后，大为吃惊，马上加强了防御，在沙丘下埋下地雷，用竹竿加高城墙，并将火枪、大炮对准刘香的船只，随时准备开火。面对荷兰人的防御，刘香放弃了进攻计划，转而南下澎湖，攻击了停泊在那里的帆船 De Blijde Boodschap 号，连人带船一起缴获，船上 30 名荷兰人都被刘香派去划船。

刘香同荷兰人摊牌后，又南下到闽广一带活动，并在广河赤岗头与明军爆发冲突，明军以压倒性优势取得了胜利，"郑芝龙等直抵广河之赤岗头。小丑（刘香）惊魂未定，势促计穷"。此战明军俘获崇武七、许龙、陈瑞善等贼党 500 余名，斩首级 600 余人，焚夺乌尾船 15 只，铳毙溺水不计其数。赤岗头大败后，刘香逃向雷州，郑芝龙督郑芝虎、陈鹏等在其后猛追，并在雷州白鸽与刘香再次激战。

这次战斗非常惨烈，郑芝龙的弟弟郑芝虎也在此战中阵亡。据《台湾外纪》载，战斗中郑芝虎趴在其座舰船尾，在刘香的座舰经过时，一跃跳入乱砍，刘香急忙组织贼众与郑芝虎的座舰展开接舷战。郑芝龙见此，急忙督船前去救援郑芝虎，郑芝虎一船从刘香座舰侧舷直冲过去，但被刘香座舰的侧舷炮击沉，郑芝虎座舰被击沉后，郑芝蟒船又逼近刘香船，郑芝蟒站在船头上，向刘香船投掷火罐，将刘香船引燃。刘香手下将领虎三见刘香船起火，急忙来救，不料郑芝豹从其后赶来，用舰首炮直接将虎三所乘之船的船尾楼击穿，打死了舵工，并进入官厅，将舱内的火药桶引燃，虎三船亦燃起熊熊大火。虎三见施救不及，情急之下，抱着大炮沉入海底。这时刘香的座舰已经岌岌可危，郑芝虎与刘香见已被大火包围，无路可逃，相互乱砍，一起被烧死。对此战中郑芝虎的表现，福建巡抚沈犹龙在奏疏中写道："独惜郑芝虎义烈自负，水将中最号敢战，遇敌跳荡鼓舞，乘樯如马，飞刀如虹，贼望之辟易，累战皆冒死决胜，其功最多亦最奇，竟与三百余人，一时同葬鱼腹，死忠如虎，可谓不死，非他弁偶战死事者比也。"

在消灭刘香后，郑芝龙掌握了东亚的海洋，依仗其军事力量，垄断了海上的交通贸易。"独有南海之利，商船出入诸国者，得芝龙令乃行，八闽群不逞者归之。"侵扰沿海多年的海盗在郑芝龙的威势下也不得不臣服，纷纷加入他的旗下。"（海盗）就抚后，海船不得郑氏令旗不能往来。每一舶例入三千金，岁入千万计，芝龙以此富敌国。自筑城于安平，海稍直通卧内，可泊船，径达海。其守城兵自给饷，不取于官。旗帜鲜明，戈甲坚利。凡贼遁入海者，檄付芝龙，取之如寄，故八闽以郑氏为长城。"

海贼与荷兰人的威胁被消灭后，郑芝龙还为出海贸易的商船提供了军事保障，使海商们免于被海盗与荷兰人劫掠。此前，海商每年都会因海盗劫掠而损失大量钱、货、船只，福建巡抚就曾云："今岁洋船之出洋者，以四十三只，而到漳者十只，到泉者二只，抛泊广东十只、温州一只，其余皆为贼夺驾以去者也。计贼所得商货银钱已数百万。"海疆的宁静与安全，为海外贸易的繁荣打下了基础，到崇祯十年（1637年）、崇祯十一年（1638年），每年驶往台湾贸易的中国商船就达百余艘。

但是这种好景并不长久。崇祯十七年（顺治元年，1644年），正当郑芝龙的事业蒸蒸日上的时候，明朝灭亡了。郑芝龙的人生也即将在下一个十字路口转向。

第七章

郑成功与清廷及荷兰人的战斗

南明的抗清活动

崇祯十七年（1644年）三月北京沦陷，明思宗朱由检在离紫禁城一箭之遥的煤山（今景山）悬树自尽。不久，吴三桂便引清兵入关，扫除"流寇"，占领黄河一带。同时，明朝宗室和遗臣在南京成立政府，即弘光政权。南明弘光政权为了征用郑芝龙的力量，封他为南安伯，镇守福建，调其弟副总兵郑鸿逵率舟师驻守镇江。弘光二年（顺治二年，1645年）五月，弘光政权败灭，郑鸿逵拥舟师不战，闻风而走，在杭州遇见唐王朱聿键，将其拥奉入闽。闰六月，朱聿键在福州登基，改元隆武，封郑芝龙为平夷侯、郑鸿逵为定虏侯，军国大权掌握在郑氏兄弟手中。

郑氏兄弟虽然掌握了军政大权，但却受到文官的掣肘，从而引起了激烈的党争，一方是武官郑芝龙及其党羽，另一方是以黄道周为代表的文官集团（黄道周在天启、崇祯两朝便是东林党的领袖，"清流"大业的中流砥柱，在闲居期间曾到东南的书院教授经典与哲学，一大批文官领袖和社会领袖都是他的学生）。双方为了谁尊谁卑的问题，也就是"清流"即文、"逆党"即武的"文武之争"，彼此相互指控，争吵不休。

最终双方的倾轧影响了战事。七月，首辅黄道周自请出关督师，郑芝龙手中虽握有大量的军队和粮草，但他只把数千瘦弱不堪的士兵和一个月的粮饷拨给黄道周，使黄道周不久便兵败遇害。八月，隆武命令御营右先锋郑彩援救江西。郑彩是郑芝龙的族侄，他接到命令后，拖延观望，拥兵不前。十一月，隆武又遣郑鸿逵、郑彩为正、副元帅，分别出征浙东和江西，二将出关四五里就停了下来，上书称自己需要等待粮饷。十二月，隆武亲征，郑芝龙却不愿随行，隆武只好让他留守福州，协助监国的唐、邓二王。郑芝龙在福州僭用"监国留后"的名义，隆武得知后，下诏"纠正"，但不敢追究他的罪责。

隆武二年（顺治三年，1646年）三月，清廷暗中遣使者与郑芝龙取得联系，同时，他的同乡、清招抚江南大学士洪承畴经征南大将军贝勒博洛的同意，也写信给他，称"许以破闽为王"，并以闽粤总督一职相诱。郑芝龙则向清廷许诺撤兵。六月，清军渡过钱塘江，浙江鲁王政权败溃，而博洛的使者也带着给郑芝龙的敕书到闽。这时，郑芝龙命令镇守入闽要隘仙霞岭的施福等人撤回安平。九月，隆武帝在汀州被清军俘获，随即在十月六日被杀。

十月二十六日和二十七日，清军未遇抵抗，进入了福州城。城内的居民几乎都已经离开，逃到了乡下。郑芝龙借口对付海寇入犯，已从延平撤回。这时他毁掉了在福州的军火库，再撤回安海。清军答应让他出任"闽粤总督"。于是他不顾手下将领及儿子的反对，仅带了由 500 名黑人士兵组成的亲卫队，于十一月二十一日与福州的清军会面。然而，清兵在深夜突袭了郑芝龙的军营，这些黑人士兵并没能保护郑芝龙的安全，郑芝龙被清军俘虏，不久就被押往北京。

郑芝龙决定降清，遭到其弟郑鸿逵、其子郑成功以及一些部将的极力反对。郑成功曾以"虎不可以离山，鱼不可脱渊，离山不威，脱渊则困"的道理进行规劝，但终未能劝止。在郑芝龙降清后，郑成功又在给父亲的家书中说："今即不能匡君于难，致宗社坠地，何忍背恩求生，反颜他事乎？大人不顾大义，不念宗祠，投身虎口，事未可知。"又说："从来父教子以忠，未闻教子以贰。"郑成功不满他父亲的"不顾大义""不忠"，与郑芝龙决裂。有这样的人生价值观可能是因为郑成功出身秀才，自儿时就受儒家经典《春秋》的熏陶，讲夷夏之防，讲君臣大义，讲忠君爱国。

隆武帝健在时，曾非常赏识郑成功，并收养了他，赐国姓，改名"成功"。清廷多称他为"郑成功"，直至今天一直延续这个称呼。但是当时大部分人，包括隆武帝在内，都称他为"国姓"。荷兰人、英国人、西班牙人与葡萄牙人都熟知他的这个称谓，因此西方普遍称他为 Coxinga，也就是"国姓爷"的音译。

永历元年（顺治四年，1647 年）春，清军袭击了安平。在安平城内大肆奸淫掳掠，郑成功的母亲受辱自杀，郑成功悲恸，到孔庙焚儒巾衣衫，拜先师，哭道："昔为孺子，今为孤臣，向背去留，各有所用，谨谢儒服，唯先师鉴之！"从此弃文从武，愤而起兵抗清，同陈辉、张进、陈霸、洪旭等九十余人，乘坐巨舰，断缆南行，至南澳招兵数千人。永历元年（顺治四年，1647 年）到永历二年（顺治五年，1648 年），福建发生饥荒，

▲ 郑成功到台湾后所绘画像，现藏于台湾博物馆

郑成功进攻广东潮州府，主要是为了获取粮食，同时也想利用潮州的混乱形势，因为当地数十名土豪、寨将已是"不清不明"。通过这次战斗，郑成功的地位得到提高。之后，郑成功回到厦门，并从其长辈手中夺取了厦门的控制权。

一、郑成功的军队

永历四年（顺治七年，1650年），郑成功招抚闽安、南澳诸岛后，将军队分为左、右、前、后、中五军。"功以辅明侯林察为左军，闽安侯周瑞为右军，定安侯张明振为前军，平彝侯周鹤芝为后军，自为中军元帅，用蔡福为内司中军镇。每军大小船一百号，凡有原镇，各分隶之。"由五军戎务（五军戎政）统帅，在五军戎务之下，设五位提督，分为左、右、前、后、中军的统帅。在提督之下，则设五镇，分别为左、右、前、后、中，每镇五协，有官兵1200人。每协五正领、十副领，每副领管十班。班设班长一名，每十班中，刀牌手6人，弓箭手4人，每班另配伙兵3名。

除五军这种普通的建制外，郑成功的军队还设有亲军系统，最早的亲军是亲丁镇，建立于郑成功南澳起兵时。但是，亲丁镇在永历六年（顺治九年，1652年）与清军的战斗中全军覆没。此外，还有永历四年（顺治七年，1650年）建立的戎旗镇，戎旗镇亲随中军，镇内设五协，每协五正领、十副领。成立之后，随着战事的扩大，戎旗镇又扩充为戎旗左右镇，据杨英的《从征实录》记载："永历十年（顺治十三年，1656年）五月，设戎旗左右镇，以林胜为左戎旗镇，拔左冲镇杨琦为右戎旗镇。吊各处乡勇训练铳器，配执百子花秆铳，设斩马刀、不空归木棍。每名兵另带铳弹三粒在身，遇敌投击，俱自此始。"戎旗镇中的成员除了选自各处的乡勇外，还在各提督军中选拔"久历戎武，精勇者"作为戎旗镇的战士。因此，戎旗镇的

▲ 进攻台湾的郑成功军队头戴八瓣或六瓣明铁盔，身穿罩甲、臂手、战裙，均是明军的传统甲胄

战力非常强，在郑成功的抗清活动中是一股中坚力量。

在戎旗镇之后，郑成功又在永历十二年（顺治十五年，1658年），建立了左右虎卫镇。"初一日，拨左先锋镇陈魁、援剿后镇陈鹏为亲军左右骁卫镇，管披挂官兵。改左右戎旗为左右武骧镇。后改武骧为武卫镇，改骁卫为虎卫镇。"其兵员从镇、营中挑选，"行张五军、王戎正同陈魁亲赴各提督统镇营中挑选，分为上、中等拨入左右虎卫镇。其中等，选而又选，方通上等吊入"。左右虎卫镇兵员皆由郑军中的精英构成，其编制为："每班带班长六员，配云南斩马各二、牌锺各二，弓箭则全班俱执。又十班之中，弓箭居四，刀牌居六。每班另募伙兵三名，挑带战裙、手臂、披挂随后，遇战便穿带，行伍免劳顿。各给口粮，每员各给大粮月三、四两不等。每副领管十班，每正领管二副领，每协管四正领，各员衔给，照左右武卫例：左虎卫左协林凤、右协王俊、前协郑仁、后协陈蟒、署领兵事管候缺正领班王大雄、副领班林凤、火攻营倪正；右虎卫左协黄安，正领班洪羽、刘雄，副领班张禄、许贞，右协赖兴，前协万宏，后协陈冲，领兵正中军张彩。每镇四协，并火攻领兵计上战官将一千二百员名。"江日升在《台湾外纪》中写道："各以五百筋石力能举起遍游教场者五千人，画样与工官冯澄世监造坚厚铁盔、铁铠及两臂、裙围、铁鞋等项，箭穿不入者。又制铁面，只露眼耳口鼻，妆画五彩如鬼形，手执斩马大刀。每人以二兵各执器械副之，专砍马脚，临阵有进无退，名曰'铁人'。每人月给饷银三两。有功者，擢为营将。令左虎卫陈魁统之。"左右虎卫镇的士兵装备精良，全身佩戴铁甲，手执斩马刀，自成立之初便是郑成功仰仗的中坚力量，负责维持军队的阵线，如在进攻镇江途中，郑军曾遇到清军骑兵的冲击，但在清军骑兵的数次冲击下，郑兵的阵线仍维持良好。这是郑军士兵都全身披挂铁甲，戴铁盔铁面具，只有两只脚没有被盔甲包裹。他们用长刀砍清军骑兵及战马，锐不可当。即便清军射中他们无盔甲保护的双脚，他们也能立即拔箭再战。清军大败。

荷兰人也曾遇到左右虎卫镇的"铁人"，并对他们所戴的面具有深刻印象："那条街上，从海边直到沙丘，充满武装士兵，他们拿着军旗和幡旗，大部分的人都戴着面具，看起来很恐怖，好像见到鬼怪。"荷兰人还曾见过郑成功的亲卫队："那帐幕前面有一队护卫军，估计有武装士兵600~800人，两边排列三行，他们带着很多旗帜，武器用黑色绸缎套着，绸缎用各种颜色的丝和金线很精致地绣着狮头和龙头。他们的头盔都有一束红毛，跟所有士兵一样，约有1尺（约33厘米），替代羽毛高立在头盔上。他们的大刀闪亮如银，看起来相当古典，好像古罗马人的样子。"

除上述记录外，荷兰人还见到了包围普罗民遮城的郑军部队，并对其进行了详细的描述：

  敌方士兵使用各种不同的武器。有些挽着弓，他们的背上挂着箭；另一些人什么都没有，只是左臂挽着一面盾牌，右手执着一柄好刀；另有许多人双手把持着一柄可怕的战刀，装置在一根一人高的木棍上。他们每人上身都套着一袭铁甲衣保护着，一片一片配合着往下垂，像是屋顶上的瓦片。手臂和腿裸在外边，借此可以完全防御来复枪的子弹，而动作仍能充分自由，因为这种铠甲长仅及膝，且全部关节之处都非常灵活。

  弓箭手向来是国姓爷最优良的部队，对他们十分倚重。他们只要挑准一分距离。

  盾牌兵是用来代替骑兵的。每十人中有个头目，他担任进攻并督促他的部下自行强冲敌阵，他们埋着头把身体隐藏在盾牌后面，以那么粗暴与大无畏的勇气去冲破对方的阵列，好像每个人都另有一具不用的身体剩在家里似的。他们这样继续不断地被迫前进，虽然许多人被打倒了，但也从不考虑停止，依然像疯了一样冲向前去，从不四周巡视他们后面有无同伴跟着。

  那些手执长柄刀、被荷兰人称作Soap-knives（皂刀）的人，担任与我们的Piekeniers（长枪兵）同样的任务，用以防止被敌人突破，并维持队伍中完整的秩序——如在他们的阵线被冲破时，这些执刀者便起而追捕那些逃兵，执行非常可怕的屠杀。

  他还有两个中队的黑汉兵（Blackboys），此中大多数原是荷兰人的奴隶，懂得如何使用来复枪与短枪这类武器，因此在福尔萨之战中给我方造成了很大的伤害。

除了用于作战的军、镇外，郑成功还在军队中设立了监察官系统。"初设总理监营以管大小监督、监营，监同各提督统阵出征，凡有军机重务，必繇报闻。拔督运都督翁天佑为总理监营，拔都督郑德、原正兵镇陈动为左右协理监营。"这些监察官除了监察军纪外，对军队中不听军令、临阵退缩的士兵，均有先斩后奏的权利，"另设监督、监营、督阵官，监同各镇出征战剿，受铁竿红旗一面，署'军前不用命者斩，临阵退缩者斩'，副将以下，先斩后奏"。这样就保证了郑军在战场上的纪律。因此，士兵们都毫不退缩，奋勇杀敌，从而大大增强了郑军在战场上的战斗力。

郑成功在建立其军队之初就想要训练出一支王者之师，并以恢复明朝江山为旗号。这就要求这支军队要有极强的战斗力和够硬的纪律，为此，郑成功为亲军部队配备了极精良的武器装备，并强化其训练力度，且建立了一套与明朝相似的监军制度，但与明朝不同的是，郑军中的监军多数都是由武职人员出任。武职人员监军，彻底摒除了明朝监军制度中文人干扰指挥、宦官弄权等积弊，所以郑军士兵的纪律性要好于明末的诸多部队。

二、军费的来源

建立上述军队需要大量的资金。为此，郑成功建立起了一个复杂的财政系统，为其军事活动筹措军费。其大部分收入，均是来自海外贸易，而负责海外贸易的组织便是"五商"。永历四年（顺治七年，1650 年），郑成功夺取厦门、金门后，控制住了中国的海外贸易通道，以此为根据地，建立五商，组织联络国内同海外的贸易。五商又分为山、海两路。山五商设于杭州及其附近，分为金行、木行、水行、火行、土行，负责在领到公款后，收购各地的特产，并送往厦门，将货物交给海五商后，再去领购货款。海五商的总部设于厦门，分仁行、义行、礼行、智行、信行，海五商负责将山五商运到厦门的货物销往海外。每一行拥有海船 12 只，通常航行至日本、吕宋、交址、暹罗、柬埔寨、西洋等地贸易。对郑成功这些贸易活动，荷兰人在日本长崎《热兰遮城日志》与《荷兰商馆日志》中有相关记载。

《热兰遮城日志》中记载的郑成功贸易活动

日期	内容
1653 年 8 月 23 日	1 月 23 日从这里开出去的何斌船，今天自东京（Tonquen）与国姓爷船一起入港。
1655 年 3 月 9 日	属于国姓爷的船只 24 艘，自中国沿岸并去各地贸易。其中向巴达维亚去 7 艘，向东京去 2 艘，向暹罗去 10 艘，向广南去 4 艘，向马尼拉去 1 艘。
1655 年 8 月 17 日	国姓爷船 8 艘自巴达维亚回归。据说还有自暹罗等地归来的。
1656 年 12 月 11 日	今年从中国有官人国姓爷的戎克船到那里（柬埔寨），收购了很多鹿皮及其他货物运去日本。

《日本长崎荷兰商馆日志》中记载的郑成功贸易活动

日期	内容
1649 年 7 月 17 日	一官的儿子所属的船只一艘，自安海入港。听说装载了白生丝 5000 斤、Poil 绢丝 5000 斤，以及其他织物等类颇多。
1650 年 10 月 19 日	一官的儿子的戎克船一艘自漳州开到。装载生丝 120100 斤、纶子 1800 匹、纱绫 1800 匹，以及绸绉、药材等颇多。又还有 4 艘戎克船，搭载了很丰富的货品也要来……
1651 年 8 月 4 日	傍晚，一官的儿子所属的船只一艘，自广州装载了纱绫、纶子等货，估计银值 40 箱的货物入港。
1656 年 2 月 1 日	自 1654 年 11 月 3 日在我们最后一艘荷兰船开缆以后，至 1655 年 9 月 16 日，这期间有由各地开来的中国戎克船 57 艘入埠。即安海船 41 艘，其大部分系属于国姓爷的；泉州船 4 艘、大泥船 3 艘、福州船 5 艘、南京船 1 艘、漳州船 1 艘及广南船 2 艘……上述各戎克船总共装载生丝 140100 斤，此外还进了大量的织品及其他各种货物。这都结在国姓爷的账上。

从以上两表可知，郑成功所经营的贸易，活动范围遍布日本、越南、交址、广南、暹罗、马尼拉、巴达维亚等地，几乎遍及整个东亚和南洋诸海域，是郑成功重要的财政来源。

郑氏叛将曾经向清廷检举隶属山五商的商人曾定老，并列出各商领过国姓爷本钱的数据："一、顺治十一年正月十六、七等日，曾定老等就伪国姓兄郑祚（即郑泰）手内领出银二十五万两，前往苏、杭二州置买绫、紬、湖丝、洋货，将货尽交伪国姓讫。一、顺治十二年五月初三、四等日，曾定老就伪国姓管库伍宇含手内领出银五万两，商贩日本，随经算还讫。又十一月十一、二等日，又就伍宇含处领出银十万两，每两每月供利一分三厘，十三年四月内，将银及湖丝、缎匹等货搬运下海，折算母利银六万两，仍留四万两付定老等作本接济。"单曾定老一人便从郑泰处领取了 25 万两白银，作为本金收买各地货物，可见五商贸易量之大。

除五商外，郑氏还有"东西洋船"组织从事海外贸易活动。曾任郑经户官的杨英在其所著的《从征实录》中写道："永历十一年（丁酉）五月，藩驾驻思明州（厦门），稽查各项追征粮饷、制造军器及洋船事物。本年二月间，六察常寿宁在三都告假先回，藩行令对居守户官郑宫傅察算，裕国库张恢、利民库林义等稽算东、西二洋船本、利息并仁、义、礼、智、信、金、木、水、火、土各行出入银两。时林义因陈略西洋一船本万余未交付算，已先造报本藩存案明白。寿宁谓：'林义匿赚此项系与郑户官瓜分欺瞒。'密陈本藩，藩未见册，亦心疑之。但报册系藩标日钤印可查。"从《从征实录》所载可知，第一，东、西洋船同五商没有统属关系；第二，在五商和东西洋船之上设有两个"公库"，一是"裕国库"，主管是张恢，二是"利民库"，主管是林义，西洋洋船船本、利息都交于利民库；第三，各库收支，均需每日列册向郑成功报告，郑成功核阅后标以日期，加盖大印；第四，户官直接掌管各公库、行、船；第五，六察官负责稽查户官及各行、船。

郑成功跟他的父亲一样，不仅直接派遣人员从事海外贸易，还向沿海私人商船发放"准许证"，凭此征收船税。郑成功曾在给居住在日本的田川七左卫门的信中说："东洋船应纳饷银：大者贰千一百两，小者亦纳饷银五百两；俱有定例，周年一换。其发牌之商，须察船之大、小，照例纳饷银与弟，切不可为卖，听其短少！不佞有令，着汛守兵丁、地方官盘验，遇有无牌之船、货，船没官，船主、舵工拿解。兹汪云什一船系十年前所给旧牌，已经地方官盘验解散，接吾弟来字，特破例从宽免议，但以后不可将旧牌发船，恐遇汛守之兵，船只即时搬去，断难追还，其误事不小！切宜慎之！所请新牌即着还给，交汪云什领去，如短少吾弟饷银，后年再不发给也！此札。名具正幅。"田川七左卫门是郑成功同父同母的胞弟，田川七左卫门并未与其母田川氏一起返回中国，而留在了日本。从郑成功的信上可知，郑成功向航向日本的商船收取 500~2100 两不等的船税，并发给这些船牌照，有时还需其在日本的弟弟代收。

五商的贸易收入和船税收入虽然金额庞大，但要作为支持郑成功常年在东南沿海抗清的军费还略有不足，为此，郑成功还在东南沿海向富户、乡绅征收饷银。《从征实录》载，永历八年（顺治十一年，1654 年）收复漳州后，"行忠振伯派漳城虏缙绅、富户取饷。时漳官多无出仕清朝，惟张明俊一人派及焉"。这里的"虏缙绅"指的就是出仕清廷的乡绅，既然他们已经背叛明朝，让其为郑成功的恢复大业出点钱也就无伤大雅了。而没有背叛明朝出仕清廷的人则没有被征派，漳州因出仕清朝的官员少，只征派张明俊一个人。这些出仕清廷的官员往往身怀巨款，郑成功每次都能从这些人身上征收大量银两。《从征实录》载，郑成功在同清军议和时就曾派人到漳、泉地方征收"乐助兵饷"，"以和议起，分遣各勋镇就漳、泉派征'乐助兵饷'。追晋南地方饷二十万，进入龙岩地方征饷二十万，往惠安、仙游等地方征饷三十万。是年，计派漳属饷银一百〇八万、泉属助饷七十五万有奇"。仅这一次便征得饷银 183 万余两，而当时清朝制造长 10 丈的鸟船只需白银 800 两，这些银子足够建 2200 余艘作为清水师主力战舰的鸟船，可见这些降清乡绅聚敛财富之巨。

三、与清廷的战争

郑成功自起兵后，与清军征战数十年，其作战思想与方式同其他的抗清力量大相径庭，给清廷带来极大的困扰。因郑军多由沿海居民组成，善于驾舟，惯于水战，所以郑成功多利用一种类似海盗袭扰的方式与清军作战，并以金门、厦门两岛为基地，走海路进攻清廷。即使在陆地上与清军交战，也多选在海滨之地。

郑军作战方式也与海盗类似，凭借水师的优势，多在海上与清军交锋，并采取避实就虚、以多打少的方式来同清军作战。如永历九年（顺治十二年，1655年），清朝趁郑成功主力出征粤东和浙江沿海，再次进攻厦门，并借故撤换掉了汉臣闽浙总督刘清泰，认为汉人无用，不可靠，改任满臣屯泰为闽浙总督，郑亲王世子济度为平南大将军，率领八旗入闽，准备用满洲将领专剿"海寇"。清军统帅济度在劝降郑成功失败后，在各地征调船只，准备兵分两路，进攻郑成功。一路以泉州守将韩尚亮率拼凑起来的水师船只，进犯厦门思明州；另一路则由大将章佳·达素统领陆军，进屯郑氏老家石井，准备进攻白沙城。

为了抗击清军的入侵，郑成功再次下令将思明与白沙的平民以及将士的家眷转移到海上诸岛，然后调遣水陆官兵，布阵以待。清军分三路出击：一路水师船身刷白色漆进犯白沙，一路水师船身刷红漆进犯金门、浯州，另一路船身刷乌漆进犯厦门思明。

永历十年（顺治十三年，1656年）四月十六日，清军水师大举从泉州出发。郑军水师则出围头湾外迎战，出动水师左右军并援剿左镇黄昌、信武营陈泽、水师内司镇左右协统巨舰24艘与清军决战。清军水师的船只大多由渔船、沙船改造而来，而郑军的船只皆是配有数门红夷大炮的铳船，与郑军相比，清军在质量上明显居于劣势。刚一交锋，清军的前锋船只便遭遇了王明率领的左协舰队，王明下令铳船开炮，结果只发了一炮，清军船只马上就被击沉一艘。清军一看火力同郑军不是一个等级，不敢继续前进，准备调头逃走。郑军水师信武等镇营乘势追击。此时忽然狂风大作，海面开始起雾，能见度非常低，甚至看不到敌人的船只。郑军水师见天色突变，急忙撤回围头湾停泊避风。清军水师的反应速度慢了一些，来不及躲进泉州港与深沪港（在围头湾的东北）结果在狂风的猛烈袭击下，损失惨重。有一些清军船只被大风吹刮到了郑军停泊的围头湾，马上被郑军水师所掳获；有一些船只随波逐流漂到金门、青屿，清军官兵弃船登岸后，马上向岛上的郑军乞降；还有一些船只漂向大海深处去，连清军的海军总指挥韩尚亮的船也被狂风袭沉，韩尚亮葬身大海。

这阵飓风让郑军水师大获全胜。清军光是被郑军掳获的大船就有 10 艘，被郑军击沉、焚毁者，达三十余艘，还有十余艘在清军弃船后被狂风卷到外洋无法收回。

这场战斗清军大败，伤亡惨重，泉州提督韩尚亮首先毙命，其余满汉官兵被郑军俘虏甚众，郑成功下令将俘虏的清军士兵割掉耳朵与鼻子，然后将其放还，以此告诫济度"毋得轻为动兵"。达素只能感叹渡海之难，下令收兵返回泉州。

当在海上赢得胜利后，郑成功并没有急于正面进攻漳州的清军，而是趁济度和总督、提督均在漳州，省城兵力空虚，密令提督甘辉率领左戎旗、左右先锋等 15 个镇（每镇 4～5 协，每协 500 人）的在船官兵袭击福州。七月十八日，甘辉率师入闽江口，攻占闽安镇，随即分路进围福州城。济度不得不急令大军放弃进攻厦门，连夜北援。甘辉知援兵将到，福州城坚难下，于二十七日退守马尾罗星塔、闽安镇一带。清军在郑军撤围时出城追击，被左戎旗镇左协黄安等杀退。

虽然郑成功的作战方式与海盗相同，但其步兵的精良程度却是海盗无法望其项背的。郑成功的步兵极精，不仅可以在海上水战完胜清军，在陆地上，与清军作战也不落下风。十二月，郑成功率师进取罗源、宁德。郑军由梅溪登岸，翻越飞鸾岭、白鹤岭，进围罗源城。济度即派梅勒章京（梅勒章京为清军旗的副主官名称）阿格商、巴都、柯如良三将领满洲步骑数千人驰援。郑成功遂引军向宁德转进，清军尾随。郑成功命甘辉断后，以计诱敌。二十九日，郑军迅速开进，阿格商不疑有他，径自追赶。至罗源边境护国岭时，甘辉令左先锋镇周全斌埋伏在左边，援剿后镇陈魁埋伏右边，自率一部迎击。阿格商督军向前，弓箭齐发，甘辉拼死抵挡，所部伤亡颇大。随后，左右伏军齐出，清军稍退。因道路狭窄崎岖，不利骑兵行动，阿格商下令下马死战。甘辉见清军披挂（铁甲）沉重，步战易疲乏，便与周全斌商量："虏倚马为长技，今下马是来送死。但闻格商名将，每以打死仗得胜。本藩前程去远，虏众我寡，又俱真满披挂，未可轻视。须令将领各纠精神，死中求生，以计取之。彼下马逼我，我照操法三退诱之，彼披挂必倦，然后我兵齐进，以一当百，可取胜也。"郑军分三次逐步撤退，阿格商果然中计，分三次进行追击。这时清军已筋疲力尽，郑军抓住机会，展开反击，陈魁执牌持刀直取阿格商，被对方射中两箭，又伤了一刀。幸好在危急之时，陈蟒赶到，杀了阿格商，救回陈魁。清军士卒见阿格商被杀，开始后退。甘辉趁势杀入，许多清军士卒来不及上马就被郑军杀死，巴都、柯如良也在其中。随后，清军余部又来夺尸，恰好郑军右提督马信领兵回援，与甘辉合力赶杀。清军仅存数百骑逃回福州。济度见折兵损将，一无所成，便于次年正月离闽还京。

这两战，郑军分别在水中、陆上大败清军，打击了清廷的嚣张气焰，使清廷用满洲将领专剿"海寇"的计划化为泡影，又使得郑成功可以安心北伐，同时也证明了满洲官员和将领同刘清泰之流并无多大差别，同样都败在郑成功手中。清廷失败后，随即改变了以满洲官员专剿"海寇"的计划，将屯泰撤职，济度撤回，并重新启用汉臣李率泰继任闽浙总督，随后将闽浙分设两总督，以李率泰任福建总督，专力应付厦门。

永历十三年（顺治十六年，1659 年），经过精心的准备后，郑成功誓师北伐，攻入长江，围攻南京，但郑成功骄傲轻敌，准备孤注一掷，在南京城外同各处集结的清朝援军决战，被清军击溃，幸而其海船竟没有任何损失，使得郑成功可以从水路撤回厦门。清廷乘胜追击，认为郑成功败丧之余毫无抵抗能力，可以一举荡平厦门，并任命达素为安南大将军，率领清军入闽，又命明安达礼率军自江宁出发，由海道进攻厦门。

永历十三年（顺治十六年，1659 年）十二月，郑成功得到消息，达素率万余骑前来剿海，并调浙、直、广东数省水师合剿。永历十四年（顺治十七年，1660 年）三月，安南将军达素抵达泉州，准备以泉州为基地，进攻厦门岛。达素同李率泰做了周密的部署，决定以达素、明安达礼、李率泰分别指挥三路大军，由海路进攻厦门，并让施琅、黄梧的部队担任西面和北面的先锋，决定彻底消灭郑成功的部队。对此形势，郑成功判断："彼因江南之败，欲乘我喘息未定，前来攻击。候彼整船调兵，必于五月。厥时南风正盛，江、浙沙船未必敢出，惟虑粤东而已。"

郑成功自南京败归后，虽经过半年的休整，但士气依然没有恢复到南京战前的水平，得知清军即将大举进犯后，颇为顾虑。他将下属的家眷和厦门的老弱残兵全部移往金门，以便保护。同时，集结所有兵力和舰船于厦门海面，决心同清军决一死战。

四月九日，郑成功谕告全军官兵："照得狡虏有必败之机，在我益当决必胜之算。去岁我师数千里直抵长江，登岸杀虏，瓜镇之满汉精锐，歼灭殆尽。何况虏欲舍弓马长技，以与我争横于舟楫波涛之间，以寥寥船只，驱叛兵残卒而尝试之。主客之形既不相如，水陆之势又甚悬绝，其胜败固已了若指掌矣。此天夺虏监而假手于我将士，我将士鼓勇用命，何难灭此朝夕？且虏数十年来，战守伎俩已不遗余力，今之狡焉一逞，是所谓不到黄河心不休也。此番大破虏锋，则虏计无复施，束手以听命，自兹而中兴大事已定，我将士之勋名富贵在此一举，我将士数十年风波锋镝从征之苦心从此而发舒。"

二十四日，郑成功制定同清军的作战计划。因清军无大船，所以郑军只用中号船破之，并令每镇挑选二号中船及水艍船作为头叠，一号大船作为二叠，规定遇敌时，头叠船为前锋，首先冲击敌阵，二叠船在适当时机策应，每船另选派精兵，在大船上派 40 名，中船上派 20 名，水艍船上派 15 名，坐在船舱之内，待本船与清军战船接舷时，一齐从舱内冲出，与敌人作战。

郑成功的情报网在四月底便侦知清军水师的动向：四月二十日，同安港有清军战船百余艘出港会师，漳州港有战船三百余艘，限五月一日祭江，出港会师。清军水师头叠由"满虏精英"组成，船身俱涂以红色作为标识；二叠则是由一般的满汉官兵组成，船身涂以乌色作为标识。清军水师主力以八旗为主，郑氏降将施琅、黄梧等仅配以八桨船这样的小船。达素本人则坐镇札星屿，准备派清军突袭五通、高崎、赤山坪、东渡等地。

为了防御清军的进攻，郑成功派援剿前镇防守高崎寨，殿兵镇、前冲镇、智武镇防守蟹仔寨与赤山坪，游兵镇防守东渡寨。另拨宣毅后镇吴豪、后冲镇黄昭、援剿后镇张志、左冲镇郭义率领水师拦截高崎、五通等处的清军船只。五月一日，郑成功驻演武亭，拨忠靖伯陈辉、闽安侯周瑞、援剿右镇下杨元标、前提督下方左荣等领所部船只泊海澄港，以堵截在漳州的清朝大队水师。

五月八日，郑成功得到情报，准确地得知清军将于五月十日发动进攻。郑成功在获悉清军的部署后，亲自驾驻舟中，率前提督黄廷、右武卫镇周全斌、援剿左镇黄昌、右镇林顺、正

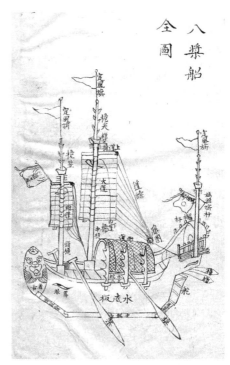

▲ 八桨船船长3~4丈，是一种小型战船，平时多用于在近海进行哨探

戎旗镇杨富等领海军驻扎在离海澄不远处的海门，准备迎战清军水师。

五月十日辰时，漳州海澄港的清军水师共 400 多艘战船，趁海水退潮直扑圭屿。圭屿位于厦门与海澄的交界处，岛屿周长约 1 里，清军出动时，风向、潮流对郑军都不利。郑成功见清军水师顺流而下，便派陈尧策前往传令各船："不准起碇，泊定一条鞭，与之打仗，候潮平风顺，有令方准驾驶冲杀。"

在郑军舰船中，作为前锋的是忠靖伯陈辉与闽安侯周瑞的坐船，以及援剿右镇下杨元标、前提督下左荣等所领的数艘战舰，这些舰船位于郑军舰队的最前方，因此也成为清军水师的首要攻击目标。

清军水师乘潮而下，以"数船攻一船"，凭借数量优势围攻陈辉、周瑞与杨元标的船只。此时正值退潮，而郑军舰队泊于逆潮地，如果前方的船只起碇，船只很有可能漂向大海，撞击到舰队后方的船只，如果这样的话，这场海战郑军必败无疑。所以郑成功在开战之前便严令各军船只在潮平风顺之前不准起碇。

军令如山，虽然陈辉、杨元标等数艘战舰被清军数十艘战船围攻，但其他郑军船只只能在远处以炮火、弓箭支援，而不能近处救援。清军用数艘船只将杨元标的铳船钉住，炮火齐发，并架梯登船。杨元标则用船上火炮，向清军猛烈还击，虽然击毙了许多清军，但是众寡悬殊，最后清军跳上铳船，杀死杨元标，缴获其船。

其他郑军战舰战况也十分惨烈。陈尧策、周瑞一船及方左荣一船皆被清军烧杀，忠靖伯陈辉的战船也遭到清军轮番进攻，矢石如雨。这时船内的郑军士兵几乎伤亡殆尽，清军水兵开始跳上甲板，陈辉与残余士兵且战且退，退入官厅之内。这时，清军中的满兵认为可以生擒陈辉，为了抢功，蚁集上船，总共上船 200 余人，陈辉见无路可退，在船舱中放满火药，清军上船时，陈辉点燃火药，刹那间火药爆炸，冲碎了甲板，甲板上的清军全被炸死，尸体四散无存。经此一战，清军竟然被吓得不敢再与郑军接舷，不敢登船，两船交战，其他船仅对射炮矢。

虽然郑军的前锋舰队损失惨重，但清军为了对付郑军前锋舰队的数艘船只花费了大量时间，一直与其交战至巳时。这时，海水退潮结束，风平浪静，郑成功一直等待的机会降临，他随即下令所有战船拔碇起航。此时清军战船分为两队，冲锋在前的船只都漆着红漆，清一色的满兵，紧随其后的船只漆着乌黑漆，为满汉水军，400 艘战船直冲向郑军舰队。

郑军稍微后撤至圭屿，郑成功亲自驾一艘小船往来于各船之间，指挥作战。

右武卫将军周全斌的坐船同正、副煩船率先冲入敌军舰队之中，正副煩船的火炮弹重十余斤，威力强大，连续击中清军的船只，时人形容当时情景，"龙煩所及，船中之人顷刻不见形骸"。与此同时，郑军左冲镇的舰队迎风而进，夺取清军前锋昂拜、章红眼一船，舰上清军将领哈喇土心等十余人被郑军俘虏，其余将士均被郑军杀死。

清军的舰队被冲散后，郑军乘风冲犁，所获颇多，使清军的前锋舰队遭到重创，大多数船只均被郑军击沉或焚毁。此外，郑军还俘获多艘清军船只，清军将领呢马勒、石山虎等人被郑军生擒，被清军夺去的杨元标的铳船也被郑军重新夺回。看见战场上的郑军正处于优势，施琅、黄梧等不敢率船前进，只在一旁观望。

至正午，海面上刮起强烈的南风，由于郑军的位置偏南，更为有利，户官郑泰自金门率鸟船 50 艘乘势冲入，宣毅右镇、左先锋镇从鼓浪屿后冲出，夹击冲犁清军舰队，此时"炮声如雷，隐隐不绝，烟火迷江，咫尺不辨"。经过一番血战，清军大败，被擒清军船只达 13 艘，焚沉击毁不计其数。有 3 艘清军船只迷失了方向，搁浅在圭屿，大约有 300 人，最后被郑军包围，郑成功下令"不杀来降"。次日，郑成功发现这些人并无降意，便下令将船与人一起沉入海底。

至此，在漳州海澄出发的清军主力舰队被郑军击溃。然而清军并未就此放弃进攻，辰时，达素总督满、汉兵船在厦门岛的赤山坪登陆。

清军先让汉兵登陆，满兵跟在汉兵之后依次登陆。但是这个登陆点并不十分理想，水浅泥深，士兵的腿陷入泥中，行动困难。

郑军以前冲镇的翼将黄麟为头叠，率领部队反击，但清军人多势众，很快黄麟便抵挡不住，渐渐向后撤退，清军一拥而上。此时陈璋指挥的殿兵镇也投入战斗，在水中与清军交战，矢如雨下，战斗十分激烈。虽然郑军仍坚守阵地，但清军已经逐渐占据上风，郑军渐渐不支。

此时，清军的军队源源不断地登陆，情况十分危急。陈鹏所指挥的右虎卫镇本应前去救援，但陈鹏私下暗通施琅，企图按兵不动，配合清军进攻。其手下右虎卫镇左营的陈蟒为殿兵镇指挥陈璋的侄子，见陈璋势危，坚决要求出兵救援，但陈鹏不许。幸好五军戎政王秀奇及时赶到，严令右虎卫镇进兵，协助殿兵镇抵御清军，派右协陈蟒、领旗协刘雄率各自的部队支援赤山坪的郑军。同时前协的万宏、领兵林雄力等人也极力请求作战，陈鹏无法禁止手下将领们的行动，右虎卫镇除陈鹏外全员加入了战斗。

清军看见陈蟒的铁人军后，以为是陈鹏派来投降的部队，开始疯狂下船砍杀，抢夺军功，致使阵型非常混乱，前冲镇刘俊趁势从清军东侧冲入清军阵中。这时，潮水将涨，清军的部队还有许多人没有登岸，而郑军的水师又从各面集结而至，清军舰船被迫与郑军水师交战，郑军开始控制战场的主动权。郑军反攻之后，大多数在滩头的清军登陆部队的士兵都陷入浅滩泥中，死伤惨重，而水师在郑军围攻之下也陆续被击沉多艘船只。安南将军达素见情势不妙，也下令同安水师撤回港内，留下浔尾水师断后。

到五月十三日，浔尾清军水师在郑军中冲镇、宣毅前镇水师的打击下，也返回浔尾港。这次清军集数省力量发动的围剿厦门岛的进攻战，终于全线失败。此战清军被杀及溺死者不计其数，被郑军生擒的300余人均被郑军断掌、割耳放回。

厦门岛保卫战对郑成功而言是一次生死决战。在南京战役、崇明战役失败之后，郑军上下弥漫着失败的氛围，连郑成功麾下最精锐的右虎卫镇，其将领陈鹏都私通清军，险些酿成大患。在非常不利的情况下，郑成功没有动摇决心，充满自信地进行了一场绝地反击，再次捍卫了自己海上霸主的地位，并且以此光辉一役挽回军心与士气。凭借此役的胜利，郑成功避免了被西南李定国覆灭全军的命运，使得东南抗清旗帜屹立不倒。

战后，郑成功严惩叛逆，右虎卫镇指挥官陈鹏私通清军，被处以凌迟之刑。右虎卫协将陈蟒在厦门战役中表现突出，被任命为右虎卫镇指挥官，同时组建新的左虎卫镇，由何义为指挥官。郑成功准备重整旗鼓，并将目光转向另一个目标——台湾。

四、收复台湾

在挫败达素的进攻后，郑成功在厦门的基地得以保全，郑成功开始着手解决自己部队的内部问题。早在郑成功北伐时，郑军就时常遇到粮食缺乏的情况，因此郑军在军队出征时经常需要专门派军队去沿海各地"取粮"。除粮食问题外，郑成功在金门、厦门的基地，土地稀少，住房缺乏，许多郑军将士的家眷只能住在船上，在出征的时候，家眷只能随着船只出征，给出征的军队带来很大的负担。为了解决上述问题，郑成功决定找一个土地广阔，可以为军队家眷提供住所的后勤基地。他选中了台湾。

海上贸易是郑氏集团的经济命脉，郑成功的军饷、军费全赖于此。但自荷兰人占据台湾之后，郑氏派往南洋贸易的海船便经常受荷兰人的骚扰。17世纪50年代，郑成功便同荷兰人有过接触，因郑成功经常派船只到东京、满剌加、柬埔寨等地贸易，抢占了其市场，影响了荷兰人在当地的贸易利润，荷兰人写信威胁郑成功，要求郑成功退出市场，如果不退出市场，荷兰人便要采取行动，但郑成功非但没有按荷兰人所说退出市场，反而对荷兰人实施了贸易制裁，禁止福建所有的船只开往台湾。

永历十五年（顺治十八年，1661 年）正月，郑成功驻厦门，与诸将领密议收复台湾："天未厌乱，闰位犹在，使我南都之势，顿почат瓦解之形。去年虽胜达房一阵，伪朝未必遽肯悔战，则我之南北征驰，眷属未免劳顿。前年何廷斌所进台湾一图，田园万顷，沃野千里，饷税数十万，造船制器，吾民麟集，所优为者。近为红夷占据，城中夷伙，不上千人，攻之可唾手得者。我欲平克台湾，以为根本之地，安顿将领家眷，然后东征西讨，无内顾之忧，并可生聚教训也。"

二月，郑成功驻扎金门城，集结部队，整理船只。前提督黄廷居率船七八十艘镇守思明州（厦门），派户官郑泰率船二三十艘镇守金门。二月一日，祭江。郑成功督文武官亲军武卫周全斌、何义、陈蟒、提督马信、镇将杨富、萧拱宸、黄昭、陈泽、吴豪、林瑞、张志等作首程先行，各船至料罗湾等候出征。三月二十三日午时，舰队自料罗湾出征，一天后，舰队抵达澎湖休整。二十七日，船队再次出征，但在柑桔屿遭遇逆风，不得已返回澎湖等候顺风的到来。三十日，顺风到来，船队顺利起航，并于四月一日到达台湾鹿耳门线外。

早在郑成功出兵之前，荷兰驻在暹罗的商务员 Van Rijk 便从抵达该地的两艘交址帆船及一艘厦门帆船处获得消息："国姓爷已集结战斗用帆船 200 艘以上于厦门及其附近，并努力集结更多，命令凡在日本的帆船主等立即返航，违者将予处死。另外，在交址、柬埔寨、暹罗及其他地方的帆船，已不再驶往日本，命其载米、硝石、硫黄、锡、铅及其他物资直接驶往厦门。据说，因鞑靼人对中国本土完全断绝了他的通航贸易，且因这样的形势愈加严峻，致使他已着眼于附近称便之岛例如台湾或吕宋，于即将到来的季风期，率大军予以占领，并有可能定居于此，云云。"

与此同时，在郑成功出兵之后，清军也获得了郑成功攻打台湾的消息，并获得了郑成功征台兵力的详细部署，据清军泉州水师营参将沈明义报称："伪国姓于上月二十四日晨率船队出海，直奔台湾，带有伪总兵周全斌等十三镇一万二千六百余人。"除此之外，郑成功在福建沿海布下重兵防御清军的进攻，"又有大小百余号战船镇守海门。又有七八十只船分守福田、浮宫两处。伪左冲锋黄安镇守高崎等处，计有七八千人。又伪英兵镇至金门防守，计有兵七八百，船二三十。其余在东山之伪镇，尚未调回。在厦门等处实有战船三百余号"。又据向清军投降的郑官毛成林称，在厦门等处防守的郑军共 4 万余人，相对于第一批登陆的 1 万余人来说，郑成功的部队大部分都在厦门附近防御清军的进攻。

郑成功之所以这么做，是因为清军虽然在之前的厦门保卫战中损失惨重，但仍有相当数量的船只可供调遣，凭借全国之力，亦可以再组建出一支大军进攻厦门，而厦门又是郑成功反清复明的基地，离泉州、漳州海岸极近，迫于清军的压力，必须派大量的士兵（在厦门附近便部署了 4 万余人）和船只防守清军的进攻。这导致郑成功自己只能率 12600 名士兵、300 艘帆船出征台湾，且其所率船只还是各地征调而来的商船。这时所征调的商船火炮稀少，每艘船上都只配有两门小型火炮，通常只用于防备海盗，无法对荷兰人的船只、城堡造成有效伤害。

针对此种困境，郑成功并未直接进攻热兰遮城，而是趁涨潮时，绕过热兰遮城上的火炮覆盖地域，从鹿耳门直接进入大员湾，并把目标对准了荷兰在台湾本岛建立的普罗民遮城。普罗民遮城与热兰遮城隔海相望，位于大员湾岸上，一旦攻下这座城堡，那么整个台湾本岛就在郑军的控制之下，再加上郑成功在北线尾部署的兵力，这样就对热兰遮城形成了一种包围的态势。

郑成功一面派人在北线尾沙洲的西端登陆，控制大员的出入航道，并令陈泽督宣毅前镇和虎卫部队扎营北线尾，一面派大部队在大员海岸登陆，攻打普罗民遮城和赤嵌城。荷兰人见宣毅前镇在北线尾扎营，便派出拔鬼仔率领 250 名火枪兵进攻在北线尾的郑军。此时的荷兰人极为自大，认为 25 个中国人还抵不上 1 个训练有素的荷兰士兵，拔鬼仔还在出发前向士兵训话："中国人是胆小鬼、娘娘腔，他们禁不住火药的味道和火枪的声响。只要双方一交锋，他们中有几个人中枪倒地之后，他们所有人就会立刻转身而逃。"

拔鬼仔之所以有这样的认知，是因为早在永历六年（顺治九年，1652 年）在台湾爆发的反抗荷兰殖民统治的武装起义中，荷兰人只用 120 名士兵便击败了数倍于己的中国起义农民，他们因此先入为主，片面地认为只要是中国人，便是懦弱的、没有忍耐力的，并未对农民和士兵加以区分，甚至每个荷兰士兵都抱有这种固执的偏见。然而这次荷兰人并不像上次一样幸运，他们错估了形势，他们所面对的不再是起义的农民，而是长年同清军作战的职业士兵，其中就包括郑成功的虎卫部队——铁人军。

抱着必胜的信心，拔鬼仔极有自信地率领队伍向郑军发起进攻，与其对阵的是

▲ 普罗民遮城复原模型

▲ 荷兰人绘制的北线尾大战

▲ 郑成功的军队同荷兰人在北线尾的战斗，F为荷兰人的火枪队，G为绕后宣毅前镇的士兵，H为郑军的指挥官

陈泽所率的虎卫部队。陈泽并未盲目发起进攻，而是从队伍后方派出一群士兵，在队伍前方架设了50只大型火绳枪，准备与荷兰人对射，并派数艘帆船载着宣毅前镇的700余名士兵，在拔鬼仔队伍后方的沙丘登陆。荷兰人以12人为一排，向郑军发射排枪。同时，海湾中的荷兰舰船也向郑军发射炮弹，炮弹落入郑军的阵列里，在阵列中轰出了缺口，很多人阵亡。但缺口马上就被后面的士兵补上，郑军并未如拔鬼仔所预想的那样，溃退败走，他们仍然坚守着自己的阵地。

这时，陈泽的宣毅前镇在荷兰人后方的树林里冲杀出来。面对突然出现在自己后方的郑军部队，荷兰人毫无准备，拔鬼仔虽然尝试维持部队的纪律，指挥部队回头射击，但此时纪律崩坏，很多士兵开始丢下枪支逃跑。宣毅前镇的士兵见荷兰人队伍混乱不堪，步步为营，将荷兰人砍杀殆尽，最终只有80个荷兰士兵逃脱郑军的追杀，拔鬼仔和他的部下几乎全部被杀死在战场上。

就在拔鬼仔向郑军进攻的同时，郑荷双方为了争夺台湾海域的制海权，在海上爆发了激烈的冲突。荷兰人派出三艘帆船进攻陈泽的船队，三艘船分别为战船赫克托号（Hector）、战船斯格拉弗兰号（S-Gravenlande）和小型航艇玛利亚号（Maria）。荷兰人船上的火炮众多，其中赫克托号和斯格拉弗兰号各装备有20门以上的大炮，较小的玛利亚号上也装备有十余门大炮。

相较荷兰人的船只，陈泽的战船则矮小得多，据荷兰驻台湾的总督揆一记载，郑军在鹿耳门的船只均是南京船（Nankin Junk）。南京船即是沙船，沙船是一种平底船，吃水浅，转向快，可以逆风航行。明代中期，时人曾形容其"乘风破浪，转折回旋，便捷迅速"。此外，沙船还适用于同倭寇的战斗，宋仪望的《海防善后事宜疏》称："盖倭奴惯用小船，两旁分驾十橹，摇走如飞，此种与斗，利在犁沉，非沙船不能。"沙船的船体要比日本的船只大许多，在对付日本的战船时，只需乘风将日本船撞沉便可。即使在接舷战中，明军士兵也可以在沙船甲板上凭借高度优势用长枪下刺日军。

相对于福船、鸟船来说，沙船体型小，舷墙低矮，士兵在夹板上毫无遮蔽，容易受到敌船的火力打击，明代后期，闽广水师基本不会将其作为主力战船。但沙船吃水浅，适宜登陆作战，在郑成功登陆台湾时，其水师中也有许多的沙船，据荷兰人记载："4月30日，上述国姓爷率领100多条大小帆船组成的舰队到达福岛，所有船只均满载中国人，直接驶入大员和福岛之间的海道。其中40条吃水较浅的帆船停泊在海道前，截断了热兰遮城与福岛以及外洋的联系。"

荷兰人记载中的"40条吃水较浅的帆船"即是沙船，郑成功只给陈泽留下了40艘沙船，用以镇守鹿耳门附近的海道，可以说是给陈泽留下了一个极其艰巨的任务。荷兰人的夹板船船身高大，火器众多，拥有双层甲板的大炮，在对付舷墙低矮的沙船时，可谓优势明显，船只侧舷的炮火可以居高临下轰击沙船甲板上的郑军士兵。这也就是揆一敢只用3艘船就向屯驻在鹿耳门的郑军舰队发起进攻的原因。

与荷兰人的夹板船相比，沙船因其体型小、船身低矮，在交战中占绝对劣势，郑成功之所以派40艘沙船防卫鹿耳门海道也是无奈之举。南京之役后，清廷大军压境，郑成功虽然在厦门之役中重挫清军，但厦门的威胁仍未解除，大量的大型战船及众多的重型火炮均在厦门、金门等处防御清军进攻。郑成功自己只能用征集而来的大量商船和少量沙船进攻台湾。

郑成功在率领船队通过鹿耳门进入大员湾之后，并没有派随军的大型远洋商船扼守鹿耳门，反而派体型小、吃水浅、战力弱的沙船前往。这是因为郑成功是趁潮水涨潮时通过鹿耳门进入大员湾的，在进入大员湾之后，潮水可能已经回落，假如荷兰人派出战舰在外洋一侧封锁鹿耳门水道，那么郑军中那些吃水深的战船便无法通过鹿耳门航向外洋，也就无法对外洋中的荷兰战船造成威胁，郑成功舰队与外界的联系就会被荷兰人切断，大员湾内的郑军便成了瓮中之鳖。各方面的条件都只允许郑成功派出40只沙船扼守鹿耳门。

开战时的条件对陈泽十分不利，但军令如山，陈泽必须完成郑成功交给他的防守鹿耳门水道的任务。当3艘荷兰舰船航向陈泽的舰队时，陈泽试图将荷兰人的船只引向浅水区，但荷兰人没有上当。

当时的战场上刮着一股微弱的西北风，荷兰的帆船可以趁着此风航行。但突然

▲ 日本藏《唐船图》中的南京船

▲ 五桅沙船模型

间海上风平浪静，战场上的西北风戛然而止，陈泽抓住这个机会果断下令，40 艘沙船一拥而上，冲向荷兰人的船队，同时向荷兰船只发射火炮与火箭。但沙船上的火炮只可以发射 4 磅炮弹，且每艘船上只有 2 门，无法击穿荷兰船只的船壳。对荷兰人威胁最大的反而是火箭，郑军射出的火箭落在荷兰船的甲板和船侧，引起很多火苗，如果大火漫延到火药室，那么荷兰人就完蛋了。所以大部分荷兰人都忙着扑灭甲板上和船侧面的火，只有一小部分用火枪和大炮向郑军还击。

趁着荷兰人手忙脚乱，郑军的船只开到荷兰船的旁边，准备登船同荷兰人进行白刃战。郑军的船只避开荷兰船的侧舷火力，郑军的士兵抓住荷兰船只船尾的缆绳，将双方的船只紧紧系在了一起。一艘船绑住之后，再将其他船绑在该船后面，形成数艘船只组成的中式帆船链，郑军士兵沿着这个帆船链涌上荷兰船。荷兰人的火炮均部署在船身两侧，无法对船尾的郑军船只进行射击，他们只能将火炮推进军官的舱室中，通过舷窗射击船尾的郑军船只，给郑军造成了很大伤亡。然而郑军并没有退却，沙船上的船长们执剑在手驱策船上的士兵从最后的船上冲到前面去，以填补那些被荷兰人的枪炮射倒的人的空缺。

双方激战正酣之时，荷兰人冲在最前面的战舰赫克托号受到五六艘沙船的围攻，郑军士兵狂涌上船，赫克托号企图突围而逃，不断向周围的郑军船只发射炮弹，烟雾弥漫。荷兰人本来在热兰遮城上可以清晰地看见双方的战斗，但现在已经看不清在迷雾中的赫克托号了，也看不见围在其周围的郑军船只。

在滚滚浓烟中，突然传出了一声可怕的爆炸，以至于 1 英里外热兰遮城的窗户都为之震动。烟雾消散时，赫克托号同其周围的郑军帆船全部沉入水中，船上的荷兰人只有一个人活了下来。他的双腿被炸断，紧紧抱着一个木梁，结果被郑军士兵捞起，郑军将其送回以表善意。

这个幸存者叙述了当时的情况，赫克托号上的船员在炮长室发射了一门大炮，大炮的火花向两边喷出，引燃了火药室的火药，引起了剧烈的爆炸。但中国文献则称是郑军焚烧了赫克托号。虽然双方各执一词，但毫无疑问的是，赫克托号的爆炸对荷兰人造成了沉重的打击。没了赫克托号，荷兰人只剩下两艘海船，其中玛利亚号是快速帆船，虽然航行迅捷，却不适合作战。斯格拉弗兰号虽是一艘装备精良的战舰，却远远比不上赫克托号，荷兰人已经无力再同郑军争夺鹿耳门水道，只能看着郑成功的海军控制台湾的周边海域。

海上的战斗结束不久后，普罗民遮城的荷兰人便献城投降。郑军成功地控制了

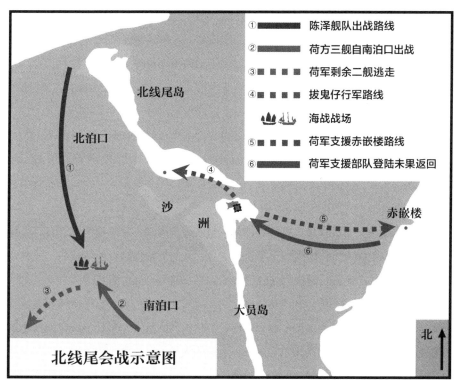

▲ 北线尾会战示意图

▲ 热兰遮城

台湾的战略核心，即大员湾周边富饶的土地。整个台湾本岛也自然就在郑军的掌握之中。至此荷兰人在台湾的据点只剩下一座孤城——热兰遮城。

热兰遮城是一种新式的堡垒，由上城和下城两座堡垒组合而成。其中上城为正方形建筑，四个角落各突出一座巨大的棱堡。上城之下则为下城，下城有 3 个棱堡。这样一来，构成热兰遮城的两座堡垒共有 7 座棱堡。

这些棱堡每座都配有大型火炮，每座棱堡之间可以互相掩护、互相支援，可以形成交叉火力，轰击地方的进攻部队。如果进攻方敢尝试进攻城门或攀爬城墙，必然会遭到交叉火力的痛击，这样一来，火力可以来自各个方向，对攻城部队来讲无疑是一场噩梦。

如果想要攻下这种城堡，就必须使用大量的大型火炮，还必须构筑坚固的防御工事。如果在缺少大型火炮的情况下贸然进攻，只会徒增伤亡。不巧的是，郑军大量的大型火炮都在金门、厦门等处防卫清军，并未随军出征台湾。

虽然没有大型的火炮，郑成功依然对热兰遮城发起了进攻。郑军在热兰遮城前方的平原上筑起了一道由堡篮堆叠成的壁垒，从南方的港口一直延伸到北方码头，壁垒上有 20~25 个可供架设火炮的缺口，上面的火炮大多都是小型火炮，只有少量可以发射 18 磅或 24 磅炮弹。

郑军趁夜对热兰遮城发起进攻，虽然当时天色一片漆黑，但郑军还是向热兰遮城发射了炮弹，炮火集中在揆一的住所，共有 40 发炮弹集中在揆一住的地方，但揆一竟然安然无恙，荷兰人将此归功于"神的特别保护"。在轰塌揆一的房屋后，郑军又开始轰击热兰遮城的城墙，尽管炮弹能够打入城墙达 2 英尺深，但仍然无法对城墙造成结构性破坏。

这时，荷兰人在上城和下城的棱堡上开始了反击，郑军又再次把炮口对上城墙上的雉堞，让荷兰的炮手无从隐蔽，也无法瞄准大炮。但郑军虽然摧毁了部分城墙上的雉堞，依旧无法阻止荷兰人在城墙上发射火炮。而此时的郑军部队已经向城墙发起进攻，缺乏掩护的部队被荷兰人的交叉火力覆盖，荷兰人在炮管内添加铁蛋、小铅弹、铁钉等反人员[①]弹药，在数次轰击后，郑军损失惨重，平原上用以架设火炮的壁垒也遭到荷兰人的轰击，许多火炮被毁，已无法再对热兰遮城进行攻击。见

---

① 非致命武器的一种，可使人员失去抵抗能力。

▲《康熙台湾舆图》中的台湾地图

此形势，郑军无奈地选择了撤退。

此役之后，郑成功便放弃了攻打热兰遮城，转而派小股部队围城。《从征实录》记载："藩以台湾孤城无援，攻打未免杀伤，围困俟其自降。随将各镇分派汛地屯垦。派提督马信督辖兵扎台湾街守困之。"郑成功之所以这么做，是因为除了攻城失败外，此时他还收到一个消息，户都事杨英、通事何斌汇报："察各乡社有红夷所积粟石及糖麦等物回报，发给兵粮，计粟六千石，糖三千余石。"这些粮食不够大军一个月所用，即便加上郑军自己所携带的粮食，顶多支撑郑成功部队两个月。收到此消息，加之攻城失败，郑成功便放弃攻城，转而把重心放到了建设台湾本岛，发展台湾的农业上。

永历十五年（顺治十八年，1661年）五月二日，郑成功改赤嵌地方为东都明京，并设一府两县，府为承天府，两县分别为天兴县、万年县，杨戎政为府尹，并令府尹查报田园册籍，征纳饷银。改台湾为安平镇。

十八日，郑成功发布一道谕令：

东都明京，开国立家，可为万世不拔基业。本藩已手辟草昧，与尔文武各官，及各镇大小将领，官兵家眷，尽来胥宇，总必创建田宅等项，以遗子孙。计但一劳永逸，当以己力京营，不准混侵土民及百姓现耕物业。兹将条款开列于后，咸使遵依。如有违越，法在必究。着户官刻板颁行。特谕。

一、承天府安平镇，本藩暂建都于此，文武各官及总镇大小将领家眷暂住于此。随人多少圈地，永为世业，以佃以渔及京（经）商取一时之利。但不许混圈土民及百姓现耕田地。

一、各处地方，或田或地，文武各官随意选择创置庄屋，尽其力量，永为世业。但不许纷争及混圈土民及百姓现耕田地。

一、本藩阅览形胜，建都之处，文武各官及总镇大小将领，设立衙门，亦准圈地创置庄屋，永为世业。但不许混圈土民及百姓现耕田地。

一、文武各官圈地之处，所有山林及陂池，具图来献，本藩薄定赋税，便属其人掌管。须自照管爱惜，不可斧斤不时，竭泽而渔，庶后来永享无疆之利。

一、各镇及大小将领官兵派拨汛地，准就彼处择地起盖房屋，开辟田地，尽其力量，永为世业，以佃以渔及京（经）商。但不许混圈土民及百姓现耕田地。

一、各镇及大小将领派拨汛地，其处有山林陂池，具启报闻，本藩即行给赏。须自照管爱惜，不可斧斤不时，竭泽而渔，庶后来永享无疆之利。

一、沿海各澳，除现在有网位、罾位、本藩委官征税外，其余分与文武各官及总镇大小将领前去照管，不许混取，候定赋税。

一、文武各官开垦田地，必先赴本藩报明

▲ 17世纪60年代的台湾土著居民

亩数而后开垦。至于百姓必开亩数报明承天府，方准开垦。如有先垦而后报，及少报而垦多者，察出定将田地没官，仍行从重究处。

至此，台湾本岛重归中国版图，台湾除了热兰遮城一座孤城外，全部被郑军占领。荷兰人只能龟缩在热兰遮城中，等待巴达维亚的援兵。

郑成功早在出征台湾前就对出征时间进行了精确的计算。他的舰队在四月下旬抵达台湾时，南海的风向已经转为南风，他认为这个季节荷兰人不会冒着逆风航行去巴达维亚。但事实却与郑成功的设想相反，之前同郑军交战的 3 艘帆船，赫克托号爆炸后，另外 2 艘便逃往外洋，其中之一的玛利亚号便冒着危险逆风驶往巴达维亚。

八月，荷兰人的援军抵达，12 艘荷兰战舰出现在海面上，引起了郑军的恐慌，自几个月前在台湾登陆以来，郑成功的部队一直因为缺粮而饱受饥饿的困扰，虽然先后登陆台湾的郑军达 2 万之多，但大部分都分散在各处种地或寻找粮食，留在东都明京负责防守的只有数百人。

然而上天似乎并不站在荷兰人这一边，一场台风袭击了那支荷兰舰队的停泊地，荷兰舰队被台风吹散，大部分船只只能航向远方。其中一艘船只在强风的催逼下撞上了远方位于高山族地域内的一座沙洲。当地的高山族抓住了船上的荷兰人，并依照习俗将荷兰人的头颅割下庆祝，只有少数荷兰人没有被杀，他们被送到了东都明京接受审问。这些荷兰人透露，那支来援的荷兰舰队带来的援军只有 700 人，远不及郑成功所担忧的人数。

一个星期后，郑成功趁此机会重整了部队，他派一部分的部队进驻热兰遮镇，并构筑炮台，安置大炮。三个星期后，荷兰的舰队返回台湾与热兰遮城的荷兰守军合兵一处，准备向郑军发起进攻。

荷兰人的计划十分直接，即派 5 艘战船到热兰遮城的背后，停泊在郑军设置在热兰遮镇的防御工事后方，用侧舷火炮对镇上的郑军火炮阵地进行火力打击。同时，十余艘较小的船只则航向东都明京，攻击停泊在海湾里的数十艘中式帆船。

开战当天，揆一向士兵训话说，所有人都应该相信神会赐给他们光荣的胜利，他们也应该表现出英勇的军人本色，以无与伦比的勇气攻击敌军，并鼓励他们尽量杀中国人，"在激烈的战斗当中，绝对不能放过任何一个敌人。所有的中国人都必须格杀勿论"。所有在场的荷兰士兵都觉得胜利势在必得，兴奋不已，士兵同水手们同声欢呼。

但实际的战斗情况却与荷兰人的计划大相径庭,在荷兰的船只靠近热兰遮城后,其大型的战船本应排列成一排,以便集中战船的侧舷火力轰击郑军在街道上架设的大炮,然而实际执行上却出了问题。海湾的水深只有 12 英尺,加之从南方来了一股强烈的洋流,致使荷兰的船只无法排成一排,这些船只在柯克肯号的后面挤成一团。由于海水太浅,导致船上的炮手无法降低瞄准高度,船上发射的炮弹均从郑军的头顶上空飞过,有的甚至飞进了热兰遮城中。

在荷兰的舰船一片混乱之时,郑军的士兵已经在炮台上重新校准了大炮,将大炮的目标由热兰遮城转向荷兰人的船只,并以惊人的准确度轰击荷兰人的舰船。而这时的荷兰船只挤作一团,无法散开来分散郑军的火力,因此郑军的炮火全部都集中在位于荷兰舰队最前方的旗舰柯克肯号上,众多的炮弹击中了柯克肯号,有的炮弹击穿了柯克肯号的船壳,致使柯克肯号开始漏水。

另一方面,郑军部队的统帅陈泽用计将荷兰人的小船从大船旁边引走。一开始陈泽佯装撤退,荷兰人对逃跑的郑军丝毫没有警惕,驱驶着小型船只对郑军紧追不舍,逐渐地远离荷兰人的大型战舰。趁此机会,陈泽率领帆船突然掉头,开始对荷兰人追击的小型战船进行反击。荷兰的小船因距离大船过远,无法得到大船的炮火支援,小船上的船员只能用火枪射击郑军,丝毫压制不住郑军的帆船。

靠近荷兰的小船后,郑军士兵一边向荷兰船只放出箭雨,一边纷纷跳上荷兰船只同荷兰人展开白刃战。数艘船只都被郑军夺走,上面的船员纷纷跳下水,企图游泳逃走,但都被追上来的郑军士兵用长枪刺死在水中。

先前船壳漏水的柯克肯号也搁浅在岸边,受到郑军炮火的集中攻击,产生剧烈的爆炸,致使船体沉入水中,只剩下燃烧的船头突出水面。柯克肯号爆炸之后,荷兰人开始撤退。另外 4 艘大型战船逃往热兰遮城。其中 2 艘战船在途中搁浅,一艘离郑军的阵地比较远得以脱身,另一艘船搁浅在郑军阵地附近,被郑军士兵夺走。

此役荷兰人损失了 131 人及 2 艘大型帆船与 3 艘小船,其余的船只虽然逃回热兰遮城,但也都伤痕累累无法再参与作战。此次失败导致荷兰人再也无力对郑军进行成规模的进攻,虽然双方仍然有小规模冲突,但一直都无法打败围城的小股郑军,双方基本上处于一种僵持态势。

永历十五年(顺治十八年,1661 年)年底,郑成功得到消息,一些从大陆到台湾的人透露说:“哈梭威尔会见过满洲人,送了他们 10 箱钱、24 条荷兰高级羊毛织品，还有其他珍稀物品，并且请求对方提供援兵，清朝也予以同意，承诺出动一支 7000 人的部队，现即将登船出发。"虽然这条消息不尽准确，清廷方面也没有承诺提供援兵，但听到这条消息的郑成功改变了其原先的围城战术，准备进攻热兰遮城。

为了准备攻城行动，郑成功召集了所有的官员和将领，连续两天举行大型的军事会议，并派人从大陆调来 43 门大炮，这些大炮都可以发射 24 磅、28 磅或更重的炮弹（崇祯十七年时，郑成功的父亲郑芝龙请人在澳门铸了 150 门这种铁炮）。在大炮运抵之后，又派百姓和原住民制造炮架、堡篮、炮弹等战备物资。

此外，郑成功还在热兰遮城城堡西南方 90 多米处的一座沙丘上构筑了一座半月形炮台。

永历十六年（康熙元年，1662 年）一月二十五日，郑军向荷兰人发起总攻，数十门大炮将炮口对准热兰遮城，在一天之内向其发射了 2500 枚炮弹，其中有些炮弹非常大，重达 30 多磅。跟前一次进攻不同，众多的大型火炮将荷兰人城堡的城垛尽数摧毁，荷兰人根本不敢上去操作火炮，无法对郑军进行反击，城堡的东、

▲ 外国版画：1665年的澳门

南、北三面城墙也被轰垮。

城内的士兵士气极为低落，大多数人都已经失去作战的勇气。仓库也被摧毁，粮食不久便会腐坏。许多人都被城墙爆裂而散的石块砸死。战败已经无可避免。几天后，荷兰人便出城投降，返回巴达维亚。

收复台湾后，郑成功又把目标放在了台湾南边的吕宋岛，并派传教士利畸前往吕宋，递送给西班牙总督一封信，信上督促西班牙人朝贡。此举引起了西班牙人的不满，西班牙人开始在吕宋屠杀华人。

郑成功得知华人在吕宋被屠的消息后，极为愤怒，命令部队准备进攻西班牙在吕宋的殖民地首府马尼拉。可惜的是，就在此时，郑成功染病去世，攻取吕宋的愿望就此落空。

第八章

明郑最后的抵抗

内斗

郑成功出征台湾之时，曾命其兄郑泰镇守金门，令洪旭、陈永华等人辅佐郑经镇守厦门。这时郑经21岁，娶了尚书唐显悦之女为妻。虽然有妻子、妾室，但郑经仍贪恋其四弟乳母陈氏的美貌，与其通奸，产下一子，并伪报此子是其侍妾所生。此事被岳父唐显悦所知，唐显悦便以此责备郑成功"治家不正，安能治国"，郑成功秉性刚强，知此事后大怒，令其兄郑泰杀掉其妻董氏及郑经。但郑泰及诸将并不同意郑成功的决定，抗命不遵。

不久之后，郑成功在台湾逝世，黄昭、萧拱宸等人又以郑经"观世子所行，真不堪为人上"，拥郑成功之弟郑袭为东都主，抗拒郑经来台。消息传来，郑经以陈永华为咨议参军、周全斌为五军都督、冯锡范为侍卫，整军备战，于永历十六年（康熙元年，1662年）十月六日，由洪旭、郑泰以兵千余名配船，送其驶往台湾，周全斌率军于十七日早晨趁大雾登岸，半日内便将黄昭、萧拱宸等人的"叛乱"平息，并从黄昭营内搜出了郑泰的书信，上面写"扶袭据经，金厦他自为之"等语。郑经以此认为郑泰私通黄昭，拥立郑袭，遂对郑泰起了杀意。

郑经随即率周全斌、陈永华、冯锡范等大队舟师回厦门，并置办酒席，将郑泰诱至厦门。在酒席上，郑泰被埋伏的士兵擒住，后被郑经处死。郑泰死后，其弟郑鸣骏、子郑缵绪便率所部的舟师入泉州降清。

郑鸣骏等降清给郑氏集团带来了巨大打击，其总共带走了"大小船只共一百三十七只，伪文武官员四百三十一员，兵五千三百名，官兵之家口共一万一百三十名，盔甲两千副，大炮三百门，百子铜炮四百零三门"。郑鸣骏带走了大量的战船，并几乎带走了金门、厦门的所有火炮，导致郑氏在金门、厦门抵御清军的实力损失过半。据荷兰人 Maurice

▲ 郑经画像

Janzen Vis 的观察，郑鸣骏降清后，郑军在厦门岛上只有四五千人，既无炮台，也没有大炮。在金门岛上只有 100 或 150 人的兵力，同样也无大炮。

郑经的乱伦行为对郑氏政权危害极大，首先引起了郑成功与郑泰等诸将的矛盾，在郑成功死后，郑经在争夺权力的过程中又将郑泰处死，导致郑鸣骏投降清廷。自此之后，郑氏集团实力大为削弱，而清军实力大为增强，清廷获得了大量战船和火炮，泉州的水师提督马得功甚至将郑鸣骏的中军船换成自己的旗舰。原本处于劣势的清军福建水师，现在不用从外省调集兵力，只依靠本地的战船和郑鸣骏的水师便获得了与郑军一战的资本。

除此之外，在郑氏集团内权力斗争正酣之时，一个比清廷更大的威胁正在逼近，那就是被郑成功从台湾驱逐出去的荷兰人。

一、丢失金厦

永历十六年（康熙元年，1662 年）七月初一日，荷兰派苗焦沙乌率 12 艘夹板船到福州，准备与清廷结成联盟，共同进攻郑氏集团，其每艘船上都竖大纛旗，纛上书有"支援大清国"字样。在停泊之后，派出 12 人乘小船给福州的官员传递消息，称："我等系西洋荷兰人，奉我国王之命，率 12 艘夹板船及兵丁，前来协助大清国征剿郑逆。"与荷兰人接头的清廷官员问："尔国与郑逆有何仇隙？因何前来助剿？"荷兰人回答说："台湾系我荷兰国属地，因郑逆强占，故来请求共同剿灭。我王今派有大船，尚有致靖南王、总督、巡抚照会，请先准我船泊内海。"随后清军准其停泊于五虎门，荷兰人随即派人将照会送递给了靖南王耿继茂，照会上称："西洋荷兰国中军苗焦沙乌等，向靖南王、李总督阁下叩首。自前次来文晓谕后，已深知老爷无不虑及剿除逆贼之意。为此，我等顾左右侍奉。海上虽险阻，亦在所不辞……"此后，荷兰人又在福建做了贸易，在贸易完成后，于永历十七年（康熙二年，1663 年）春返回，并同清廷达成协议，荷兰人将于第二年五月派兵前来，同清军一同攻打郑氏集团。

永历十七年（康熙二年，1663 年）七月二十八日，荷兰人派夹板船 15 艘到福建，准备与清军共同进攻郑氏集团，并将咨文一封送交福建总督李率泰，称："西洋荷兰国出海王苗焦沙乌咨文韩总兵官。自春相别，转瞬秋至。想必安享大福。苗焦沙乌我等无所忧愁。去年来福建省，特助清国剿靖逆贼之事，王、总督早已具题。经月久候，圣旨未降，故暂归国回话。今本国老王（荷兰舰队的司令博多）率夹板船十七只，复来福建省，戮力征剿郑逆。其火药、器械颇多，断无畏缩之意。于五月二十六日起航，七月二十七日夜方抵达，今泊于木须，特遣小船往告，请委员转报王、总督，方知夹板船已来也。再，将我户部军师甄老五遣至夹板船上，以叙离别之情，并无他意。"

得到荷兰人的帮助，清廷如虎添翼，马上进行了征伐金门、厦门两岛的军事准备。

十月，福建总督李率泰定议，命提督马得功督郑鸣骏等水师出泉州港，提督施琅同海澄公黄梧率水师出海澄港，靖南王耿继茂负责与荷兰人协同，同荷兰人的15艘夹板船泊于同安刘五店，约定时间出港会师，征伐金门、厦门二岛。

荷兰人的舰队于十八日出港，其中8艘出泊在金门外港，另外7艘则与提督马得功率领的400余艘战船于十九日出港，驶向金门乌沙头。清荷双方组成了一支有400余艘战船的庞大舰队，其中荷兰人的夹板船最小的船上也配有大炮36门，如果再加上清军战船上的火炮，整个舰队拥有的火炮可能达上千门之多，整个清荷联合舰队可以说是当时亚洲海域内最强的舰队。

同一天，郑经也率周全斌等在金门附近会师。与庞大的清荷联合舰队相比，郑

▲ 抵达中国的荷兰舰队

军的舰队规模要小上许多，只有战船百余艘。虽然清荷联合舰队来势汹汹，"其势甚锐"，但郑经企图效仿其父郑成功在厦门破达素"悉空厦门，背城一战"的方法，与清荷军决战，于是将眷口船停泊各岛屿，列舰队于大担，以此为周全斌提供支援。

二十日清晨，郑经率"精锐巨舰"百余艘向清荷联合舰队发起进攻，但荷兰人的夹板船高大，横截中流，为清军提供隐蔽，郑军无法与夹板船相抗衡，也无法绕过夹板船攻击清军舰队，双方只能互相炮击，炮声自辰时至酉时相继不绝，清荷联军因火炮众多，火力逐渐占据优势，郑经见众寡不敌，趁涨潮之时，率舰队乘潮撤回浯屿岛，而周全斌率领的13艘战船却因涨潮无法驶出，被围困在金门外港。

但周全斌并未束手就擒，反而绕到荷兰舰队的后方，直接开向郑鸣骏的舰队。此时清荷联合舰队的阵型为三叠阵：荷兰人的15艘夹板船在舰队的最前方，为头叠；郑鸣骏及所部郑氏降将紧跟荷兰人之后，为二叠；提督马得功及所率清军各标战船在舰队的最后方，为三叠。按此阵型的本意，三叠的舰队本该互相掩护、互相支援，但实际执行中却出了岔子。作战大胆的周全斌竟然不走寻常路，直接冲入了荷兰舰队与郑鸣骏舰队之间的位置，即头叠与二叠之间。提督马得功见此，立刻率领位于三叠的清军舰队赶来支援，并包围了周全斌的舰队。冲在最前方的就是马得

▲ 郑军与清荷联军在金门附近海域的战斗——左边为郑经的舰队，中间为荷兰人的15艘夹板船，右上为清军的舰队，右下是周全斌率领的舰队

功的座舰，也就是清军舰队的旗舰。此船本是郑鸣骏的中军船，可能因其性能要好于清军的战船，所以马得功选其作为自己的旗舰，但就是此举给他招来了杀身之祸。

周全斌看见马得功的座舰后，错将此船认为是郑鸣骏的中军船，欲杀郑鸣骏而后快，遂率舰队涌向清军，其中将领吴朝津与亲军萧乘龙分别率两船前后夹攻马得功，并挥兵登上马得功的座舰。此时，主帅被围，清军舰队本应立刻支援自己舰队的主帅，但他们的反应却出人意料，虽然清军有200余艘帆船，却被郑军的七八艘帆船冲得七零八落，四散而逃，躲在荷兰船只的旁边，还挡住了荷兰船上的大炮。赶去救援马得功的只有郑氏降将杨富，但已无济于事，清军舰队的旗舰与杨富的座舰均被郑军掳获，清军舰队的总指挥官提督马得功连同船上的300名铁甲精兵均被郑军击杀，只有杨富落水后被清军救起，侥幸逃过一劫。周全斌则在掳获清军2艘船只后顺利突出清荷联合舰队的重重围困，自己只损失了3艘帆船。后来周全斌俘获的2艘船被荷兰人抢回，他自己有1艘船只搁浅。

战后，荷兰舰队的指挥官博多（Balthasar Bort）对郑军的航海技术与作战能力给出了极高的评价，称其"拿出了士兵应有的优异表现"。而对清军则恶评连连：

▲ 荷兰舰队的司令官博多

"这下我们即可看见满洲人多么懦弱，他们以这么大一支舰队面对敌军的七八艘中式帆船，却连交火都不敢，只想躲在我们的大炮下保命，对自己的同伴也见死不救。实际上，他们抛下了自己的舰队司令马得功及另一名高级指挥官，结果两人都因此遇害。我们一旦遇到紧急时刻，能够获得他们提供多少协助，由此就可知了。"

虽然在此次战斗中郑军击杀了清军舰队的司令提督马得功，但对大局却

▲ 清荷联军进攻郑军在岛上的城池

于事无补。作为主力的荷兰人的夹板船仍完好无恙，清军虽损失了一个战功彪炳的战将，但战斗时施琅与黄梧等人躲在海澄港内不敢出战，保住了性命，清军仍有水师将领可用。而且此战之前，郑经便已经准备好逃往台湾，厦门也被搬空，只有少数人守城，260艘搭载士兵家眷及货物等无武装的眷口船已经逃往外海，随时准备驶往台湾。

二十一日，荷兰舰队驶向浯屿，准备突袭郑军在此停泊的舰队，但郑军就像前一天一样，在此绕过荷兰舰队，直接驶往厦门，试图攻击登陆厦门的清军舰队，但荷兰人的回援迫使郑军放弃原来的计划，转而寻求自保。当荷兰人靠近时，郑军艺高胆大，直接从荷兰舰队中间穿了过去，依靠其战船低矮的优势，避开荷兰人的侧舷火炮，打出一条通路。总数180艘战船，竟只有3艘被俘，其他全部安全逃出。

郑经率舰队逃走后，厦门、金门两岛及附近的岛屿孤立无援，陆续被清荷联军征服，岛上的房屋均被清军拆毁。在此次战役后，福建总督姚启圣对荷兰人的表现十分满意，并致信一封给荷兰舰队的司令官博多，信上写："我在山顶上看你们的船只，见到那些猛烈的大炮打得他们落荒而逃，心中实在欣喜不已。……我会立刻以加急文书向皇帝呈报你们对大清帝国的功劳，叙明荷兰人以英勇大胆的表现打击我们双方共同的敌人。"

在金、厦纷纷失手后，明郑失去了大陆的贸易枢纽，势力渐衰，已经无法再控制中国的对外贸易。虽然郑经与陈永华等人锐意建设台湾，但对已经失去金、厦的明郑政权来说于事无补，其实力与清廷差距越来越大。

二、清廷准备征台

永历三十五年（康熙二十年，1681年），郑经逝世，清内阁学士李光地力主趁机攻台："郑经已死，子克塽幼弱，部下争权，宜急取之。且举内大臣施琅习海上形势，知兵，可重任，上用其言，卒平台湾。"闽浙总督姚启圣也以"军中帅不可无人，具疏上请圣天子，以内大臣伯施琅为靖海将军"，力荐施琅。在众大臣的力荐下，康熙决定启用施琅，任命其为福建水师提督，率领舟师进取澎湖、台湾。

施琅，字尊侯，号琢公，福建晋江人，曾为海盗，在郑芝龙部下担任左冲锋一职。隆武二年（1646年），施琅跟随郑芝龙投降清廷。施琅为人高傲自负，有谋略，擅长海战，降清后曾协助清军征剿顺德、东莞、三水、新宁等县。郑成功起兵后，再次叛清，投奔郑成功，但因其擅杀郑成功部将，将郑成功激怒，被郑成功监禁，其父亲和弟弟也被监禁。在朋友的帮助下，施琅成功越狱，投降了清廷，但他的父亲和弟弟依旧在狱中。施琅的脱逃与投清导致郑成功将怒火发泄在他的家人身上，其父与其弟均被处死。至此郑施两人间的矛盾已经无法调和，双方的仇恨越来越深。

▲ 施琅雕塑

施琅虽为人不忠，反复无常，经叛郑投清——叛清投郑——叛郑投清，屡次背叛旧主，但在第二次投清后，仍能受到清廷的赏识与重用，在当时的形势下，有三个原因：

其一，清廷虽图谋攻台已久，但八旗的主力部队均以陆战为强项，不善海战，"生长北方，水性海务，非其所长，登舟之际，混心呕吐，身体维艰"，与郑成功在海上的交锋中屡战屡败，损失惨重。

其二，这些不善海战、战力低下的"满洲兵"每人每年的粮饷却达22两。关于这个情况，福建总督在永历三十三年（康熙十八年，1679年）七月一日写给议政王大臣会议的奏疏中称："满洲大兵每月每名米饷、草料共需银二十二两，若撤四千名，每年约省银一百〇五万六千两，应添绿旗兵四千五百名，止须于裁剪大兵钱粮一百〇五万六千两之内，将五万六千两养此兵丁，尚可为朝廷节省银一百万两。"由此可知，光是4000名满洲兵的每年米饷、草料银便需要1056000两，而4500名绿旗兵却只要5600两白银。撤掉满将、满洲兵，转而以郑氏降将、绿旗兵为作战主力，这在财政上大大缓解了清廷的压力。

其三，在清荷联军攻打金门时，提督马得功被郑军击毙，为施琅腾出了位子。

主观上，清廷看重的是施琅对郑成功的仇恨，加以利用，使其忠于清廷。再加上虽然康熙对施琅这个贰臣非常不信任，但因施琅有6个儿子在京，可以当作人质，保证施琅的忠心。这一点姚启圣在推举施琅的荐疏中也说得十分明白，荐疏原文为："臣任藩司时，统领韩大任标兵并臣自缮兵救援漳州，即以为海贼异常猖獗，水师提督亟须得人，保举施琅，具启康亲王，并通详宁海将军喇、镇平将军耿、刑部尚书介、礼部侍郎吴、总督郎、巡抚杨在案。后闻施有子有侄在海，且当日撤回原自有因，臣亦不敢力保。臣同平南将军商议云：施琅即有一子在海，尚有六子在京，其京中家口数百，岂肯为一子而舍六子与数百口家眷乎？今水师提督愈选愈难，北风将至，大举及期，若再所调船只不多，攻击不胜，转盼又是一年，靡费数百万钱粮，纵贼养痈，遗累百姓，臣罪竟无底止矣。"

除上述原因外，施琅在郑军中辈分高也是原因之一，清廷可以利用这一点招降郑氏旧部。并且施琅善于海战，有统领水师的能力，所以福建水师提督一职非施琅莫属。

永历三十五年（康熙二十年，1681年）六月，清闽督姚启圣向清廷奏报了郑经已死一事，康熙随即下令："郑经既伏冥诸，贼中必乖离抚乱，宜乘机规定澎湖、台湾，总督姚启圣、巡抚吴兴祚、提督诺迈、万正色等，其与将军喇哈达、侍郎吴努春同心合志，将禄旗舟师分领前进，务期剿抚并用，底定海疆，毋误事机！"

七月，康熙复论议政王大臣："今诸路逆贼，俱已歼除，应以见在舟师破灭海贼。原任右都督施琅系海上投诚，且曾任福建水师提督，熟悉彼处地利、海寇情形，可仍以右都督充福建水师提督总兵官加太子少保，前往福建。到日，即与将军、总督、巡抚、提督商酌，克期统领舟师进取澎湖、台湾。其万正色改为陆路提督，诺迈还京候补。"

自此施琅官复原职，就任福建水师提督总兵官，积极展开攻取澎、台的部署，选练兵船，调兵遣将，并于永历三十六年（康熙二十一年，1682年）三月一日，呈《密陈专征疏》，称攻台的军事准备已经就绪，即"受事以来，练兵整船，靡敢刻懈，业已就绪。水陆精锐官兵充足三万，分配战舰，伫可破敌"。在气候因素上时机也已经成熟，"夏至南风成信，连旬盛发，从铜山开驾，顺风坐浪，船得联宗齐行，兵无眩晕之患"。海战与陆战不同，气候因素尤为重要，当时的中国帆船主要使用"风篷"，即一种硬帆，多为竹子编成。《眉公杂字·风篷品字笺》云："多编竹为之，谓之风篷，即网状帆也。"这种帆以竹竿作篷档，上下还有两根木条，可以使帆面更加坚硬挺直，不漏风，相比欧洲的布帆更加吃风。据欧洲人记载，中国帆船在顺风航行时的航速可以达到7节。虽然中国帆船的顺风航速较快，但有一利必有一弊，船只在逆风航行时必须要"戗风"航行，也就是让船只走"之"字形路线，从而使船的风帆可以利用逆风的风力。但"之"字形航行会使航程大大增加，加之逆风所造成的阻力，其逆风航行的速度变得很慢，导致在海上航行的时间和消耗大幅增加，尤其像清军这种上万人的大舰队，逆风航行会使船上的补给品难以为继，所以当时的船只一般都会等待季风的到来待顺风时才会出海航行。

因为季风原因，施琅与总督姚启圣发生了分歧。关于攻台的时机，施琅主张趁南风发起进攻，姚启圣则欲待北风起再发兵，因此虽然清军已经万事俱备，但仍然无法进取台湾。于是施琅再呈《决计尽剿疏》："且日与督臣争执南风进剿，不惟三军皆悉其情，通省士庶亦无不知。且督臣日遣各总兵分道劝助，权依督臣之议。今将军二臣具疏，竟不分皙明白，陷臣推诿不前。若非皇上宽置不究，则臣先后具疏，自相矛盾，罪当万死。夫南风之信，风轻浪平，将士无晕眩之患；且居上风上流，势如破竹，岂不一鼓而收全胜？臣见督臣意坚，难以挽回，故聊遣赶缯快船三十二号，令随征总兵臣董义、投诚总兵臣曾成等领驾前往澎湖，了探消息。据其回报，来去无阻，见有明征矣。臣年六十有二，血气未衰，尚堪报称。今若不使臣乘机扑灭，再加数年，将老无能，是以臣鳃鳃必灭此朝食。如蒙皇上信臣愚忠，独任臣以军事，令督、抚二臣催载粮饷接应，俾臣整顿官兵，时常操演，勿限时日，风利可行，则出其不意，攻其无备，何难一鼓而平，若事不效，治臣之罪。伏乞皇上大赐干断，决策严旨，事必见效。民生幸甚，封疆幸甚！"

施琅虽屡次督促清廷出兵，但是清廷内部依然举棋不定。康熙先是下旨："进剿海寇，关系重大。总督姚启圣、提督施琅身在地方，务将海面形势、贼中情状审察确实，如有可破可剿之机，着协谋合虑，酌行剿抚，毋失机会。"后于五月二十一日，户科给事中孙蕙上疏称台湾进兵宜缓。二十八日，安塘笔帖式①报称："大兵进取台湾，以风大不得前，总督姚启圣尚驻铜山，提督施琅移泊云霄。闻海贼刘国轩等扼守澎湖诸隘，瞯我兵前进，即抄袭其后。"议政王大臣会议又决定："请檄总督姚启圣、提督施琅：若目前风大，未便进剿，即统官兵回汛，整饬舟师，相机再举。"康熙复谕"从之"。从这些史料可以看出，清廷上从康熙、议政王大臣，下到诸大臣与施琅，对攻台时机始终犹豫不定。由此可知，当时跨海作战的风险应该很大，以至于强大的清廷都必须考虑再三。因此，施琅在出兵之前十分谨慎。

永历三十六年（康熙二十一年，1682年）七月十三日，施琅探得郑氏将领刘国轩在澎湖的军力情形："盖贼中情形，臣有屡得旧时部曲密寄通报，称台湾人心惶惑无定，兼以刘国轩恃威妄杀，稍有隙缝，全家屠戮，人人思危，芒刺在背，间有向义内应，奈隔绝汪洋，难以朝呼夕应，岂敢公然谋举。此端便是可破可剿之机……又此六月二十八日据守口兵丁递送澎湖长发贼柳胜、林斗二人赴臣军前投诚。询据柳胜等供称：原坐杉板头船过来投诚；澎湖新旧熕船、鸟船、赶缯、双帆艍各船共有百一二十只；刘国轩、林升、江钦等共贼众六千余，内有家眷旧贼约二千名，其余俱系无眷口新附之众；私相偶语，提督不嗜杀人，只等大军到便瓦解归顺；有伪萧镇下将领谋议，候出妈祖宫操船，乘势驾舟过来投诚，被其知觉，登杀头目九人；因探闻我兵船自铜山撤回归汛，故调贼二千余名回台湾耕种，以作粮食，今只留贼四千名在澎湖配船防守等语。据此则贼中虚实，又已得其详矣。"

从上述材料可知，施琅在征台前做的准备工作非常严谨，对澎湖郑军情报的搜

集十分重视，基本上掌握了当时郑军的军力与基本状况，得知郑军人心惶惑不定，且负责防守澎湖的郑军只有 4000 人，双方的实力差距已很明显。

永历三十六年（康熙二十一年，1682 年）十二月二十三日，在做了万全的准备之后，施琅决定率舟师出海，攻打澎湖。这次出师声势浩大，施琅共率水师官兵 21000 余人，战舰 238 艘，其中大鸟船 70 艘、赶缯船 103 艘、双帆船 65 艘。但刚刚出海就发生了意外，海风突然转向变为东风，本来是顺风却突然变成了逆风，不得已，施琅只能返回港口，待风向再次转变。四日后，施琅再次出海，可是航行中又遇到了问题，这时的风力很弱，不足以让施琅的舰队顺利地抵达澎湖，不得已，施琅转泊平海。施琅只能再次等待，直到南风起时，再率水师攻台。

施琅舰队的船只，是清廷经过数十年的发展的成果。在总督姚启圣等人的努力下，清廷组建了一支以鸟船、赶缯船、双篷船为主力的庞大舰队，以供征台之用。其中鸟船作为舰队中的主力，制造最为精良，体型最大，火力在清朝诸多战船中也最强。永历十七年（康熙二年，1663 年），张学礼出使琉球，所乘鸟船长 18 丈，阔 2 丈 2 尺，配备火炮 24 门，上层夹板装备 16 门中炮（可能是发熕炮），下层夹板装备 8 门大炮（应该指的是红夷炮，明末清初，许多船只都是将大型的红夷炮安置在下层夹板，数量均是 8 门），此船装备的火炮数与郑芝龙的炮船一致，均是 24 门，虽然还赶不上郑芝龙装备 36 门火炮的炮船，但是在东亚国家里，此船可以算是最精良的战船了。但是此种船只是清廷用来出使琉球所用，并不作为战船使用，在张学礼出使琉球以后，就再也没造过火力与之相当的船只了。

清朝水师中的鸟船，相关的资料较少，较常见的是陈良弼所著的《水师辑要》，《水师辑要·各船式说》载："至若鸟船之式甚大，梁头至于三丈余，可载数千石，则如今之商洋船也，然莫如战船上干净明亮，双战棚，两重炮位，器其重大，配水兵将百名，连战兵共有三百人。如先年平台之时，福建总督姚启圣令各县备造一只，费动万金；及平台之后，将军施琅见海宇升平，空糜粮饷，奏请拆改赶缯，今无此式。"从陈良弼的描述可知，鸟船与下海的商船类似，载员共 300 人，这一点跟海盗刘香的大鸟船一样。除此之外，船上还设有"双战棚""两重炮位"，且"器其重大"，装备十分精良。这些皆是战船的特点，说明了清军中鸟船主要是用于作战，所以体型较永历十七年（康熙二年，1663 年）的封舟要小。

除了陈良弼的《水师辑要》外，其他资料对清军水师中鸟船的记载寥寥无几，主要是因为在征台后清廷就将其拆改，清代水师从此后就没有了与之相关的记载。

幸运的是，永历三十七年（康熙二十二年，1683年）六月二十日汪楫率使团出使琉球，这次出使，清廷并没有像往常一样制造新的封舟，为了节省费用，转而在水师中的战船中挑选，而当时总督姚启圣正积极准备攻台，汪楫出使琉球的封舟正是从攻台的战船中挑选出来的。汪楫在其《使琉球杂录》中详细记载了战船的形制："船长十五丈有奇，阔二丈六尺，桅高十余丈，头桅踰（同"逾"）其半，自舱底至面，凡六层。舱面为战台。由面下舱，有如绠井也。梯两折乃入官舱。舱高可八尺，中一间宽六尺许，两使臣会食地也。左右分居，复分两层，名曰麻力。上下略均，主栖其上，仆处其下也。上层又划为两间，一置卧具，一置衣囊也。下层则划为六间，间卧一人，不使转侧，防颠仆也。麻力，旧有小穴踰尺，隙光入，则舱籍以明。出海，复锢之，以避浪。于是出入皆扪壁行，俨如穴处也。舱底尽填巨石，曰压钞，务下实也。前舱贮火药。又前，以居胥役。舱面载小船一，泊舟时下之，以通往来。旁有水门，由此登降。出海，亦锢之，非惟自卫，亦防奸也。又前则桅舱，皆封，陪臣及从者居此。又前，则领兵守备及水手杂处之，辘轳二参差设两桅之间，籍以举篷，篷非人力可胜也。船头架大碇一，形如个字，代锞（同"铁"）锚也。前后共设水舱三，以贮淡水，谓之水井，每井可受二百石。将出海，道经罗星塔，先期设醮，投银锭中流，名曰买，水井受水，满则封之，命亲丁司启闭。人置名签，验签给水。日二次，涓滴不妄费也。后有尾楼，亦名将台，立帜列藤牌，为使臣厅事。其下即舵楼，柁前有小舱，舱实以米、布、针盘。其中昼夜燃烛，伙长二人轮视之，目不转瞬，与舵工相依为命也。战台各异，以扶栏列炮十二。他军器称是，备洋寇也。"

从上述资料可知，清军舰队中的鸟船船长15丈、阔2丈6尺，是一艘双桅战船，船上配备火炮12门。对照明末清初同样用途、同样大小的战船来看，船上的12门火炮应为红夷炮与发熕炮，炮重应在数百斤到2000余斤不等，火力与海盗刘香及明末邹维琏所造战船类似。鸟船虽然跟封舟比起来较小，但与邻国朝鲜、日本比则是一等一的巨舰了，其火力在东亚各国的战船中首屈一指。

征台水师中战力、火力稍逊鸟船者为赶缯船。赶缯船原为民间渔船，其名字本意即为"追赶渔网之船"。按船型来说就是明末的白艚船，其由福船改良而来，取消了甲板上的战楼，加高了船舷两侧的船板，在明末时就受海盗喜爱，郑氏水师中也有许多这种船只，在顺治十三年（永历十年，1656年），清廷在福建设立水师时，水师中就有赶缯船的身影。姚启圣等人为征台所造战船中，也有数量众多的赶缯船。

赶缯船的船身高大，两舷如垣，可以做冲犁之用，又赶缯船设有两根桅杆，风帆高大，船身为圆状，船底削，便于使风，行驶便利，可以与体型较大的鸟船相配合，弥补鸟船在机动力上的不足。《金门志》中详细描述了赶缯船的形制："盖赶缯之制，其蜂房、舟皮墙即古之楼船巨舰。敌舟之小者相遇，或冲犁之、横压之，敌既难于仰攻，我则易于俯击。然利于深水，若风潮阻难，不便回翔，亦不能泊岸，须假小船接渡，是以水师各营分配战舰，大小相资，其名曰'大横洋'、曰'大赶缯'、曰'艍船'。大赶缯之制，长十丈、广二丈，首昂而口张。两旁为舷，护以板墙，人倚之以攻敌。左右设闸，曰水仙门，人所由处；左曰路屏，右曰帆屏（泊船即架帆于此），中官厅，祀天后，厅左右小屋各三间，曰麻篷。厅外，总为一大门，出官厅，为水舱，左旁设厨堂，置大水柜，水舱以前格舱为六，迄大桅根格堵，乃兵士寝息所，下实米石沙土，以防轻飘。口如井，版盖之，桅高十丈，蒌帆、律索、插花皆备，别有小舱二格，乃水手所居。头桅亦挂小帆，短于大桅。头桅前即鹢首，安碇三个，碇用铁梨木，重千斤；祅缆百数十丈，有铁钩曰碇齿，以泊船者，厅中格曰圣人龛，安罗盘（即指南针），以定方向。后曰舵楼，左右二小屋，舵楼右小桅挂帆，曰尾送，另备小艇一，曰杉板，以便内港往来；大船行，则收置船上

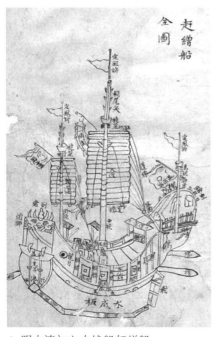

▲ 明末清初主力战船赶缯船

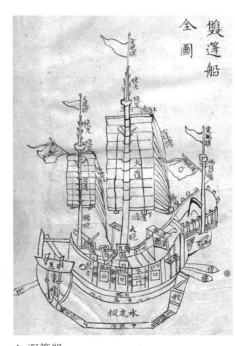

▲ 双篷船

（船小，即佩带杉板于船旁）。"

赶缯船作为一种尖底海船，可以往来大洋。赶缯船依照船只大小，可以分为17则，自长4丈、阔1丈2尺起至长8丈3尺、阔2丈1尺2寸。各种型号的赶缯船，配备火炮军器不尽相同，其中面阔2丈的赶缯船配备火炮3门——大贡铳（重300~400斤）2门和斗头铳（重200~300斤）1门，此外，还配备挑刀、钩镰枪、竹篙枪、双手大刀、藤牌等冷兵器。赶缯船上一般配备官兵100人，其中负责驾驶船只的水兵35人，负责作战的战兵65人。

双篷船与赶缯船相似，船身略小，共10则，自长3丈4尺、阔9尺起至长6丈1尺6寸、阔1丈6尺6寸止。其船头低微而口张，无狮头，船尾高耸，行驶便捷，不畏巨浪，与赶缯船一样，可在大洋中行驶，只是其船身较小，不适合正面与敌作战，多在作战中对鸟船、赶缯船起支援作用。

三、郑军的战力

与声势浩大的清军水师比，郑氏的实力正日渐衰落，永历三十五年（康熙二十年，1681年）正月郑经死后不久，监国郑克臧遭冯锡范等人杀害，郑氏内部权力斗争激烈，政局动荡，郑克塽在冯锡范、刘国轩的拥立下继位。郑克塽继位时只有12岁，凡事都由冯锡范做主，冯锡范成了实际掌权者，姚启圣曾称其"废长立幼，主幼国疑，权门树党，人心失望"。郑克塽继位后，以叔郑聪为辅国公，刘国轩为武平候，冯锡范为忠诚伯兼机务，叔郑明、郑智为左右武骧将军，戎旗四镇董腾守澎湖，右武卫将军何祐率兵守鸡笼（台湾省基隆市旧称）、淡水。永历三十五年（康熙二十年，1681年）十月，清廷以施琅为水师提督，准备攻台。郑克塽命刘国轩驻澎湖，并升

▲ 郑军主将刘国轩塑像

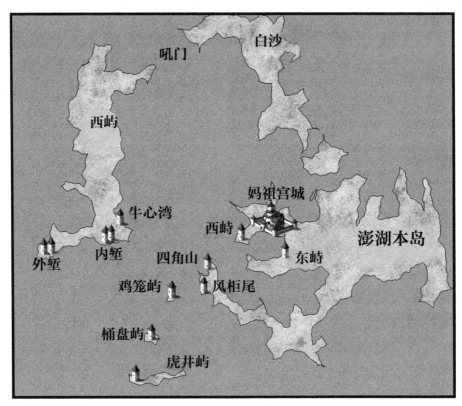

▲ 澎湖布防图

其为正总督，负责澎湖地区的防务。

刘国轩到任后，密切观察清廷的动静，并机动调动所率部队，派兵驻守并完善澎湖的军事防御阵地。刘国轩将大本营布置在妈祖宫附近，并在妈祖宫屿头上下添筑炮城 2 座，在风柜尾筑炮城 1 座，四角山筑炮城 1 座，鸡笼山筑炮城 1 座，在东、西峙内一列筑炮台 4 座，西面内外堑西屿头一列筑炮台 4 座，牛心湾山头顶筑炮台 1 座。沿海凡是小船可以登岸的地方，全部筑造短墙，并在墙上安置腰铳，环绕 20 余里，星罗棋布，坚如铁桶。

这些炮台均修筑在制高点或战略要地，互成犄角，相互照应，每个炮台均安放重型火炮，以求对海面形成交叉火力。如风柜尾炮台安炮 3 门，内堑炮台安炮 3 门，外堑炮台安炮 3 门，其他炮台安炮也在 3 门左右，妈祖宫西的炮城更安放了 10 门以上的大炮。对距离远的敌人大型目标，用炮台和炮城上的重型火炮进行射击；对近程的小型目标，用腰铳等轻武器进行射击。如果前两道防线都没有阻挡住敌人，海岸上还有短墙、壕沟等防御阵地供士兵驻守：戎旗一镇吴潜守狮屿头，平北将军果毅中镇杨德守风柜尾，游兵镇陈明同中提督前镇黄球守鸡笼山，果毅后镇吴禄同侍卫后镇颜国祥守四角山，璧宿镇杨章同右先锋镇领兵李锡分守内堑，右虎卫领兵江高同侍卫殚忠营王鲤分守外堑，后提督中镇张显守东峙，前锋镇黄显守牛心湾等。

除了岸上的防御阵地，刘国轩亦有强大的海上舰队，施琅在其《飞报大捷疏》中曾说："今年四五月，知臣乘南风决计进剿，就台湾贼伙选拔精壮敢死者，及抽调草地佃丁民兵，将洋船改为战船。凡各伪文武等官所有私船，尽行修整，吊集来澎湖。大小炮船、鸟船、赶缯船、洋船、双帆船，合计二百余号。贼伙二万余众。"又云："每贼炮船安红夷大铜炮一位，重三四千斤，在船头两边安发熕二十余门不等，鹿铳一二百门不等。"

从施琅的记载中，我们可知刘国轩的舰队共有船只200余艘，其中炮船是郑氏火力最强的战舰，每船船头安一门重三四千斤的红夷炮，两舷分布20余门发熕炮，以及一二百门的鹿铳。虽然施琅记录了炮船所载火炮的大致数量，但他并没有详细写明炮船所载火炮的重量，只说了船头是一门重3000~4000斤的红夷炮，船只两舷的20余门发熕炮完全没有说明，这就导致现在有许多观点认为这种船其两侧的发熕炮均是500斤，想当然地认为郑氏的发熕炮与明代中期兵书中所描绘的发熕炮是一样的身重与口径，这种想法显然是没有依据的，因为这时"发熕炮"这个名称已泛指数百至千余斤的火炮。隆武元年（顺治二年，1645年）泉州人郑大郁编著的《经国雄略·熕铳制》中就写道："发熕之制，大者千余斤，小者四五百斤，用药一二斗，铅弹大于升。"按郑大郁所说，发熕炮"大者千余斤，小者四五百斤"，可知郑大郁将千余斤的火炮也包括在发熕炮内。其实，清廷征台后便将所缴获的火炮存于武库以备军用，并将这批炮称为"台湾炮"。我们可以从《皇朝兵制考略·八旗炮营居存砲位》中查得这批"台湾炮"的具体情况。

郑军的火炮如果按重量划分，可以分为两部分：第一部分在3500~6000斤之间，第二部分在200~1800斤之间。第二部分的火炮最符合发熕炮"大者千余斤，小者四五百斤的定义"，也就是炮船两侧所设的20余门发熕炮，从表中可知炮船侧舷发熕炮的磅数在2.8~13磅不等。而第一部分3500~4000斤的火炮应该就是炮船船头所设的舰首炮，也就是重三四千斤的"红夷大铜炮"，其磅数在23.4~26磅之间。

这种炮船与永历十七年（康熙二年，1663年）清廷所造封舟类似，火力强于

《皇朝兵制考略·八旗炮营居存砲位》记录的"台湾炮"数据

身重	数量	长度	炮弹重量
6000 斤	1	1 丈	20 斤（26 磅）
5500 斤	1	1 丈	18 斤（23.4 磅）
5000 斤	3	9 尺 4 寸	15 斤（19.5 磅）
5000 斤	2	9 尺 7 寸	15 斤（19.5 磅）
4000 斤	3	1 丈 2 寸	20 斤（26 磅）
4000 斤	1	1 丈 2 尺	20 斤（26 磅）
3600 斤	1	7 尺 9 寸	4 斤（5.2 磅）
3500 斤	1	7 尺 9 寸	18 斤（23.4 磅）
1800 斤	1	6 尺 5 寸	6 斤（7.8 磅）
1400 斤	1	6 尺 7 寸	10 斤（13 磅）
1200 斤	1	6 尺 4 寸	6 斤（7.8 磅）
700 斤	1	6 尺 8 寸	5 斤（6.5 磅）
200 斤	1	4 尺 3 寸	2 斤 2 两（约 2.8 磅）

清军的鸟船、赶缯船等船只，是郑军的主力战舰。在郑军中火力仅次于炮船的是由"洋船"改造的"战船"，这种船只由航往吕宋贸易的商船改造而成，因其多来往于吕宋、巴达维亚等地，所以其吨位也比较大，改造为战船后可以装载更多的火炮。火力再次的是鸟船、赶缯、双帆等船，这些船的火力均与清军相似，不再赘述。剩下还有一种船就是隶属延平郡王的官船和属于文武官员个人的私船。官船与私船其实是一种船型，都是可以从事远洋贸易的商船，一般为鸟船船型，这些船也就是所谓的"洋船"。这种船因为要从事远洋贸易，事关自己的财产与性命，所以其船必造坚固，船上都有武器以自卫，有的船上军器火炮甚至比战船上的还要多。以胡球的官船为例，其船上配的军器包括斩马刀 20 柄、腰刀 19 柄、幡 19 支、大槓（石火矢）6 门、小槓（棒火矢）14 门、大槓子 40 粒、小槓子 50 粒、铁甲 30 领、铁鍪 20 领、火药 40 桶，其中大槓应为发熕一类的火炮，小槓是一种小型火炮，可以发射箭矢和弹丸。同时期清军的赶缯船上的大槓不过 3~4 门，而胡球的官船（洋船）上就有大槓 6 门、小槓 14 门，火炮数量多于赶缯船。

这些船只由总督刘国轩及水师总提调右武卫林升督征北将军曾瑞、定北将军王顺、左虎卫江胜、援剿后镇陈起明、宣毅左镇邱辉、护卫左镇黄联、后劲镇刘明、折卫左镇林顺、斗宿镇施廷、中提督中镇洪邦柱、中提督右镇尤俊、中提督后镇杨文炳、中提督前镇陈旭、中提督左镇李廷桂、水师一镇萧武、水师二镇陈政、水师三镇薛衡、水师四镇黄国柱等18镇水师将领，分别驻防于妈祖宫前口子港、内堑、外堑、东峙、西峙各要口。在施琅攻台前夕，驻扎于澎湖的郑军已达2万余人，并拥有各式战船200余艘，炮城、炮台14处。

澎湖的郑军不可不谓强大，清军亦同，双方均为战争的到来做好了充分的准备，动员了大量的人员与资源，剑拔弩张，力求一战击败对手，彻底消灭对方的威胁，中国古代历史上规模最大的海战即将爆发。

澎湖海战郑清双方实力对比

项目	清军	郑军
将领	施琅	刘国轩
集结地	铜山	澎湖
兵力	3万余人	2万余
舰队	238艘	200余艘

四、澎湖海战

永历三十七年（康熙二十二年，1683年）六月，施琅率领清军舰队齐集铜山，并与总督姚启圣共同研商给发粮食及犒赏银两。十一日，施琅大会各镇、协、营、守备、千总、把总等随征诸官，将"先锋银锭"排列，传令："征剿澎湖，谁敢为先锋者，领取！以便首先冲艨破敌。"施琅遍示诸将，竟无一人敢应，只有提标右营游击蓝理挺身而出，领取"先锋银锭"。十三日，祭江。次日，施琅统领舰队从铜山出发，到晚上就航行到了外洋。出发前，施琅命在"各大小战船风篷上大书将弁姓名，以便备知进退先后，分别赏罚"，以加强自己的指挥系统。

十五日，施琅舰队抵达猫屿、花屿附近的海面，被刘国轩的侦察船发现，并返回澎湖警告。当晚，施琅将舰队停泊八罩水周围的海湾内，并遣官乘小哨船到将军澳、南大屿等地安抚岛民。驻守在这两处的刘国轩部将王显、杨武见施琅舰队将至，众寡不敌，遂将船驶回妈祖宫，向刘国轩报告。十六日早晨，施琅亲率舰队进攻澎湖，刘国轩在妈祖宫前的海湾亲自督诸镇排列船只出海迎战。施琅首先派其标下的署右营游击蓝理等官兵坐鸟船一艘，署后营游击曾成等官兵坐鸟船一艘，署左营游击张胜等官兵坐鸟船一艘，二等侍卫吴启爵等官兵坐鸟船一艘，同安城守右营游击赵邦试等官兵坐鸟船一艘，海坛镇标中营游击许英等官兵坐鸟船一艘，铜山镇标右营游击阮钦为等官兵坐鸟船一艘，此7艘鸟船组成先锋船队，首先冲入郑军阵中，与郑军厮杀，放火烧毁郑军炮船2艘、赶缯船6艘，并用炮火击沉郑军鸟船1艘、赶缯船2艘。

紧随先锋船队之后的是副先锋船队，由右营千总邓高匀领水陆等官兵坐鸟船一艘，烽火营游击王祚昌匀领水陆等官兵坐鸟船一艘，臣标署右营守备方却等官兵坐鸟船一艘，金门镇标中营游击许应麟等官兵坐鸟船一艘，金门镇标右营守备林芳等官兵坐鸟船一艘，臣标随标功加守备李光琅等官兵坐鸟船一艘，共6艘鸟船组成。船队接战后，用炮火击沉郑军鸟船1艘、赶缯船2艘，郑军死伤惨重。

清军趁势进攻妈祖宫澳口，但西屿两岸炮台密布，郑军在台上架放火炮，弹落如雨，令清军损失惨重。此时恰逢南潮爆发，清军的前锋被推向北方，更加靠近郑军在澎湖所设的炮台。郑军用船只将清军的先锋船队团团围住，清军处境十分凶险。见此情况，施琅亲自率自己的旗舰出入敌阵，兴化镇臣吴英相继夹攻，焚杀郑军扬威将军援剿左镇沈诚、统辖前锋镇姚朝王、义武镇陈侃、戎旗五镇陈时雨等大小将领共70余人。虽战果显著，但清军这边损失也不小，就连施琅的右眼也被铳击伤，险些再次上演水师提督马得功被击毙的一幕。施琅不得已只能撤出战斗，下令撤军。

十六日的战斗，跟随施琅出征的将领均将战斗情况奏报了朝廷。

平阳镇下随征部札总兵官游灏报称："于本月十六日溯潮击杀，未分胜负，阵亡随征副将黄瑞、林启祥等五员，阵亡兵十一名，阵伤随征副将马胜、王祐等二十四员，阵伤兵九十七名。"

兴化镇总兵吴英报称："十六日各船乘势进取澎湖。伪总督刘国轩、伪水师总督林升、副总督江钦、伪右先锋镇陈谅、陈侃、丘辉等，将大战船、大熕船、炮船、挖船、赶缯船、双篷船大小计二百余号，倚险排列，扬篷以待。又西屿两岸铳城炮台密布，贼兵架放大炮，弹落如雨。时各营前锋船蓝理、曾成、许英、赵邦试、韩进忠、随征副将黄登等，即冲入贼艨，击杀贼众，因船被急流迫进炮城，贼船齐出拥围。本职见事势危急，即单舟同水师提督坐驾船冲入贼围救护夹攻，与贼魁伪水师总督林升等对敌，兵士冒死血战，矢石交发，打沉贼船，斩杀贼众。贼首林升中炮箭重伤，遁入澳内，其余所斩杀贼众，弁目未知姓名，水师施提督现在查报。时因水师施提督面上被伤，天晚收兵，出西屿头海面暂泊。"

海坛镇总兵林贤报称："十六日遵听施琅提督机宜，分股进取。料贼首刘国轩、江钦、林升等贼船大小约百余号，占据鸡笼山、娘妈宫口，两边筑列炮台。本标中营游击许英一船冲艨奋发，被贼将炮船四只包围，鏖战三时辰，射死伪副将谢葵一员，并击死贼众不计，职贤从外力援方脱，仍收回澳。"

署铜山镇总兵官陈昌报称："十六日南风微发，同各镇营派叠船只直抵西屿头，进妈宫澳口，

▲ 清代绘制的《捐建澎湖西屿浮图图说》，西屿是船只往来台湾和厦门的必经之地

我师冲击，乘流放发火船，自午至申，贼势不支，遁入澳内。因天晚流急，随施提督船只收泊八罩。"

厦门镇总兵杨嘉瑞报称："十六日会艟支抵澳口，即迎敌鏖战，适值水汐，未即扑灭。"

金门镇总兵官陈龙报称："十六日攻进虎井屿内，因未有顺风，停泊五日。"

从各随征将领的奏报中可知，双方在海上的战斗从中午打到晚上，持续6个多小时。清军在进攻中受到郑军炮台火炮的猛烈轰击，当清军水师战船被迫靠近炮台被围时，施琅所乘旗舰也急忙投入战斗，营救被困船只。郑军水师总督林升受重伤，而施琅右眼也被火铳击伤。双方各有损失，胜负难分。根据施琅的奏疏，十六日的战斗中，清军共击沉、焚毁郑军战船16艘，杀死郑军将士2000余人。关于此次战斗清军的损失并没有史料记载，只有当时驻台湾英国商馆的托马斯·恩基尔和托马斯·沃罗豪斯于1683年12月20日写给东印度公司总经理及商务官的信中提到，十六日海战，郑军"虽损失1000人，但获得胜利，击沉及烧毁清军舰若干艘之后，使其退却"。按英国人的记载来看，清军的损失同样也很大。这是因为清军在郑军有岸上炮火支援的情况下派前锋舰队直接冲击郑军船队，致使前锋舰队反被郑军包围，为了解救前锋舰队突围，连主帅施琅都受了伤，这种激烈的战斗中伤亡自然比较大。

施琅初攻未成，身又负伤，无奈率军撤退，收兵于西屿头洋中抛泊。刘国轩见施琅船撤，也鸣金招旗，招回将部。这时部将邱辉、江胜等正尾追施琅座船，听见撤退的信号后不得已返回大营。邱辉因刘国轩此时鸣金收兵而不满，质问道："正欲乘势追赶，何本督鸣金之速也？"刘国轩答："彼船只众多，我恐汝二人贪敌，尚有别艨舟师乘虚而入，岂不欲巧反拙，是以收金。"邱辉再次向刘国轩献策说："乘彼战北，军心必虚，辉与左虎今夜督𬂚船十只，直抵猫屿、花屿、八罩攻打，料彼必不自安，决然逃回。"刘国轩则认为："今日已挫其锐气，不必追赶。但谨守门户，以逸待劳，彼船许多，所寄泊埯屿，悉无遮拦之澳，咸是石浅礁线，早晚风起，定不战而自溃。"邱辉主张主动出击，因为兵法云"半渡可击，立营未定可击，乘虚可击"，"今敌人患此三忌，而不乘势赶杀，若早晚无风，合万人一心而死战，将奈何？"然而刘国轩不敢贸然行动，期盼天公作美，待清军逢恶劣气候时，船队自行瓦解，届时再发起进攻，以最小的损失获取最大的战果。

刘国轩之所以没有听取邱辉等人的意见，是因为这时的郑军水师虽然有 2 万余人，但其中多是临时招募的"草地种田之人"，缺乏训练，不堪战事，且郑军的粮食供给不足，后勤保障难以为继，使得军心不稳。《闽海纪要》载："国轩自度舟少，且军士阅月无粮，恐其乘机溃，乃不敢追。"再者，十六日的海战，郑军损失很大，部队也需要休养生息，这些原因使得刘国轩不得不采用防守姿态来对付清军，从而使战争的主动权落到了清军手中。

十七日，施琅将舰队转至八罩水埯澳湾停泊，并严申军令，明确官兵功过，进行赏罚。十八日，施琅进取虎井、桶盘屿。十九日，施琅乘小船往澎湖内堑、外堑，仔细查看刘国轩船队虚实。二十、二十一两日，施琅将船队分二股，佯攻西屿，以扰乱郑军军力布置。从十六日晚至二十一日，澎湖内的郑军始终没有任何动作，施琅由外围岛屿逐步向澎湖本岛逼近，渐呈合围之势。

二十二日，施琅率舰队分兵三路向澎湖本岛发起总攻。第一路为右军船队，由随征都督陈蟒、魏明、副将郑元堂领赶缯、双帆𦩀船 50 艘组成，负责从东畔峙内直入鸡笼屿、四角山，为奇兵夹攻。第二路为左军船队，由随征总兵董义、康玉、外委守备洪天锡领赶缯、双帆船 50 艘组成，负责从西畔内堑直入牛心湾，作疑兵牵制。余下一路则为主力部队，将大鸟船 56 艘居中，分为 8 股，每股 7 艘，各作三叠。施琅居中为一股，兴化镇臣吴英领一股居左，平阳镇臣朱天贵、前营游击何应元合领一股居右，金门镇臣陈龙领一股在次左，标署中营参将罗士珍、署右营游

▲ 施琅主力部队的阵型图，其中主力舰队共8股，每股含鸟船7艘，共鸟船56艘

击蓝理、署后营游击曾成合领一股在次右之右，署铜山镇臣陈昌领一股在次左之左，海坛镇臣林贤领一股在末右，厦门镇臣杨嘉瑞领一股在末左。尚有船80余艘留为后援。

　　总的来说，清军分为四个部分——左军、右军、主力与后援。左、右军各统有赶缯船、双帆船50艘，因其部船体型小、火力低，所以并不用于正面与郑军主力作战，只在侧面起牵制作用。与郑军主力正面作战的是由施琅、吴英、蓝理等将领率领的56艘鸟船负责，因鸟船要比赶缯船与双帆船的船体大得多，火力也强得多，所以鸟船适合作为担任正面战场的主力船只，正是这56艘鸟船构成了清军舰队的绝对主力。除左军、右军、主力外，余下的船只则作为后援，以接应前面的舰队。

　　首先接战的是清军主力舰队中三叠鸟船的第一叠，也是清军主力的前锋舰队，由施琅、吴英、朱天贵率领21艘鸟船，每艘鸟船配士兵150人，共3150人；郑军前锋则是由刘国轩、林升、江钦、陈谅等所率的10余艘大熕船（载发熕20余门的炮船）。双方正面交战，居右的朱天贵部首先对郑军发起冲锋，但因其"灭贼心急"，尾追郑军船只，过于深入，中炮身亡，与其同行的部下随征部札总兵官游灏报称："至二十二日，蒙水师提督派拨提标前营何应元大鸟船三只、平海营郑桂鸟船一只，交朱镇主（朱天贵）即配本镇善战官兵带领，卑职并随征总兵官朱兴、游举、林祯等随带官兵配坐。又拨围头营鸟船一只，付杨人凤带兵配坐，同海坛林总镇并左营游击吴辉大鸟船二只破敌。卑职同吴辉冲杀当先，正遇贼首刘国轩、林升、江钦、陈谅等所坐大熕船十余只比连抵击，卑职督师本船官兵奋勇跳过贼船斩杀，火罐烧死同各镇营杀死贼官四十七员，并焚毁逆贼大熕船三只，并各贼船尽行焚毁。所有抢夺旗帜六面，活擒贼众一十一人。朱镇主带领提标前营何应元居右冲锋先进，灭贼心急，尾追杀敌，中炮阵亡。"

紧跟朱天贵之后，与朱天贵一起冲锋的是清军末右股舰队。海坛镇总兵林贤报称："职带领本标将备居于末右，坐鸟船后，即向前与平阳镇朱总兵分股并进，冲入贼阵。江钦率领煩船四只前后包裹，炮矢交加，自午至申，血战喧天，职中伤奋呼，将士无不以一当十，射死江钦、吴贵等，焚其龙煩并三煩、四煩等三船。"

从游灏与林贤的报告中可知，清军右翼与郑军的交战十分激烈，且作为进攻方的清军损失惨重，右前锋的主帅平阳总兵朱天贵也被郑军击杀，清军右翼的进攻因此受挫，未能全歼郑军。同样，郑军也被击沉、焚毁多艘船只，将领江钦、吴贵等也被清军射死。

在清军右翼冲锋后，清军的左路前锋也随之冲锋，与郑军的右前锋陈谅所率的大炮船及其余4艘船进行交战。负责左路进攻的吴英报称："施提督居中，本职为左股，前进冲锋，在后官兵八十余只留为后援。职亲身率领所辖官兵直冲贼艨，遇伪右先锋陈谅大炮船并左右四船，蜂拥前来迎敌。本职即单舟令官兵奋力攻击死战。时，本职右耳即被鹿铳伤裂，乃含痛舍命躬督官兵，尽抱火桶、火罐合烧贼船，各镇营官兵奋勇，同各镇营将贼炮船、赶缯洋船并击沉……陈谅势穷不敌，用冲心炮将船自焚，贼众烧死者烧死，落水者落水。又遇伪援剿右镇郑仁大鸟船一只，带赶缯船二只急来救援陈谅，汹涌难当。本职督率兵士奋勇死战，贼炮矢如雨，本职冒死跳船，亲斩郑仁，击杀贼众，余贼落舱发火自焚。本职激励将士负伤死战，遂将贼众斩杀，贼船随发火药登时烧毁，其余贼船暨被我师各股分头冲击焚杀净尽。"

在头叠左右前锋及三叠末右股冲入郑军阵中后，其余后两叠舰队也随之跟进，为头叠前锋舰队提供炮火支援。因此后两叠的舰队与郑军发生接舷战的次数并不多，多为炮击战。署铜山镇总兵官陈昌报称："候至二十二日南风盛发，卑职会商施提督誓师血战。本日巳刻，带领三营鸟船居左之左，合各标船只分股进发，居右之右系提标署中营参将罗士珍、署提标右营游击蓝理、署提标后营游击曾成。共见贼大炮船并鸟船尽数驾出迎敌，炮火连天，其锋甚锐。卑职所辖船兵正先冲艨，炮火齐发，奋勇夹攻，焚烧贼大炮船一只，击沉贼艍船三只。"另外，厦门镇总兵杨嘉瑞报称："至二十二日，职居末左，率师拼命前进，枪箭炮火奋勇齐发，始将贼大炮船、大鸟船悉行烧毁，贼众死亡殆尽，澎湖一带尽为我有，大小战艨湾泊无虞。"

澎湖之战，清军以百艘赶缯、双帆等船为策应，56 艘鸟船为主力，另有 80 艘船只为后援，直接从正面进攻郑军刘国轩防守的阵地，清郑双方从辰时激战至申时。郑军被清军焚烧、击沉鸟船、炮船、赶缯船、洋船等共 159 艘，被清军俘获鸟船 2 艘、赶缯船艘、双篷艍 25 艘。除船只损失惨重外，郑军将士也是死伤殆尽。郑军整备将军曾瑞、定北将军王顺、水师副总督左虎卫江钦、统领右先锋陈谅、戎旗二镇吴潜、援剿右镇郑仁、援剿后镇陈启明、宣毅左镇邱辉等 47 员大将，以及其余协营领兵监督、翼将、正副总班、总理、监营候缺将小头目，被烧死及溺死者约有 300 余人。除此之外，据施琅的奏疏称，"焚杀、自焚、跳水溺死贼伙约计一万二千有奇，尸浮满海"。

其余郑军只剩小炮船 3 艘、小鸟船 2 艘、赶缯船 11 艘、双帆艍船 15 艘，向北边的吼门逃走。刘国轩也乘小快船从吼门而逃。由于时值黄昏，天色昏暗，清军难以追杀。

澎湖本岛陆路守将果毅中镇杨德见海上大败，刘国轩逃回台湾本岛，孤立无援，便率领手下 165 名官将、4853 名士兵投降清军。至此，各个外屿的郑军守将也纷纷请降："其守外堑果毅后镇吴禄……等暨守内堑侍卫后镇颜国祥……守四角山壁宿镇杨章、桶盘屿果毅中镇领兵曾胜以及守风柜尾果毅后镇左营林和、内崎果毅后镇领兵洪升、铁线尾征营徐秋、将军澳果毅左镇右营邱肤等，各竖降旗。独把守西屿将领头戎旗二镇吴潜不肯降，遂拔剑自刎。神威营林好率余者投降。"最终，澎湖 36 岛全部落入清军之手。

澎湖海战，清军"总兵朱天贵被炮穿胁立死，游击赵邦试亦被炮击脑立死，总兵林贤被箭轻伤左臂，总兵吴英被鹿铳轻伤右耳"。根据施琅统计，清军"十六、二十二等日，水陆官兵攻杀郑军死亡者计三百二十九员，带伤者计一千八百余员，悉被炮火攻击，以致伤亡甚多"。此外，清军还缴获郑军的"红夷大铜炮十二位，每位重有四五千斤，炮子大者二十二三斤，中者十七八斤，次者十四五斤。生铁大炮二位，每位重七千余斤，用炮子三十余斤。

由此可见，刘国轩战前所布置的陆上防御体系，虽被施琅称为"坚如铁桶"，但也依然抵挡不住清军的进攻，郑军在海上战败后，未作任何抵抗，便全部倒戈。清军损失虽不可能像施琅所报这么少，但最终清军占领了澎湖各岛屿，并使得郑军元气大伤，刘国轩败逃台湾。

五、投降

刘国轩回到台湾，台湾的官民听到战败的消息后人心惶惶。郑氏政权直接面对施琅自澎至台，仅需一日航程便可以攻打的威胁。澎湖之战中，刘国轩的军队与战船已经损失殆尽，郑氏上自郑克塽下至冯锡范等诸将面对施琅兵临城下的威胁，已无再战企图。郑氏诸臣在这种情况下不得不开会商议战守之策。在会中，建威中镇黄良骥说："今日澎湖失手，台湾势危，不如将大小战船暨洋船配载眷口士兵，从此山边直下，取吕宋为基业。"提督中镇洪邦柱挺身向前说："建威中镇所言取吕宋者，诚当！柱与良骥愿领为先锋。"郑克塽犹豫不决。冯锡范上前说："以全师取吕宋亦易事，但不知人民土地如何？"中书舍人郑德潇说："议取吕宋以避锋锐，此策甚妙！有地图在此。"并陈述其可取事宜："吕宋者，南海之外国也；横亘数千里，当中国丙离之位。山川绮丽，中包巨湖。四序温燠，盛夏南风发则微凉。田禾四时皆可种，亦产木棉。其水土和甘，人民白皙，百姓繁生，不亚中国。从闽、广舟行七十二更，顺南北风来往，仅七日程耳。前代不载王会图，至万历三年，国王遣其臣隔老察朝贺，上嘉纳之。闽、广人数贸易其地，云山有金，亦未曾见；惟有大小银钱，亦佛郎机酉从其祖家千系腊载以来用也……三五载，借事杀唐人，名曰洗街，目恐其大盛生事也。平时殴詈，不敢回手；杀伤，从无抵偿。诸岛番，惟吕宋待我中国人最无礼。先王（郑成功）在日，每欲征之，以雪我中国人之恨，因开创无暇。至世藩，业已兴师，因接耿藩之变，遂移兵过厦。细查吕宋，其兵众不过千有余人；所恃者，城上数门大煩而已……漳、泉入积骸其地者，何啻数十万；羁魂厉魄，痛恨何极！夫积怨者，神人所共愤；而丛货者，兴盛所取贺也。吕宋初无重宝，故不炫于外国。自千系腊舶银至，而后贸贩富饶甲于诸国。今之积于公班、巴礼者数十百万，是皆昔所诱惑贪愚，死而括藏之物。天下安有久积而不散，虐侮而不复之理乎？又安知非天之鬻其藏，以待兴王之探取也哉？观天运，自北而南，渐启文明之象。稽古圣威武四方、有截海外之权，欲建非常之功，当与非常之人谋之。昔司马错、张仪争论秦惠王前，张仪欲攻韩，司马错欲伐蜀，谓：'富国，务广其地；强兵，务富其民；王者，务崇其民德。三者备，而王随之矣。'原夫秦之所以雄诸侯，由司马错之计得也。愚谓：今日时势有似于此，故以议取吕宋为上策。"

冯锡范看了郑德潇提供的地图及条陈，非常高兴，对他说："公何留心之细且详也！"即上报郑克塽，令郑明同黄良骥、洪邦柱、姚玉等领前队为先锋，其余各船只分配家属、行李，等待出征。

上述对话，出自《台湾外纪》，本书虽是一本小说，但作者江日升的父亲原为郑彩的部下，日升自幼听闻父亲谈论明郑事迹，以此创作此书。此书填补了许多史料空白，颇具价值，可信度较高。在夏琳所著的《闽海纪要》中也有郑氏欲征吕宋之记载，可以与《台湾外纪》中的记载相互印证。《闽海纪要》称："建威镇黄良骥、水师镇萧武、中提督中镇洪邦桂等……恐世孙投诚有意外之患，议公子郑明等往攻吕宋，再造国家，以存郑祀。世孙从其请。"

郑氏征吕宋的想法由来已久，早在郑成功时，就曾想征伐吕宋，但因"开创无暇"，无法顾及。郑成功逝世后，郑经也准备兴师进攻吕宋，但正逢三藩之乱，遂移兵金门、厦门，征吕宋之事又再次耽搁下来。在郑氏集团内部，很多将领因属下私船经常出海到东西洋贸易，所以对吕宋十分了解，也支持出征吕宋，准备"再造国家"。但是澎湖之战后，郑氏的战略形势十分严峻：首先，兵力薄弱，在澎湖之战中，郑氏的 2 万余军队精锐尽丧，200 艘战船仅剩 31 艘逃回台湾。其次，敌军势大，施琅率领的清军舰队有着整个大陆源源不断的补给，在澎湖整备完后，有着比战前更大的优势，因此刘国轩对出征吕宋的计划提出反对意见："欲攻吕宋，虽是良策，可行于澎湖未失之前。今澎湖已失，人心怀疑，苟辎重在船，一旦兵牟利其所有而反目，尊公之前车可鉴①也。"冯锡范对此无法反驳，进而又提出"分兵死守"的计划，刘国轩反对说"众志瓦解，守亦难办"，提出"举全地版图以降，量清朝恩宽，必允赦宥"。主战的冯锡范极力反对，但当时主降派已占据上风，"台中诸将密纳款献台者，不止一二人"。在主降派的压力下，冯锡范不得不同意投降的决定。永历三十七年（康熙二十二年，1683 年）六月八日，郑克塽派遣礼官郑平英等人驾赶缯、双帆艍船二艘到澎湖清军驻军前，纳款请降。

此时，施琅对郑氏采取"剿抚并用"的方式，一方面在澎湖修整战船，积极备战；一方面要求郑氏无条件投降，提出："若果真心投诚，必须刘国轩、冯锡范来臣军前面降，将人民土地悉入版图。其伪官兵遵制削发，移入内地，听遵朝廷安辑。……残孽若不从臣之议，即督师进发。……无难歼灭，净尽根株，以慰宸衷。"

在清军及施琅的压迫下，郑克塽于七月十五日遣兵官冯锡珪、工官陈梦炜，刘

---

① 冯锡范的父亲冯澄世于永历十八年（康熙三年，1664 年）在铜山乘船航向台湾，其仆人贪图其钱财，与船上众人将其谋杀。

▲《钦定平定台湾凯旋图》（宫廷御制），该图描绘了施琅收复台湾凯旋的场面

国轩遣胞弟副使刘国昌，冯锡范遣胞弟副使冯锡韩同曾蚩、朱绍熙至澎湖清军阵前请降。同时，南北淡水撤防，并恳请施琅到台湾安抚民众。施琅遂于七月十六日"遣侍卫吴启爵、六品笔帖式常在，同冯锡珪、陈梦炜、曾蚩、朱绍熙，带安插告示五张，先往台湾晓谕，看验各伪官兵百姓人等削发，令其催赍伪藩郑克塽及刘国轩、冯锡范等敕印并缮誊降本前来交缴"。七月二十七日，郑克塽差冯锡珪、陈梦炜同吴启爵将郑氏的赐具和投降的文书，以及延平王册一副与印一颗、辅政公郑聪印一颗、武平侯刘国轩印一颗、忠诚伯冯锡范印一颗、左武卫将军何祐印一颗交给清军。八月十三日，施琅率军抵达台湾接受郑氏投降。郑克塽遣小船迎接入港，刘国轩、冯锡范率领各文武官员到军前迎接。并于本月十八日削发。至此明郑政权正式归顺清朝，自郑芝龙起发展起来的海上武装贸易集团也从此覆灭。

参考书目

《明太祖实录》　　　　　　　　《天妃之神灵应记》

《国榷》　　　　　　　　　　　《大唐西域记》

《南船纪》　　　　　　　　　　《使琉球录》

《龙江船厂志》　　　　　　　　《顺风相送》

《蓬莱古船》　　　　　　　　　《鬖余杂集》

《国初群雄事略》　　　　　　　《明世宗实录》

《续资治通鉴》　　　　　　　　《筹海图编》

《武经总要》　　　　　　　　　《武编》

《宋会要辑稿》　　　　　　　　《宁波府志》

《大学衍义补》　　　　　　　　《武备志》

《兵录》　　　　　　　　　　　《明史纪事本末》

《明史·兵志》　　　　　　　　《皇明经世文编》

《明英宗实录》　　　　　　　　《倭变事略》

《纪效新书》　　　　　　　　　《谭襄敏奏议》

《漂海录》　　　　　　　　　　《洗海近事》

《中国火器史》　　　　　　　　《明熹宗实录》

《皇明经世文编》　　　　　　　《条陈澎湖善后事宜》

万历《福宁州志》　　　　　　　《靖海纪略》

《东西洋考》　　　　　　　　　《经国雄略》

《中国志》　　　　　　　　　　《达观楼集》

《徐中丞军务集录》　　　　　　《武经开宗》

《广东通志》　　　　　　　　　《梅氏日记》

《大明会典》　　　　　　　　　《从征实录》

《明太宗实录》　　　　　　　　《台湾外纪》

《殊域周咨录》　　　　　　　　《水师辑要》

《明朝中央政权致西藏地方诰敕》　　《金门志》

《飞报大捷疏》

《闽海纪要》

《清初郑成功家族满文档案译编》

《郑成功收复台湾史料选编》

《明清之际西班牙方济会在华传教研究》

《康熙统一台湾档案史料选辑》

《中葡早期关系史》

《西方澳门史料选萃（15—16 世纪）》

《中葡关系史资料集》

《葡萄牙人在浙江沿海的通商与冲突》

《热兰遮城日志》

《巴达维亚城日记》

《1661 决战热兰遮》

《荷兰人在福尔摩莎》